2022年度韶关学院引进（培养）人才科研项目"小学
形成机制研究"（项目编号：417-99000

新时代中小学教师
转型发展研究

杨 莲 ◎ 著

吉林大学出版社
·长 春·

图书在版编目（CIP）数据

新时代中小学教师转型发展研究 / 杨莲著. -- 长春：吉林大学出版社，2024.9. -- ISBN 978-7-5768-3673-8
Ⅰ．G635.12
中国国家版本馆 CIP 数据核字第 2024MV6513 号

书　　名：	新时代中小学教师转型发展研究
	XINSHIDAI ZHONG-XIAOXUE JIAOSHI ZHUANXING FAZHAN YANJIU
作　　者：	杨　莲
策划编辑：	卢　婵
责任编辑：	卢　婵
责任校对：	刘守秀
装帧设计：	叶扬扬
出版发行：	吉林大学出版社
社　　址：	长春市人民大街 4059 号
邮政编码：	130021
发行电话：	0431-89580036/58
网　　址：	http://www.jlup.com.cn
电子邮箱：	jldxcbs@sina.com
印　　刷：	武汉鑫佳捷印务有限公司
开　　本：	787mm×1092mm　1/16
印　　张：	15.75
字　　数：	220 千字
版　　次：	2024 年 9 月　第 1 版
印　　次：	2024 年 9 月　第 1 次
书　　号：	ISBN 978-7-5768-3673-8
定　　价：	88.00 元

版权所有　翻印必究

前　言

随着教育改革的不断深入和社会发展的日新月异，中小学教师正面临着前所未有的挑战与机遇。转型发展已成为当今教师职业发展的关键词。本书旨在深入探讨新时代中小学教师转型发展的内涵、动力与路径，以期为教师队伍的优化和教育质量的提升提供理论支撑和实践指导。在当前的时代背景下，教师的角色定位正在从传统的知识传授者向学生学习和发展的促进者转变。这一转变要求教师不仅要具备扎实的专业知识，还要拥有创新的教育理念、现代教育技术应用的能力以及跨学科整合教学的能力。因此，系统研究中小学教师的转型发展，对推动教师专业化成长、构建高效能教师队伍具有重大的现实意义。

本书共分为八章，深入探讨了新时代背景下我国中小学教师面临的角色变迁与转型发展的必要性，从教育背景、理论基础、现状与困境、策略与路径等多个维度进行了系统分析，并提出了关键能力培养、学校组织变革等重要议题。同时，本书还强调了教师情感与心理健康、教师专业学习共同体在转型过程中的重要作用，为教师的专业发展提供了有力的支持。本书旨在促进中小学教师的全面发展，提升教育教学质量，以适应新时代的教育改革需求。

目 录

第一章 新时代教育背景与中小学教师角色变迁 …………………… 1

　　第一节　新时代教育背景分析 ………………………………… 1

　　第二节　中小学教师传统角色定位 …………………………… 10

　　第三节　角色变迁的动因与趋势 ……………………………… 21

　　第四节　转型发展的必要性 …………………………………… 31

第二章 中小学教师转型发展的理论基础 …………………………… 42

　　第一节　教师专业发展理论 …………………………………… 42

　　第二节　教师教育改革理论 …………………………………… 50

　　第三节　教师角色转变理论 …………………………………… 62

　　第四节　转型发展的理论框架构建 …………………………… 72

第三章 我国中小学教师转型发展的现状与困境 …………………… 80

　　第一节　我国中小学教师转型发展概况 ……………………… 80

第二节　转型发展中的主要问题与困境 ················ 87

　　第三节　影响转型发展的因素分析 ···················· 95

第四章　中小学教师转型发展的策略与路径 ················ 105

　　第一节　转型发展的战略目标设定 ···················· 105

　　第二节　策略制定的原则与方法 ······················ 114

　　第三节　具体路径与实施步骤 ························ 123

　　第四节　策略与路径的可行性分析 ···················· 130

第五章　中小学教师转型发展中的关键能力培养 ············ 140

　　第一节　关键能力的内涵与构成 ······················ 140

　　第二节　关键能力的培养方法与途径 ·················· 149

　　第三节　培养效果的评估与反馈 ······················ 159

第六章　中小学教师转型发展与学校组织变革 ·············· 166

　　第一节　学校组织变革的背景与动因 ·················· 166

　　第二节　教师转型发展与学校组织变革的关系 ·········· 172

　　第三节　学校组织变革支持教师转型的举措 ············ 178

　　第四节　组织变革与教师转型的互动机制 ·············· 186

第七章　教师情感与心理健康在转型中的重要作用 ·········· 192

　　第一节　转型过程中教师的情感与心理挑战 ············ 192

第二节　教师情感与心理健康对教育教学的影响 …………… 200

第三节　促进教师情感与心理健康的策略与方法 …………… 209

第八章　教师专业学习共同体在转型中的支持作用…………… 218

第一节　教师专业学习共同体的概念与特点 ………………… 218

第二节　教师专业学习共同体在转型中的实践应用 ………… 225

第三节　教师专业学习共同体对教师专业发展的促进 ……… 232

参考文献………………………………………………………………… 239

第一章　新时代教育背景与中小学教师角色变迁

第一节　新时代教育背景分析

一、教育背景的多元化

（一）教育观念的多样性

1. 以学生为中心的教育理念

在传统教育中，教师是知识的传授者，学生则是被动的接受者。然而，随着教育改革的深入，以学生为中心的教育理念逐渐兴起。这种理念强调学生在学习过程中的主体地位，鼓励学生积极参与和主动探究。教师的角色不再是单纯的知识传递者，而是转变为学生学习活动的引导者、支持者和合作者。在以学生为中心的教育理念下，中小学教师需要调整自己的角色定位，从传统的权威者转变为学生的伙伴和朋友。他们需要关注学生的个体差异，尊重每个学生的独特性，并为学生提供个性化的学习支持。同时，教师还需创设良好的学习环境，激发学生的学习兴趣和动力，培养学生的自主学习能力和创新精神。

2. 全面发展的教育观念

全面发展的教育观念强调教育应致力于学生的全面发展，涵盖知识、技能、情感态度、价值观等多个方面。这种观念认为，教育的目标不仅仅是传授知识，更重要的是培养学生的综合素质和能力，帮助他们成为具有社会责任感、创造力和良好品德的公民。在全面发展的教育观念下，中小学教师需要关注学生的全面发展需求，将知识传授与能力培养、情感态度和价值观教育相结合；需要设计多样化的教学活动，让学生在实践中学习、在探索中成长；同时，还需要关注学生的心理健康和人际交往能力，帮助学生建立积极的人生态度和正确的价值观念。

3. 终身学习的教育观念

终身学习的教育观念认为学习是一个持续不断的过程，贯穿于人的一生。这种观念强调个人在不同阶段都需要不断地学习和更新知识，以适应社会的不断发展和变化。在这种观念下，教育不再局限于学校阶段，而是延伸到整个人生。在终身学习的教育观念下，中小学教师需要培养学生的终身学习能力。他们不仅需要教授学生学习的方法，还应当让学生掌握获取新知识和新技能的能力。

（二）教育对象的差异化

1. 学生的个性差异

每个学生都是独一无二的个体，具有不同的性格、兴趣、爱好和特长。这种个性差异在教育过程中表现得尤为明显。有的学生活泼开朗，善于沟通和表达；有的学生内向腼腆，更喜欢独处和思考；有的学生兴趣广泛，多才多艺；而有的学生则专注于某一领域，深入钻研。这些个性差异要求教师在教育过程中不能采用"一刀切"的方法，而应根据学生的个性特点进行有针对性的教育。为了应对学生的个性差异，中小学教师需要采取个性化的教育策略。首先，教师需深入了解每个学生的性格、兴趣和特长，为每个学生制订个性化的教育方案；其次，教师要尊重学生的个性差异，因材施教，确保每个学生都能在自己擅长的领域得到充分的发展[①]。

2. 学生的能力差异

除了个性差异外，学生之间还存在明显的能力差异。这些差异主要体现在认知能力、学习能力、创新能力等方面。有的学生天资聪颖，学习能力强，善于创新和解决问题；而有的学生基础薄弱，学习困难，需要更多的指导和帮助。针对学生的能力差异，中小学教师应采取分层教学的策略。教师需根据学生的能力水平将学生分成不同的层次，并为每一层次的学生制订相应的教学目标和计划。教师应采用多样化的教学方法和手段，以满足不同能力层次学生的需求。对于基础较弱的学生，教师需采用更直观、形象的教学方法，帮助他们打好基础；对于学习能力较强的学生，则需采用更开放、创新的教学方法，引导学生进行深入探究和创新实践。同时，教师必须关注学生的进步和成长，及时调整教学策略，为每个学生提供个性化的辅导和支持。

3. 学生的背景差异

学生之间还存在着显著的背景差异，这主要体现在家庭背景、文化背景、社会背景等方面。有的学生来自条件优越的家庭，享受良好的教育和熏陶；有的学生则来自困难家庭，缺少教育资源和机会；有的学生出身于多元文化家庭，拥有丰富的文化背景和宽广的视野；有的学生则属于单一文化背景的家庭，对外部世界的了解和认知有限。这些背景差异对学生的成长和发展产生深远影响。

教育对象的差异化对中小学教师提出了更高的要求和挑战。教师需更加关注学生的个体差异、能力差异和背景差异，因材施教、分层教学、包容性教育等策略应成为教师进行教育教学的重要原则和方法。只有通过这样的方法，才能真正实现教育公平和教育质量的提升，让每个学生得到全面而充分的发展。

---

① 付卫东，韦酒. 教育数字化转型背景下的中小学教师角色定位和实践进路[J]. 教育导刊，2023（9）：5-12.

(三)教育资源的丰富性

1. 教育内容的广泛性和深度

在信息时代,知识呈现出爆炸式增长。从传统的学科知识到现代技术、艺术、社会话题等,几乎所有领域的知识都可以通过多种形式的教育资源得到传播和普及。这种广泛性使得教育不再局限于学校内部,而是延伸到社会各个角落。同时,随着专业研究的深入,教育资源在深度上也获得了极大的拓展。专题研究、学术论文、深度报道等资源为学习者提供了更加系统和深入的学习材料,满足了他们对专业知识的需求。这不仅丰富了教育内容,也为学习者提供了更多选择。学习者可以根据自己的兴趣和需求,选择适合自己的学习内容和路径。

2. 教育形式的多样性

随着技术的发展,教育资源的形式也变得越来越多样化。除了传统的文字教材,现在还包括音频、视频、动画、虚拟现实等多种形式的教育资源。这些资源以直观、生动的方式呈现知识,有助于学习者更好地理解和掌握知识。同时,这些资源还可以为学习者提供丰富的学习体验,如模拟实验、角色扮演、在线讨论等,使学习过程更加有趣和富有创造性。此外,随着在线教育的发展,学习者可以通过网络平台随时随地学习。这种灵活的学习方式打破了时间和空间的限制,使学习者可以按照自己的节奏和进度进行学习,这有助于培养自主学习能力和终身学习的习惯。

3. 获取渠道的便捷性

在信息时代,获取教育资源变得更加便捷。学习者可以通过搜索引擎、在线图书馆、教育网站等渠道快速找到所需的教育资源。随着移动设备的普及,学习者还可以通过手机、平板等设备随时随地访问这些资源,实现真正的移动学习。这种便捷性大大降低了学习的门槛和成本,使得更多人有机会接受优质教育。教育资源的丰富性为教育领域带来了巨大变革和机遇。它丰富了教育内容选择和学习体验形式,降低了学习门槛和成本,为更多人提供了接受优质教育的机会。然而,这种丰富性也带来了挑战。如何在海量教育资源中筛选出高质量、适合自己的资源成为学习者面临的一个重要问题。同时，如何有效利用这些资源促进学习者全面发展也是教育者需要深入思考和解决的问题。

二、教育的信息化发展

（一）信息技术在教育中的应用

1. 多媒体教学提升课堂互动

多媒体教学是信息技术在教育领域中最直接的应用。借助计算机、投影仪、音响等设备，教师能将文字、图像、音频、视频等各种媒介融合在一起，为学生呈现更加生动、形象的教学内容。这种教学模式不仅能激发学生的学习兴趣，提高他们的学习积极性，还可以使抽象、复杂的知识变得更加直观、易于理解。同时，多媒体教学增强了师生之间的互动，使教师能通过提问、讨论等方式及时地掌握学生的学习情况，并依此调整教学策略，使教学更具针对性。此外，多媒体教学还能创设情境，使学生在模拟真实环境中进行学习，从而提升他们的实践能力和解决问题的能力。例如，在历史课程中，教师可以通过多媒体技术重现历史事件的真实场景，深化学生对历史知识的理解；在科学课程中，教师可以利用多媒体技术模拟实验过程，帮助学生在观察和分析中掌握科学原理。

2. 网络教学实现个性化学习

网络教学是信息技术在教育领域中的又一重要应用。通过网络教学平台，学生可以不受时间和空间的限制随时随地进行在线学习。这种教学方式不仅满足了学生的个性化学习需求，允许他们根据自己的兴趣、能力和进度安排学习，还实现了教育资源的共享及优化配置，使优质教育资源惠及更广泛的学习者。在网络教学中，教师可以通过在线测试、智能评估等系统及时了解学生的学习情况，为他们提供更精准的学习支持和辅导。此外，网络教学促进了学生的自主学习和协作学习。学生可以通过在线讨论、小组合作等方式与其他学习者交流互动，共同解决问题，增强合作和创新能力。

3. 人工智能助力精准教育

人工智能技术是近年来在教育领域中崭露头角的一种信息技术。通过大数据分析和机器学习等技术，人工智能能深入挖掘和分析学生的学习数据，识别出学生的学习特点、难点和兴趣点，为教师提供精准的教学参考和建议。同时，人工智能还能根据学生的学习情况推荐适宜的学习资源和路径，实现个性化学习指导。此外，人工智能在教育管理中也扮演着重要角色。例如，智能排课系统能合理安排教师和学生的课程和资源；智能监控系统能实时监测学生的学习状态和进度；智能评估系统能对学生的学习成果进行全面、客观的评价。这些应用不仅提高了教育管理的效率和准确性，还为教育决策提供了科学的根据。

（二）教育资源的数字化和共享

1. 数字化教育资源促进教育公平

数字化教育资源的出现，打破了传统教育资源在地域、时间、数量等方面的限制，使得优质教育资源能够惠及更广泛的学习者。通过数字化手段，教育资源的获取不再受学校、地区、国家的限制，学习者可以根据自己的需求和兴趣，随时随地访问全球范围内的优质教育资源。这种跨时空的资源共享，有助于缩小教育差距，促进教育公平。同时，数字化教育资源还可以为边远地区、落后地区等教育薄弱地区提供有力支持。通过远程教育、在线课程等方式，这些地区的学习者可以接触到先进的教育理念和教学方法，享受到与发达地区同等的教育机会。这对于推动教育均衡发展，提高整体教育水平具有重要意义。

2. 数字化教育资源提高教育效率

数字化教育资源具有易于存储、传输和处理的特点，使得教育资源的利用更加高效。通过数字化手段，教育者可以对教育资源进行整理、分类和检索，快速找到所需的教学资源，节省了大量的时间和精力。同时，数字化教育资源还可以实现多人同时在线访问和使用，提高了资源的利用效率和共享程度。此外，数字化教育资源还可以为学习者提供个性化的学习支持。通过智能推荐系统、学习分析等技术，教育者可以根据学习者的学习特点和需求，为他们推送合适的学习资源和学习路径。

3.数字化教育资源推动教育模式创新

数字化教育资源的共享和应用，不仅丰富了教育内容和手段，还推动了教育模式的创新。在数字化教育资源的支持下，传统的以教师为中心的教学模式正在向以学生为中心的自主学习、协作学习等新型教学模式转变。学习者可以通过在线课程、虚拟实验室、在线讨论等方式进行自主学习和探究学习，培养自己的创新能力和实践能力[①]。同时，数字化教育资源还为教育者提供了更多的教学选择和灵活性。教育者可以根据教学内容和学习者的特点，选择合适的数字化教育资源进行教学设计，实现教学方法的多样化和个性化。这种灵活多样的教学方式有助于激发学习者的学习兴趣和积极性，提高他们的学习效果和创造力。

（三）教育管理的信息化和智能化

1.信息化管理系统提高教育管理效率

教育管理信息化是指通过信息技术手段，对教育领域的各项管理活动进行系统化、规范化、自动化处理。信息化管理系统作为实现教育管理信息化的重要工具，能够整合和优化教育机构的各种信息资源，实现信息的快速传递和共享，从而提高管理效率。例如，学生信息管理系统能全面管理学生的基本信息、学籍变动、成绩记录等，方便教师查询和统计学生情况；教职工信息管理系统可以统一管理教职工的基本信息、考勤记录、工资发放等，提高人事管理的效率和准确性；教学资源管理系统能对教学资源进行分类、存储和检索，方便教师获取和利用教学资源。这些信息化管理系统不仅减少了手工操作的烦琐和错误，还实现了信息的实时更新和动态管理，为教育机构提供准确、及时的数据支持。

---

① 印贤文.中小学教师队伍建设数字化转型的思考[J].中小学校长，2023（8）：23-26，44.

2. 大数据分析助力教育决策

教育管理智能化是指利用人工智能、大数据分析等先进技术，对教育数据进行深入挖掘和分析，以发现数据中的规律和趋势，从而为教育决策提供科学依据。大数据分析是实现教育管理智能化的重要手段。通过大数据分析，教育机构能全面评估学生的学习情况、教师的教学效果、教育资源的利用情况等，为优化教育资源配置、改进教学方法、提升教育质量提供支持。例如，通过对学生学习成绩、学习行为等数据的分析，教师能发现学生的学习难点和兴趣点，为调整教学策略、实施个性化教学提供依据；通过对教育投入与产出的数据分析，教育机构能评估教育政策的效果和价值，为制定更科学合理的教育政策提供决策依据。

3. 智能化技术提升教育服务质量

教育管理的信息化和智能化不仅提高了管理效率，为教育决策提供助力，还提升了教育服务质量。随着人工智能、物联网等技术的不断发展，教育机构能利用这些技术为学生提供更加便捷、高效、个性化的服务。例如，通过智能排课系统，教育机构可以合理安排课程时间和教师资源，满足学生的选课需求和学习进度；通过智能监控系统，教育机构可以实时了解学生的学习状态和课堂表现，及时发现问题并进行干预；通过智能评估系统，教育机构可以对学生的学习成果进行全面、客观的评价，为学生提供精准的学习反馈和建议。这些智能化技术的应用不仅提高了教育服务的效率和准确性，还增强了学生的学习体验和满意度。

三、教育的国际化趋势

（一）教育国际化要求教师具备跨文化交流的能力

在全球化日益加剧的当今社会，教师需要了解不同文化背景下的教育理念、教育方法和教育价值观，这一点显得尤为重要。教育不再是孤立存在的，而是与世界各地紧密相连，并相互影响、相互借鉴。为了更好地与国际同行进行交流合作，教师必须对世界各地的教育状况有深入的了解。

不同的文化背景孕育了不同的教育理念，例如，在一些国家教育可能更注重个体的自由发展和创新能力的培养，而在另一些国家则可能更强调集体的和谐以及纪律的严明。了解这些差异，有助于教师开阔视野，从多角度审视教育问题，寻找更适合学生的教育方法。

此外，教育方法和手段也因文化背景的不同而有所区别。一些先进的教育技术和教学手段在其他国家可能已经得到广泛应用，而在本国可能仍处于起步阶段。通过与国际同行的交流，教师可以及时获取这些先进的教育资源，提高教学效果。更为重要的是，教师需要关注学生国际视野和跨文化素养的培养。在多元文化交融的时代，学生不仅要具备扎实的学科知识，还要具备良好的跨文化沟通能力。教师应通过课堂教学、实践活动等多种方式，引导学生了解不同文化的特点和价值，学会尊重和理解他人，从而培养他们在多元文化中成长和发展的能力。

（二）教育国际化带来了教育资源的共享和流动

教师可以通过积极参与国际交流与合作，获取世界各地的优质教育资源，这些资源包括先进的教育理念、创新的教学方法、丰富的教学素材等。获取这些资源后，教师需具备资源整合的能力，并能够根据本土教育的实际情况以及学生的需求对这些资源进行筛选、整合和优化。将国际先进教育资源与本土教育实际巧妙结合，教师可以形成具有鲜明特色的教学模式，为学生提供更多元化、个性化的学习体验，进一步推动教育教学质量的提升。

（三）教育国际化加剧了教育竞争

在国际教育市场上，各国都在努力提高本国教育的质量和水平。这种竞争态势要求中小学教师不断提升自身的专业素养和教学能力，为造就具有国际竞争力的人才做出努力。这需要教师具备创新意识和终身学习的理念，不断追求专业成长和进步。新时代的教育背景呈现出多元化、信息化、国际化等显著特点。这些变化给中小学教师的角色带来了深远的影响。教师需适应新的教育背景要求，转变角色定位，从知识的传授者转变为学生学习的促进者、引导者和合作者。同时，教师还需要不断提升自身的专业素养和教学能力，以应对新时代教育背景下的挑战和机遇。

第二节　中小学教师传统角色定位

一、知识的传递者

（一）知识的系统传授与基础构建

1. 系统性知识的传授

中小学教师首先需对所教学科有全面而深入的理解，并掌握知识的内在联系与逻辑结构。在此基础上，通过精心设计的课程和教学活动，教师以系统、连贯的方式将知识传授给学生。这种系统性的传授不仅有助于学生形成完整的知识框架，而且能提高学习效率。在教学过程中，教师应根据学生的认知特点和学习需求采用多样化的教学方法和手段。例如，通过讲解、演示、实验等方式，使抽象的知识具体化、形象化，从而便于学生理解和掌握。同时，教师还需关注学生的学习兴趣和动机，通过创设问题情境、引导探究学习等方式，激发学生的学习兴趣和求知欲。

2. 知识基础的构建

在传授知识的过程中，中小学教师还需协助学生构建坚实的知识基础。这包括引导学生理解并掌握学科的基本概念、基本原理和基本方法，以及培养学生运用所学知识解决实际问题的能力。通过反复练习、巩固和应用，学生可以逐步将知识内化为个人的智慧和技能。为了帮助学生更好地构建知识基础，教师应关注学生的个体差异和学习需求。对于学习困难的学生，教师应提供更多的指导和帮助，如提供额外的辅导材料、设计针对性的练习题等。此外，教师还应鼓励学生之间的合作和交流，通过小组讨论、协同学习等方式，促进知识的共享和互补。

3. 学习方法与思维能力的培养

在知识的系统传授与基础构建过程中，中小学教师需着重培养学生的学习方法和思维能力。通过引导学生掌握有效的学习策略和方法，如归纳总结、联想记忆和思维导图等，帮助学生提升学习效率和质量。同时，通过设计富有启发性的问题、组织讨论和辩论等方式，激发学生的思维活力，并培养他们的逻辑思维、创新思维和批判性思维等能力。这些能力和方法的培养不仅有助于学生更好地掌握知识，还能增强其自主学习能力和终身学习能力。在未来的学习和生活中，学生将能灵活运用所学知识解决实际问题，并不断适应新的环境和挑战。

（二）思维能力的培养与提升

1. 逻辑思维能力的培养

逻辑思维是思维的基础形式，要求学生能够按照一定的逻辑规则进行推理、判断和分析。在中小学阶段，教师可以通过多样化的教学活动来培养学生的逻辑思维能力。在课堂教学中，教师应引导学生学习和掌握基本的逻辑概念、推理规则和思维方法。例如，通过数学证明题的训练，学生可以学会运用演绎推理的方法；通过语文阅读理解的练习，学生可以学会运用归纳推理的方法。此外，教师还可以设计一些具有逻辑性的问题和情境，让学生在解决问题的过程中锻炼逻辑思维能力。教师可以设计逻辑推理题、数学谜题等，让学生在思考和解答的过程中培养出严谨、条理清晰的思维习惯。

2. 创新思维能力的培养

创新思维是指能够产生新颖、独特且具有社会价值的思维成果的思维活动。在当今社会，创新思维能力已成为衡量人才的重要标准之一。因此，中小学教师需特别重视创新思维能力的培养。为培养学生的创新思维能力，教师可采用多种教学方法和手段。例如，通过引导学生进行探究式学习，鼓励他们在学习过程中自主发现问题、提出假设并寻找解决方案；教师还可以组织一些创新性的实践活动，如科技制作、小发明家比赛等，让学生在动手实践的过程中培养创新思维。此外，教师需要为学生营造宽松、自由的学习环境，鼓励他们大胆尝试、勇于创新。只有这样，学生才能敢于挑战传统观念、打破思维定式，从而产生新颖、独特的思维成果。

3. 批判性思维能力的培养

批判性思维是指能够对他人或自己的观点、论据、推理等进行深入剖析和评价的思维活动。它要求学生具备独立思考、判断是非和解决问题的能力。在中小学阶段，教师可以通过以下方式培养学生的批判性思维能力：在课堂教学中引导学生学会质疑和提问。鼓励学生不盲目接受知识，而是对所学知识进行深入思考和分析，提出自己的见解和疑问。教师可以组织一些讨论和辩论活动，让学生在争论中学会辩证地看待问题，从多角度思考问题，并对不同观点进行客观评价和比较。中小学教师在学生思维能力的培养与提升中扮演着重要角色。通过逻辑思维、创新思维和批判性思维的培养，教师可以帮助学生形成全面、深入、灵活的思维模式，为他们未来的学习和发展奠定坚实的基础。

（三）文化与价值观念的传承与塑造

1. 文化传承的使者

中小学教师作为文化传承的使者，肩负着传授和弘扬民族文化的重任。民族文化是一个国家、一个民族的灵魂和根基，蕴含着丰富的历史信息、深厚的思想底蕴和独特的审美价值。通过课堂教学、课外活动、节日庆典等多种途径，教师可以向学生传递民族文化的精髓和特色，引导他们了解并认同自身的文化根源。在文化传承的过程中，教师应特别关注学生的文化体验和感悟。因为文化不仅是知识和信息的堆砌，更是情感和精神的滋养。教师可以通过组织文化实践活动、创设文化情境等方式，让学生亲身感受民族文化的魅力和价值，从而激发他们的文化自豪感和归属感。此外，中小学教师还需关注多元文化的传承和交流。在全球化日益加剧的今天，各种文化相互交织、相互碰撞，形成了多元文化的格局。教师应引导学生正确理解和对待不同文化之间的差异和冲突，培养他们的文化包容性和跨文化交流能力。通过这种多元文化的交流，教师可以帮助学生拓宽文化视野，增强文化自信。

2. 价值观念的引领者

中小学教师作为价值观念的引领者，对学生的价值观念形成和发展产生着深远的影响。教师的价值观念不仅体现在教学内容和方法上，更体现在他们的言谈举止和情感态度上。因此，教师应特别留意自身价值观念对学生的影响，以正确的价值观念引导学生成长和发展。在教学过程中，教师可以通过多种途径和方式，传递和塑造学生的价值观念。例如，通过课堂教学内容的选择和设计，教师可以引导学生形成正确的世界观、人生观和价值观。通过历史人物的故事、道德典范的宣扬等方式，教师可以帮助学生树立正确的道德观念和价值取向。

3. 情感态度的培育者

情感态度指学生对待自己、他人和事物的基本情感倾向和态度选择，对学生的心理健康、人际交往和社会适应等方面产生重要影响。在教育教学过程中，教师可以通过多种方式培育学生的情感态度。首先，教师可以通过创设良好的教学氛围和师生关系促进学生的情感发展。一个温馨、和谐、充满爱的教学环境可为学生提供安全感和归属感，有助于他们形成积极、健康的情感态度。中小学教师在文化与价值观念的传承与塑造中发挥着不可替代的作用。他们通过自身的言行和教学行为潜移默化地影响着学生的文化观念、价值观念和情感态度。为了更好地履行这一角色定位，教师需不断学习和提升自身的专业素养和教育能力，以更科学、有效的方式传递文化和价值观念，为学生的全面发展贡献力量。

二、纪律的维护者

（一）制定和执行纪律规范

1. 深入了解学生特点，制定切实可行的纪律规范

制定纪律规范的首要步骤是深入了解学生的特点。不同年龄段的学生

具有不同的心理特征和行为习惯，因此教师在制定纪律规范时必须充分考虑这些因素。例如，对于低年级学生，规范应更加具体、明确，便于他们理解和遵循；对于高年级学生，规范则可以更加注重引导他们的自我管理和自主约束。教师需结合学校的实际情况与教学目标，制定切实可行的纪律规范。这些规范应涵盖学生在校园内的行为，包括课堂纪律、课间秩序、集体活动及校园安全等方面。同时，规范应明确学生应遵守的行为准则与违规行为的处理办法，以确保规范的全面性与可操作性。

2. 严格执行纪律规范，确保校园秩序

制定纪律规范后，教师必须严格执行，以确保校园秩序。执行过程中，教师应坚持公正、公平、公开的原则，公平对待所有学生，不偏袒、不歧视。对于违反规范的行为，教师应及时予以制止和纠正，并根据违规行为的严重程度进行相应的教育处理。教师还需重视学生的思想教育，引导他们认识到错误并自觉改正。教师在执行纪律规范时，应根据不同性质、不同程度的违规行为采取不同的处理策略。例如，对于轻微的违规行为可采用口头提醒或暗示等方式进行纠正；对于严重违规行为，则需按照学校的相关规定严肃处理。此外，教师还应注重与学生的沟通和交流，了解他们的想法与需求，以便更有效地引导他们遵守纪律规范。

3. 不断完善和调整纪律规范，适应教育发展的需要

随着教育的发展和社会的进步，学生的特点与需求也在不断变化，因此，教师需要不断完善和调整纪律规范以适应教育的发展。这包括根据新的教育理念和学生特点对现有规范进行修订和完善，以及针对新出现的问题制定新的规范。在完善和调整纪律规范时，教师应广泛征求学生的意见和建议，确保规范的制定更加民主、科学。同时，教师还应加强与其他教育工作者及家长的沟通和协作，共同为制定和执行更有效的纪律规范贡献力量。

此外，教师还需关注纪律规范与教育目标的一致性。在制定和执行纪律规范时，教师应始终铭记教育的根本目标是促进学生的全面发展和成长。因此，所有纪律规范都应服务于这一目标，为学生的健康成长与学校的和谐发展提供有力的保障。

（二）培养学生的纪律意识

1. 树立正确的纪律观念

要培养学生的纪律意识，首要任务是引导学生树立正确的纪律观念。教师应通过课堂教学、主题班会、德育活动等多种方式，向学生阐述纪律的内涵及其重要性。应让学生明白，纪律不仅是维护校园秩序的需要，更是个人成长和社会进步的基石。此外，教师还应结合生活中的实例或故事引导学生进行分析讨论，以帮助他们从感性上认识到遵守纪律的意义和价值。在树立正确的纪律观念的过程中，教师同时也需要注意培养学生的责任感和集体荣誉感，使他们明白自己的行为不仅影响到个人的发展，也牵涉整个班级的荣誉和学校的形象，这样可以进一步提升学生遵守纪律的自觉性和主动性。

2. 强化日常行为规范

对日常行为的规范是培养学生纪律意识的基础。教师需在日常生活中对学生进行严格的要求和管理，从点滴小事着手培养学生良好的行为习惯。例如，要求学生按时到校、不迟到早退；上课认真听讲、不做小动作；课间文明休息、不追逐打闹等。对于违反行为规范的学生，教师应及时予以纠正和教育，让他们明确自己的行为界限和责任。在强化日常行为规范的过程中，教师还应注重发挥其榜样的示范作用。身教重于言教，教师的言行都在潜移默化地影响着学生。因此，教师应严于律己、以身作则，用实际行动为学生树立坚守纪律的榜样。同时，教师需要善于发现和表扬遵守纪律的学生，利用身边的榜样来激励其他学生自觉遵守纪律。

3. 开展丰富多彩的实践活动

实践活动是培养学生纪律意识的一个有效途径。教师可以通过组织各种实践活动，让学生在亲身体验中深切体会到遵守纪律的重要性和必要性。例如，可以组织学生进行队列训练、集体操比赛等集体活动，让他们在活动中学会服从指挥和遵守规则；也可以组织学生进行社会实践、志愿服务活动，让他们在实践中学会尊重他人、遵守社会公德。丰富多彩的实践活动不仅可以强化学生的纪律意识，还有助于培养他们的团队合作精神和集体荣誉感。此外，实践活动也为学生提供了展示自我、锻炼能力的平台，推动他们全面发展和成长。

（三）创设良好的纪律氛围

1. 建立健全的纪律制度

为了创设良好的纪律氛围，首先必须建立一套完善的纪律制度作为保障。学校应根据国家法律法规及教育方针，结合实际情况，制定一系列切实可行的纪律制度。这些制度应涵盖学生在校期间的各个方面，如课堂纪律、作息时间、校园安全、集体活动等，以确保学生在校园内的行为有明确的规范可循。在制定纪律制度时，学校应广泛征求教师、学生及家长的意见，以保证制度的合理性和实施的可行性。其次，学校还应重视制度的宣传和解读，帮助学生理解制度的内容和目的，增强他们对纪律的认同感。

2. 营造积极向上的校园文化

校园文化是学校精神面貌的重要表现，也是营造良好纪律氛围的关键载体。学校应通过举办各类文化活动、比赛和庆典等，打造积极向上、健康活跃的校园文化氛围。这些活动不仅能丰富学生的课余生活，还能培养他们的团队协作精神和集体荣誉感。同时，学校还应重视校园环境的建设和美化。整洁优美的校园环境能使学生感受到学校的温暖与美好，从而更自觉地遵守纪律规定。此外，学校可以借助设置宣传栏、悬挂标语等形式，宣传学校的纪律制度和教育理念，进一步营造浓厚的纪律氛围。

3. 加强师生之间的沟通与互动

加强师生之间的沟通与互动是创设良好纪律氛围的关键步骤。教师应注重与学生的情感交流，了解他们的思想动态和需求，帮助他们解决学习和生活中出现的问题。通过加强师生互动，教师可以及时发现并纠正学生的违纪行为，防止小问题演变成大问题。同时，学校还应建立健全的学生自治组织，如学生会、班委会等。这些组织不仅可以协助教师管理班级和学校事务，还能培养学生的自我管理能力和民主意识。通过参与自治组织活动，学生能更深刻地了解学校的纪律制度和标准，从而更自觉地遵守相关规定。

三、道德的引领者

（一）以身作则，树立道德榜样

1. 严于律己，恪守职业道德

作为教师，首先要严于律己，恪守职业道德。教师应时刻保持高尚的道德品质，践行诚实守信、公正无私、爱岗敬业的行为准则。在日常工作中，教师必须严格遵守教育法律法规，遵循教育规律，尊重学生的人格和权益。在处理学生问题时，教师应公正无私，不偏袒任何一方，以事实为依据，以法律为准绳。同时，教师还应爱岗敬业，全身心投入教育事业，为学生的成长和发展贡献力量。教师的职业道德不仅关乎个人形象和声誉，更关乎学生的健康成长和学校的和谐发展。因此，教师应时刻提醒自己，以职业道德为准绳，规范言行举止，做到为人师表。

2. 注重个人修养，提升道德品质

除了恪守职业道德，教师还应注重个人修养，努力提升自身的道德品质。教师应通过不断学习和实践，培养仁爱之心、宽容之怀和感恩之情。在日常生活中，教师应关心他人、乐于助人，积极参与社会公益活动，以实际行动践行社会主义核心价值观。同时，教师还应学会宽容和理解，尊重他人的不同观点和选择，以开放的心态接纳多元文化和价值观。对于帮助过自己的人，教师应心怀感激，懂得知恩图报。通过注重个人修养和提升道德品质，教师不仅能塑造良好形象，还能为学生树立可亲可敬的道德榜样。学生将从教师身上汲取正能量，学会关爱他人、宽容待人、感恩生活。

3. 以身示范，践行道德规范

教师以身作则的最终目的，是通过实际行动践行道德规范，为学生树立生动的道德榜样。在校园生活中，教师应言行一致、表里如一。他们不仅要在课堂上传授道德知识，更要在日常生活中践行道德规范，以实际行动影响和感染学生。例如，在遵守校规校纪方面，教师要做到不迟到早退、不旷课缺勤；在爱护公物方面，教师要做到节约水电、保护公共设施；在待人接物方面，教师要做到礼貌待人、尊重他人等。通过以身示范践行道德规范，教师能让学生看到道德的力量和价值。学生将从教师身上感受到道德的魅力，从而更加自觉地遵守道德规范，形成良好的道德品质和行为习惯。

（二）渗透道德教育于日常教学之中

1.挖掘教材中的道德教育资源

各科教材中蕴含着丰富的道德教育资源，教师应善于挖掘并利用这些资源，将道德教育与学科教学相结合。例如，在语文教材中，许多优秀的文学作品都包含深刻的道德哲理，教师可以通过讲解课文内容、分析人物形象以及探讨主题思想等方式，引导学生领悟作品中的道德内涵。在历史教材中，教师可以结合历史人物和事件，讲述爱国、诚信、正义等道德观念，帮助学生形成正确的历史观和价值观。在其他学科如数学、科学等，教师也可以通过介绍科学家的精神品质与探讨科学的社会价值的方式渗透道德教育。挖掘教材中的道德教育资源要求教师具备敏锐的洞察力和深厚的学科素养。教师应认真研读教材，深入挖掘其中的道德元素，并与学科知识融为一体，使学生在学习知识的同时，得到道德的熏陶和感染。

2.创设道德情境，引导学生体验

道德教育不仅是知识的传授，更关乎情感的体验和行为的培养。因此，教师在日常教学中应创设道德情境，引导学生通过角色扮演、情感体验等方式，身临其境地感受道德的力量和价值。例如，在语文课上，教师可以组织学生进行课本剧表演，让学生在扮演角色的过程中体验人物的道德情感和道德选择。在历史课上，教师可以通过模拟历史事件的场景让学生扮演不同的历史人物，体验这些人物的道德风范和抉择过程。创设道德情境要求教师具备创新意识和实践能力。教师应根据教学内容和学生的实际情况设计生动有趣的道德情境，激发学生的参与热情与情感体验。同时，教师还应注重引导学生进行深入的思考与讨论，帮助他们形成正确的道德判断和行为选择。

3.关注学生的道德实践,促进知行合一

道德教育的核心目标是引导学生将道德观念内化为行为习惯。因此,教师在日常教学中应关注学生的道德实践,为他们提供实践锻炼的机会和平台。例如,教师可以组织学生参与志愿服务、社会调查等社会实践活动,让他们在实践中体验道德的力量和价值。同时,教师还可以通过课堂讨论、小组合作等形式培养学生的团队合作精神和集体荣誉感,促进他们的道德行为的培养。关注学生的道德实践要求教师具备实践指导能力和组织协调能力。教师应根据学生的实际情况和教学内容,设计有针对性的实践活动方案,确保活动的有效性和安全性。同时,教师还应注重对学生实践成果的展示和评价,激发他们的积极性和自信心。

(三)关注学生的道德情感和道德实践

1.倾听学生的道德声音,尊重他们的情感体验

每个学生都是独特的个体,拥有自己的道德观念和情感体验。因此,教师在道德教育中应尊重学生的情感体验,倾听他们的道德声音,并理解他们的道德困惑和挣扎。这样,教师才能准确把握学生的道德需求,并提供具有针对性的道德指导。

尊重学生的情感体验,需要教师具备关爱和同理心。教师在理解学生成长过程中所遇到的困惑和挣扎的同时,也要给予他们情感上的支持和关爱。当学生在道德实践中遭遇挫折时,教师应鼓励他们勇敢面对,帮助他们分析原因并寻找解决方法。同时,教师还应关注学生的道德发展,正确认同他们在道德实践中取得的进步与成绩,激发他们的积极性和自信心。

倾听学生的道德声音,需要教师具备耐心和细心。教师应在日常教学和生活中关注学生的言行举止,捕捉他们道德情感的变化。面对道德问题时,教师应给予学生充分的表达机会,让他们畅所欲言。同时,教师要以开放的心态接纳学生的不同观点,并引导他们通过讨论和交流深化对道德问题的理解。

2. 创设道德实践平台，引导学生积极参与

道德实践是学生将道德观念转化为实际行动的过程，也是检验和巩固道德观念的重要途径。因此，教师在道德教育中应创设道德实践平台，引导学生积极参与道德实践活动。通过这些活动，学生对道德的力量和价值有了直观的认识，形成了正确的道德观念和行为习惯。

创设道德实践平台，需要教师具备创新意识和实践能力。教师应根据教学内容和学生的实际情况，设计符合实际的道德实践活动，如志愿服务、社会调查、角色扮演等。这些活动可以让学生在实践中深入理解道德的内涵和价值。同时，教师还要确保活动的针对性和实效性，确保活动能够真正促进学生的道德发展。引导学生积极参与道德实践活动，教师需要具备组织能力和指导能力。教师应在活动中明确任务和要求，指导学生制订计划和方案[1]。在活动过程中，教师要关注学生的表现和进展，并及时提供必要的指导和帮助。同时，教师需要培养学生的团队合作精神和集体荣誉感，使他们在实践中学会合作和分享。

3. 关注学生的道德反思与自我评价

道德反思与自我评价是学生道德成长的重要环节。学生可以通过反思与评价，深入剖析自身的道德行为和情感体验，认识到自身的优点与不足，从而明确自己努力的方向和目标。在这个过程中，教师的角色是至关重要的。教师应关注学生的道德反思和自我评价，引导他们进行自我教育和自我提升。由此可见，教师在道德教育中的职责并非仅限于教授理论知识，更应具备指导学生反思的能力和分析能力。在日常教学和生活中，教师应引导学生对自身道德行为进行反思，总结自我行为，并以此为基础进行改进。教师可以通过组织课堂讨论、要求学生撰写日记、开展主题班会等方式，鼓励学生充分表达自己的想法和感受。同时，教师还应对学生的反思成果进行点评和指导，帮助学生发掘出自身存在的问题和不足，引导他

---

[1] 徐建华. 中小学教师培训自主选学的浙江实践及推进路径[J]. 中国教育学刊, 2023(7): 91-96.

们找到改进的方法。

第三节 角色变迁的动因与趋势

一、教育改革的推动

（一）教育理念的更新

1. 从知识本位到学生本位

传统的教育理念往往以知识为本位，重视知识系统的传授和学生对知识的掌握。在这种理念中，教师是知识的传授者，学生是知识的接收者，教学活动主要聚焦于知识的灌输和记忆。但是，随着教育改革的深化，我们逐渐认识到这种以知识为中心的教育理念忽视了学生的主体性和个性发展，无法有效培养学生的创新精神和实践能力。

新的教育理念强调以学生为本位，关注学生的全面发展。这一理念要求教师不仅关注知识传授，更要注重学生的兴趣爱好、个性特长和情感体验等，为他们提供个性化的教育和指导。这种以学生为本位的教育理念促使教师的角色发生转变，从单纯的知识传授者转变为学生学习和发展的引导者、促进者。在教学过程中，教师需要更多地关注学生的学习需求和情感体验，尊重他们的个性差异，通过多种教学方法激发他们的学习兴趣和积极性。

2. 从应试教育到素质教育

应试教育是传统教育理念的产物，它强调以考试成绩为评价学生学习成果和教师教学质量的唯一标准。在这种理念下，教师和学生都面临着巨大的考试压力，教学活动主要围绕着考试内容和技巧。这种应试教育方式忽略了学生的全面发展和个性差异，不利于培养学生的综合素质和社会适应能力。为此，新的教育理念提倡从应试教育向素质教育转变，关注学生全面发展和社会适应能力。这一理念要求教师不仅要关注学生的考试成绩，更要关注他们的知识、能力、情感和态度等多方面的成长。在教学过程中，教师需要重视培养学生的创新精神、实践能力和团队协作能力等综合素质，以提高他们的社会适应能力。这种转变使得教师的角色也随之转变，从单纯的应试教育者变为素质教育的践行者。同时，通过强化评价和反馈机制，教师需更全面地了解学生的进步和成长过程，从而提供更加全面和客观的评价和指导。

3. 从封闭教育到开放教育

传统教育理念往往强调教育的封闭性与单一性，忽视了其开放性与多样性。在这种理念下，教师充当教育活动中的权威与核心，学生则常处于被动接受的状态。教学活动主要局限于校园内，与外界的联系较少。这种模式不利于培养学生的开放性思维和国际视野。因此，新的教育理念倡导从封闭教育转向开放教育，注重教育的多样化和国际化。它要求教师不仅要关注学生校内的学习成果，还应关注他们的校外学习经历和社会实践。这种开放的教育方式有助于培养学生的开放性思维、提升其国际视野，增强其综合素质和社会适应能力。同时，教师亦需引导学生将所学知识应用到实际生活中去。这种开放的教育方式对教师提出了更高的要求和挑战，需要教师具备更加开放的心态和广阔的视野，以及灵活多样的教学方式和策略。

（二）教学方式的变革

1. 从讲授式教学到互动式教学

传统的讲授式教学以教师为中心，注重知识的单向传授。在这一模式下，教师被视为知识的权威，而学生则处于被动接受的地位。然而，随着新课程改革的不断推进，人们开始意识到，这种教学模式忽视了学生的主体性与能动性，不利于培养学生的创新精神与实践能力。因此，新的教学方式倡导互动式教学，强调师生间的互动与交流。在这种模式中，教师的角色转变为引导者和促进者，不再是知识的唯一来源。学生也不再是被动的知识接受者，而是成为积极参与教学过程、主动学习的主体。通过师生互动、学生之间的互动等多种方式，学生能够更深刻地理解和掌握知识，同时提升自己的表达、沟通和合作能力。

2. 从单一教学到多样化教学

传统教学常采用单一的手段和形式，如讲解、板书、演示等，缺乏多样性和灵活性，不足以满足学生的个性化需求。随着现代教育技术的发展和新课程改革的推进，多样化的教学方式逐渐成为主流。新的教学方式提倡使用多样化的教学方法和形式呈现知识，以适应学生的不同认知风格和兴趣特点。例如，教师可以利用多媒体技术制作课件、视频等，丰富教学内容；或通过小组合作、项目式学习等方式促进学生的交流与共同创新。这种多样化的教学方式不仅能使教学内容更加生动有趣，激发学生的学习兴趣，也能够有效地培养学生的多元智能和综合素质。

3. 从注重结果到注重过程

传统教学评价往往侧重于教学结果，忽视了教学过程的重要性，造成师生双方面临考试压力和学习负担。然而，随着新课程改革的推进和教育评价体系的改革，越来越多的教育工作者和学者认识到注重教学过程的重要性。当前的教学理念强调对教学过程的关注与优化，注重学生的学习体验和成长。在这种理念下，教师不仅关注学生成绩，更关注其学习兴趣、态度及方法。这种关注使得教师能更全面地把握学生的学习情况，有针对性地提供指导，及时发现并解决教学中的问题，优化教学策略。

（三）评价体系的改革

1. 从单一评价到多元评价

传统的评价体系主要依赖于单一的考试成绩来衡量学生的学习成果，这种方式往往忽视了学生在其他方面的表现和进步，未能全面反映学生的综合能力。随着教育理念的更新，人们逐渐认识到教育的终极目标是促进学生的全面发展。因此，在教学过程中，教师不仅应关注学生的考试成绩，还应综合考虑其课堂表现、作业完成情况以及参与活动的表现等多个方面。通过采用多元化的评价方式，教师可以更全面地掌握学生的学习情况，进而为学生提供更为客观和准确的评价反馈。这种多元评价方式有助于激发学生的学习兴趣和积极性，进而促进学生全面发展。

2. 从终结性评价到过程性评价

传统的评价体系通常在学期末或学年末进行一次终结性评价，这种方式无法及时反映学生的学习情况和进步情况。新的评价体系强调从终结性评价转向过程性评价，更加注重对学生学习过程的监测和优化。通过定期的测试、观察和记录等方式，教师可以及时了解学生的学习状况和存在的问题，从而提供有针对性的指导和帮助。在教学过程中，教师需深入关注学生的学习进程和学习策略，及时发现并解决学生的问题和困难。过程性评价使教师能够更全面地把握学生的学习状况，及时调整教学策略和方法，有效提升教学质量。

3. 从静态评价到动态评价

传统的评价体系倾向于采用静态的评价方式，这种方式只关注学生的当前表现，忽略了学生的发展潜力和进步空间。新的评价体系强调从静态评价转向动态评价，更加重视评价学生的成长过程和潜能。通过定期的评估、反馈和指导，教师可以帮助学生发现自身的优点和不足，制订个性化的学习计划和发展目标。在教学过程中，教师需关注学生的发展潜能和进步空间，提供个性化的辅导和支持。动态评价使教师能够更全面地了解学生的成长情况，为学生的长远发展提供坚实的支撑。

二、社会期待的转变

（一）从知识传授者到学生成长的引领者

1. 转变教育观念的必要性

在传统教育模式中，教育者主要担任知识传授者的角色，负责向学生传递知识，确保他们能够掌握一定的知识体系。然而，这种教育模式过分强调知识的传输和记忆，忽略了学生的主动性和创造力，导致他们在学习过程中缺乏主动性和兴趣。为了改变这种现状，教育者需要转变其教育观念，从注重知识传授转向注重学生的全面发展。在这个过渡期内，教育者应逐步摒弃传统的教育理念，接受并采纳新的教育理论。他们需认识到教育的核心目标不仅是知识的输送，更在于培养学生的综合素质和能力。这要求教育者关注学生的个性化需求，尊重学生的个性化发展，并为每位学生提供适宜的教育方式和资源。同时，教育者还应致力于培养学生的创新思维和实践技能，鼓励他们在学习中主动探索、勇于尝试。

2. 提升教育者综合素质的重要性

作为学生成长的引领者，教育者需要具备更加全面的素质和能力。除了专业知识外，他们还需具备良好的人际交往能力、创新能力、心理辅导能力等。这些能力的提升不是一蹴而就的，而是需要教育者在转型期间通过不断地学习和实践来实现。在这一过程中，教育者可以参加关于教育心理学、教育技术等领域的培训，学习如何更有效地与学生进行互动交流，以及如何运用最新的教育技术提高教学效果。此外，通过参与教育研究、撰写学术论文等方式也将有助于提升自己的学术水平和研究能力。这将有助于教育者更好地适应新的角色需求，为学生的全面发展提供更强大的支持。

3. 构建新型师生关系的挑战与机遇

在传统教育模式中，教育者通常扮演着权威的角色，与学生间存在一定的距离。这种师生关系不利于学生的全面发展和个性展现。因此，在过渡期中，教育者需要努力构建新型的师生关系，与学生建立平等、民主、和谐的关系。构建新型师生关系要求教育者付出更多的努力和时间，主动与学生沟通交流，了解学生的需求和兴趣，为他们提供个性化的指导和帮助。同时，应尊重学生的个性和差异，允许学生在学习过程中表达自己的见解和想法，并关注学生的心理健康和情感需求，为学生提供必要的心理支持和情感关怀。尽管构建新型师生关系面临诸多挑战，但它也为教育者带来了新的机遇。通过与学生的密切接触和交流，教育者可以更加深入地了解学生的内心世界和成长需求，为他们的全面成长提供更精准有效的指导。此外，新型的师生关系有助于激发学生的学习兴趣和动力，从而提高他们的学习效果和自信心。从知识传授者到学生成长的引领者的转变是一个必要且复杂的过程，在这个过程中，教育者需要转变教育观念、提升综合素质并构建新型的师生关系。这些努力将有助于教育者更好地适应现代教育的发展需求，为学生的全面成长提供更有力的支持。

（二）从独立工作者到教育合作者

1. 加强与其他教育工作者的合作

传统观念中，教师常被视为独立工作者，独自承担备课、授课、批改作业等职责，而与其他教师的交流合作相对较少。然而，现代教育理念倡导教师之间的合作与交流，强调通过相互学习、相互借鉴，共同提升教育教学水平。因此，作为教育合作者，教师应加强与其他教育工作者的合作。这不仅包括与同一学科教师的协作，共同探讨教育教学问题，分享教学经验和资源，而且涉及与不同学科教师的联合，开展跨学科教学活动以培养学生的综合素养。此外，与教育管理者、教育研究者的合作也是不可或缺的，共同推进教育改革和发展。通过与其他教育工作者的合作，教师能够不断拓展自己的教学视野，掌握新的教育理念和教学方法，提升教学能力。同时，教师间的合作也能促进学校内部的团队协作和氛围营造，为学生的全面发展创造更好的条件。

2. 加强与家长的合作

家长不仅是学生的第一位教师，也是他们成长过程中不可或缺的陪伴者，对学生的成长具有深远影响。因此，教师作为教育的合作者，须加强与家长的合作，共同关注学生的成长和发展。教师应与家长保持密切沟通，及时了解学生在家中的表现及存在的问题，为家长提供教育指导和帮助。同时，也要将学生在校学习情况反馈给家长，并征询他们的意见和建议，在此基础上共同制订教育计划及措施。只有这样，教师才能更深入地了解学生的家庭背景和成长环境，从而为学生提供个性化的教育和指导，而家长也能更全面地理解学校的教育理念和教学方式，打造适合孩子成长的环境。这种家校合作模式可以形成教育合力，共同推动学生的全面发展。

3. 加强与社区的合作

社区作为学生生活的重要环境之一，同时也是他们接触社会、了解社会的重要平台。因此，教师作为教育的合作者，须强化与社区的合作，在社区中为学生塑造良好的成长环境。教师可以组织学生参与社区的文化活动、公益活动等，让学生更深入地了解社会、服务社会；也可邀请社区的专业人士来校举办讲座或指导，为他们提供更丰富的学习资源和实践机会。通过与社区的合作，教师能帮助学生更好地融入社会、适应社会，培养他们的社会责任感和公民意识。

（三）从职业坚守者到教育创新者

1. 观念的转变：打破思维的桎梏

职业坚守者往往固守于传统的教学方式和教育理念，按部就班地完成教学任务。但作为教育创新者，需要具备敢于挑战现状、勇于尝试新知的勇气和智慧。这种勇气和智慧的来源，首先是对教育本质深刻的理解和认识。

教育不仅是知识的传递，还包含了对心灵的触动、对智慧的启迪和对生命的成长等多重意义。优秀的教育创新者应以学生的全面发展为出发点，尊重学生的个性需求，关注学生的个体差异，致力于为学生营造一个活力四射、自主探索的学习环境。

要实现这一转变，教师需要更新自身的教育观念，学习先进的教育理论，关注教育领域的前沿动态。通过阅读、交流、研讨等方式，教师可以逐渐打破思维的桎梏，拓展自己的教育视野，为教育创新奠定坚实的思想基础。

2. 能力的提升：构建多元的能力结构

从职业坚守者向教育创新者转变，教师需要具备多元化的能力结构。这包括但不限于：创新教学设计、灵活运用教育技术、有效地组织和管理课堂，以及与学生建立良好关系等能力。

为了提升这些能力，教师需要积极参加专业培训和学习活动。例如，参加研讨会和工作坊，学习创新教育，掌握并熟练运用现代信息技术，如多媒体、网络等，为课堂教学注入新的活力，通过观摩其他优秀教师的教学实践，学习如何有效地组织和管理课堂，通过阅读心理学、教育学等相关领域的书籍和文章深入了解学生的内心世界和发展规律，以便更好地建立师生关系。此外，教师需要在实践中不断探索和尝试，勇于尝试新的教学方法和手段，积极反思和总结自己的教学实践经验，以不断完善和提升自己的教育能力。

3.实践的探索：勇于尝试与创新

观念的转变和能力的提升最终都要落实到实践中。只有在实践中不断探索和创新，才能真正实现从职业坚守者向教育创新者的转变。在教育实践中，教师应关注学生的实际需求和发展规律，结合学科特点和社会现实设计富有创意的教学活动。例如，可以引导学生通过项目式学习独立探究和解决问题，利用游戏化教学手段激发学生的学习兴趣，或是使用跨学科整合的方式培养学生的综合素养和创新能力。同时，教师需要在实践中不断地反思和总结自己的教学经验，通过撰写教学日志、案例分析、同伴互助等方式记录和分析自己的教学实践过程和效果，发现问题并提出改进方案。这样的反思和总结不仅能提升教师的教学水平，还有助于推动教师的专业成长。

三、教师专业发展的需求

（一）知识结构的更新与拓展

1.紧跟学科前沿，掌握最新知识

作为知识的传播者，教师首要职责是确保所教授内容的准确性和前沿性。因此，教师需要密切关注自己学科领域的最新动态，了解最新的研究成果和理论进展。这个目标可以通过定期阅读学术期刊，参加学术研讨会，或与同行交流等方式达成。同时，教师应将最新的知识融入课堂教学中，让学生能及时接触到最新的学科信息，激发他们的学习兴趣和探究欲望。此外，随着跨学科研究的兴起，教师还需具备一定的跨学科知识储备，以便更好地指导学生进行综合性、创新性的学习。

2. 提升教育技术应用能力

现代教育技术的发展为教师提供了更为丰富的教学手段和工具。教师不仅需要具备基本的信息技术素养，还应能灵活运用各种教育技术工具进行课程设计与教学实施。同时，教师应关注教育技术与学科教学的深度融合，探索如何利用教育技术促进学生的自主学习、协作学习及探究学习，以培养学生的创新意识与实践能力。

3. 注重教育理论与实践的结合

教育理论是构成教师知识体系的重要部分，对教学活动和决策具有指导作用。然而，仅掌握教育理论是不够的，教师还需将理论与实践相结合，通过实践来检验和丰富理论。这要求教师勇于尝试新的教学方法和策略，关注学生的学习进程和反馈，及时调整自己的教学行为。同时，教师应积极参与教育研究与改革实践，通过参与课题研究、教学改革等项目，深入了解教育教学的实际问题和挑战，提升解决问题的能力和研究水平。在理论与实践的结合过程中，教师可以不断完善自己的知识结构，提高教育教学的针对性和实效性。

（二）教育教学能力的提升

1. 深化对教育理念的理解与实践

教育理念是指引教育教学行为的思想和观念体系。教师需不断学习并深化对现代教育理念的理解，如素质教育、创新教育、终身学习等，明确教育的目标与价值追求。在深化教育理念的过程中，教师应反思自己的教学行为和效果，及时调整教学策略和方法，使教学活动更加符合学生的认知规律和学习需求。通过不断地实践、反思和再实践，教师可以逐步提升自己的教育教学能力。

2. 优化教学方法与手段

教学方法和手段是影响教学效果的关键因素。教师应掌握多种教学方法，如讲授法、讨论法、案例法、实验法等，并根据学科特点和学生需求灵活运用。同时，教师还应积极尝试新的教学手段，如多媒体教学、网络教学、虚拟现实等，以丰富教学内容和形式，提高学生的学习兴趣和参与度。在优化教学方法和手段的过程中，教师需关注学生的反馈和评价，及时了解教学效果和问题，进行针对性的改进和调整。通过不断尝试和创新，教师可以逐渐形成适合自己的教学风格和方法，从而提升教育教学的效果。

3. 加强教学评价与反馈机制

教师需建立科学、全面的教学评价体系，包括对学生知识掌握、能力培养、情感态度等方面的评价。同时，教师还应注重教学过程的评价和反馈，及时了解学生的学习情况和存在的问题，为学生提供针对性的指导和帮助。在加强教学评价与反馈机制的过程中，教师应确保评价的公正性、客观性和及时性，使评价结果真实反映学生的学习情况和教学效果。此外，教师还应根据评价结果进行教学反思和总结，找出教学中的优点和不足，制订相应的改进措施和计划，不断提升自己的教育教学能力。

（三）职业素养的全面提升

1. 加强师德师风建设

师德师风是教师职业素养的核心，也是教师职业行为的灵魂。加强师德师风建设，首先应培养教师的敬业精神，使其忠诚于教育事业，热爱学生，乐于奉献。其次，应强化教师的道德自律意识，引导其树立正确的教育观、学生观和质量观，并自觉抵制不良风气及诱惑。最后，应建立健全师德师风考核机制，将师德师风表现作为教师评价、晋升和奖惩的重要依据，形成激励与约束并重的机制。在加强师德师风建设的过程中，教师需注重自我修养和反思，不断提升道德境界和人格魅力。同时，学校和社会应营造尊师重教的良好氛围，为教师职业道德的提升提供有力的支持和保障。

2. 提升教育教学研究能力

教育教学研究能力是教师职业素养的重要组成部分，也是教师实现专业成长的关键路径。提升教育教学研究能力，应培养教师的问题意识和创新意识，使其能敏锐地捕捉到教育教学中的实际问题，并提出针对性的解决方案。教师应积极参与教育教学研究项目，通过实践锻炼提升研究能力和水平。在提升教育教学研究能力的过程中，教师需注重理论与实践的结合，以将研究成果运用到实际教学中，不断改进和优化教学方法和策略。同时，学校和社会应为教师提供必要的研究条件和资源支持，鼓励其开展具有创新性、实用性的研究项目。

3. 提高身心健康水平

身心健康是教师职业素养的基础保障，也是教师胜任繁重教育教学工作的前提条件。提高身心健康水平，首先应关注教师的身体健康状况，合理安排工作时间和强度，以避免过度劳累和职业病的发生。其次，应关注教师的心理健康状况，协助其排解工作压力和负面情绪，以增强其心理调适能力。最后，应积极开展丰富多彩的文体活动和社会实践活动，以增强教师的身体素质和人际交往能力。在提高身心健康水平的过程中，教师应注重自我关爱和自我调节能力的培养。同时，学校和社会应关注教师的身心健康问题，建立健全教师健康保障机制和服务体系。

第四节 转型发展的必要性

一、适应教育改革的需要

（一）更新教育观念，以学生为中心

1. 树立学生为本的教育理念

学生为本的教育理念是以学生为中心的教育观念的核心。它要求教师在教育教学过程中，始终将学生置于首位，关注学生的需求、兴趣和发展。具体而言，教师应从以下几个方面树立学生为本的教育理念。

首先，教师应深入了解学生的实际情况，包括学生的知识基础、兴趣爱好、性格特点等，以便更好地因材施教。其次，教师应关注学生的全面发展，不仅要关注学生的知识掌握情况，还应关注学生的情感态度、价值观、实践能力等方面的培养。最后，教师应尊重学生的主体地位，充分

发挥学生的主观能动性，引导学生积极参与教育教学过程，实现自我发展和提高。为了树立学生为本的教育理念，教师需不断加强自身的学习和思考，了解最新的教育理论和实践成果，掌握新的教学方法和手段。同时，教师还应注重与学生的沟通和交流，了解学生的真实想法和需求，及时调整自己的教学策略和方法。

2. 创新教学方式方法

以学生为中心的教育观念要求教师在教学方式和方法上进行创新，摒弃传统的以教师为中心的教学模式，构建以学生为主体的教学模式。首先，教师可以采用启发式、讨论式、案例式等多种教学方法，激发学生的学习兴趣和积极性。这些方法可以引导学生主动思考、积极探索，培养学生的创新思维和实践能力。其次，教师可以利用现代信息技术手段，如多媒体教学、网络教学等，为学生提供更加丰富、生动的学习资源和学习体验。这些技术手段可以增强学生的感官刺激，提高学生的学习效果和兴趣。最后，教师还可以采用小组合作、项目式学习等方式，培养学生的团队合作精神和自主学习能力。这些方式可以让学生在实践中学习、在探索中成长，提高学生的综合素质和能力水平。

3. 建立科学的学生评价体系

以学生为中心的教育观念要求教师在学生评价体系上进行改革和创新，建立科学、全面、客观的学生评价体系。教师应关注学生的全面发展，采用多元化的评价方式，如自我评价、同伴评价、家长评价等，以获取更全面、客观的学生信息。教师应制定科学、合理的评价标准，明确评价的目的和要求。这样可以保证评价的公正性和有效性，提高评价的质量和可信度。最后，教师应注重评价结果的反馈和利用，及时调整自己的教学策略和方法，以更好地满足学生的需求和提高教学质量。这样可以实现评价与教学的良性互动，促进教育教学质量的不断提升。

（二）掌握现代教学技术，创新教学方法

1. 学习并掌握现代教学技术

现代教学技术是指利用计算机、网络、多媒体等现代信息技术手段辅助教师进行教学和学生学习的一种新型教学方式。这些技术以其信息量大、交互性强、形象生动等特点，能够极大地丰富教学内容和手段，提升教学效果。教师可以通过参加相关培训、阅读专业书籍、观看教学视频等途径，了解并掌握这些技术的使用方法和技巧。同时，教师应将这些技术与自身学科教学相结合，探索适合自己和学生的教学方式和方法。

掌握现代教学技术不仅能提升教学效果，还能激发学生的学习兴趣和积极性。例如，利用多媒体教学可以将抽象知识形象化、生动化，帮助学生更好地理解和掌握；利用网络教学可以实现远程教学和资源共享，为学生提供更多学习机会和资源。

2. 创新教学方法，提高教学效果

创新教学方法是指教师在教学实践中，根据学科特点和学生需求，灵活运用各种教学手段和策略，创建新颖、有趣、有效的教学方式和方法。创新教学方法能激发学生的学习兴趣和探究欲，提升学生的学习效果和自主学习能力。教师需不断探索和创新教学方法，跳出传统教学模式的束缚。例如，采用项目式学习、情境教学、翻转课堂等新型教学方式和方法，可以让学生在实践中学习、在探究中成长。这些方法能培养学生的创新思维和实践能力，提升学生的综合素质和能力水平。同时，教师还需注重教学方法的多样性和灵活性，根据学生的实际情况和个体差异，灵活运用各种教学方法和手段，满足不同学生的学习需求，以提高教学效果和学习体验，促进学生的全面发展和个性成长。

3. 加强教学反思和总结

掌握现代教学技术、创新教学方法是一个不断探索和实践的过程。教师需加强教学反思和总结，及时总结自己的教学经验和教训，发现并改进教学中存在的问题和不足。通过教学反思和总结，教师能更好地认识自己，

了解学生，把握教学规律，并发现自己在掌握现代教学技术、创新教学方法方面的优势和不足，明确发展方向和目标[①]。同时，了解学生的学习情况和需求变化，及时调整教学策略和方法。这有利于实现教学相长、共同进步的目标。

（三）完善评价体系，关注学生全面发展

1. 建立多元化的评价体系

为了关注学生的全面发展，首先需要建立一个多元化的评价体系。该体系应涵盖学生的知识掌握、技能发展、情感态度和价值观等多个维度。除了传统的考试成绩外，还应重视学生的课堂表现、作业完成情况和实践活动参与情况等方面。同时，评价主体也应是多元化的，除了教师评价外，还可以引入学生自评、互评和家长评价等方式。多元化的评价体系有助于发现和培养学生的多元智能，让每位学生都能在自己擅长的领域获得成就感和自信心。

2. 注重过程性评价和发展性评价

除了建立多元化的评价体系外，教师还需注重过程性评价和发展性评价。过程性评价侧重于学生在学习过程中的表现和努力程度，而不仅仅关注结果。这种评价方式能激发学生的学习动力，使他们更加注重学习过程和方法。发展性评价则关注学生的潜能和发展空间，强调评价的激励和引导作用。教师应以发展的视角看待每一位学生，发现他们的优点和特长，鼓励他们不断进步。这种评价方式有助于培养学生的自主学习能力和自我发展意识。

3. 及时反馈评价结果，指导学生发展

评价的目的不仅在于了解学生的实际情况，更是为了指导学生的发展。因此，教师需要及时反馈评价结果，使学生了解自身的优点和不足，明确

---

① 杨志娟. 数字化转型背景下民族地区中小学中华优秀传统文化教育新范式［J］. 民族教育研究，2023，34（2）：143-149.

努力方向。同时，教师还需根据学生的实际情况，提供针对性的指导和帮助，促进学生的全面发展。及时反馈评价结果还能增强师生间的互动和沟通，建立良好的师生关系。学生能感受到教师的关注和关心，将更加积极地投入学习中。教师亦能从学生的反馈中了解自身的教学效果和需要改进的地方，不断提升教育教学水平。

二、提升教育教学质量的需要

（一）深化对学科知识的理解与掌握

1. 构建系统化的知识体系

学科知识往往不是孤立存在的，而是相互联系、相互渗透的。因此，要深化对学科知识的理解与掌握，首先需要构建系统化的知识体系。这意味着学生需要在学习过程中，将零散的知识点整合起来，形成清晰、完整的知识结构。为了实现这一目标，学生可以采取多种方法，例如，可以通过绘制思维导图或知识树的方式，将各个知识点之间的关联清晰地呈现出来。这样不仅可以帮助学生更好地理解知识点的内在联系，还有助于记忆和复习。此外，学生还可以在学习过程中不断总结和归纳，将新知识纳入已有的知识体系中，不断完善和丰富自己的知识网络。

2. 注重知识的深度与广度

深化对学科知识的理解与掌握，还需要注重知识的深度与广度。在深度方面，学生需要深入挖掘每个知识点的内涵和外延，理解其本质特征和深层含义。这要求学生在学习过程中保持好奇心和探究精神，勇于提出问题和挑战现有观点。通过深入思考和讨论，学生可以更加全面地理解知识点的内涵和价值，形成自己的见解和判断。在广度方面，学生需要积极拓宽自己的知识视野，了解与学科知识相关的其他领域和话题。这有助于学生更好地理解学科知识的社会背景和应用价值，激发学习兴趣和动力。为了实现这一目标，学生可以通过阅读相关书籍、文章或参加相关讲座、研讨会等方式，获取更多的信息和资源。

3. 加强实践与应用

实践是检验真理的唯一标准。要深化对学科知识的理解与掌握，还需要加强实践与应用。通过实践，学生可以将所学知识与实际情境结合起来，更好地理解知识的运用方式和价值。同时，实践还可以帮助学生发现自己的不足和需要改进的地方，促使他们更加努力地学习和探索。为了加强实践与应用，学生可以采取多种方式。例如，可以通过参加实验、实习或项目等方式，将所学知识与实际工作或研究结合起来。这不仅可以帮助学生更好地理解知识的实际应用价值，还可以提升他们的实践能力和职业素养。此外，学生还可以通过参加竞赛、创新活动等方式，展示自己的才能和成果，获得更多的实践机会和资源。

（二）优化教学方法与手段

1. 以学生为中心，因材施教

优化教学方法与手段的首要任务在于以学生为中心，因材施教。每个学生都是独特的个体，具有不同的学习风格、兴趣爱好和潜能。因此，教师应全面了解学生的特点，根据他们的实际情况和需求，制定个性化的教学方案。在实践中，教师可以依照不同学生的特性采用分层教学、小组合作、项目式学习等多种教学方法，以满足不同类型学生的学习需求。同时，根据学生的反馈及时调整教学策略，确保教学内容适应学生的接受能力和发展水平，提高学生的学习兴趣和积极性，促进他们的全面发展。

2. 整合现代科技手段，丰富教学形式

随着科技的发展，越来越多的现代科技手段被广泛应用于教育领域。这些科技手段不仅丰富了教学形式，还为教师提供了丰富的教学资源。因此，教师应积极整合现代科技手段，将其融入教学过程中。例如，教师可以利用多媒体教学设备展示生动的图片、视频和音频资料，帮助学生更好地理解抽象的概念和原理。教师还可以利用网络平台和在线教育资源，为学生提供更多的学习机会和资源。此外，教师还可以利用虚拟现实、增强现实等先进技术，创设逼真的学习情境，使学生在交互过程

中体验学习的乐趣。

3. 注重过程性评价，及时调整教学策略

优化教学方法与手段还需要注重过程性评价，及时调整教学策略。传统的教学评价多以考试成绩为依据，忽视了对学生学习过程的关注。然而，学生的学习过程才是他们真正掌握知识和技能的关键。因此，教师应该采用过程性评价方式，关注学生在学习过程中的表现、努力和进步。通过课堂观察、作业分析、学生自评和互评等方式，教师可以及时掌握学生的学习情况和需求，发现教学过程中的问题和不足。随后，教师可以根据评价结果及时调整教学策略和方法，确保教学始终与学生的学习需求保持同步。

（三）建立科学的教学评价体系

1. 确立全面、多元的评价指标

建立科学的教学评价体系，首先需要确立全面、多元的评价指标。这些指标应涵盖教师的教学水平、教学方法、教学态度等多个方面，同时也应关注学生的学习成果、学习过程、学习态度等。通过全面、多元的评价指标，能够更客观地反映教学的真实情况，从而避免单一指标评价的片面性和局限性。具体的评价指标包括但不限于教师的教学设计、课堂组织能力、学生互动情况、作业批改质量以及学生的知识掌握程度、能力提升情况、创新思维的发展等方面。通过观察、测试、问卷调查等多种方式，能够对这些指标进行量化和定性分析，以确保评价的准确性与客观性。

2. 注重过程性评价和发展性评价

科学的教学评价体系应特别注重过程性评价和发展性评价。过程性评价关注的是教学过程和学生的学习过程，通过对学生学习过程中的表现和努力程度等进行评价，可以更及时地发现问题与不足，进而为教师调整教学策略提供依据。相比之下，发展性评价则关注学生的潜能和发展空间，通过评价学生的进步和发展趋势，可以激励学生不断进步，实现自我价值。

在实践中，教师可以采用课堂观察、学习档案袋、学生自评和互评等多种形式进行过程性评价和发展性评价。这些评价方式不仅能全面地了解学生的学习情况和需求，为实施个性化教学提供支持，也能促进学生自我认知和自主发展，提高他们的学习积极性和自信心。

3.建立反馈机制，促进教学改进

科学的教学评价体系还需要建立反馈机制，促进教学改进。评价的目的不仅是为了了解教学的实际情况，更重要的是为了改进教学，提高教育质量。因此，评价体系应建立及时、有效的反馈机制，将评价结果及时反馈给教师和学生，使他们清晰认识到自己的优点和待改进之处。此外，学校和教育管理部门也应加强对评价结果的应用和分析，发现教学过程中存在的普遍问题和难点，组织教师开展讨论和交流，共同寻求解决问题的方法和策略。通过这一系列的反馈机制和改进措施，能够不断完善和优化教学评价体系，进一步提升教育质量和教学效果。

三、促进教师个人职业成长的需要

（一）拓宽知识视野，增强专业素养

1.跨学科学习，打破知识壁垒

要拓宽知识视野，首先需要打破学科之间的壁垒，进行跨学科学习。传统的学习模式往往使我们局限于某一特定学科领域，而忽视了其他学科的知识和思维方式。因此，我们应该积极学习其他相关学科的知识，了解不同学科之间的内在联系和相互影响。例如，理工科的学生可以涉猎一些人文社科知识，以提升自身的人文素养和批判性思考能力；文科的学生则可以接触一些自然科学知识，以增强自己的逻辑思维和分析问题的能力[1]。通过这种跨学科的学习模式我们可以更加全面地认识世界，提升自己的综合素养。

---

① 沈胜林，陈中文.新时代中小学教育管理改革探索——基于教师角色转型的视角［J］.教育科学研究，2022（12）：32-38.

2.持续学习，更新知识体系

拓宽知识视野、增强专业素养还需要持续学习和不断更新自己的知识体系。在当今这个信息爆炸的时代，知识更新的速度非常快，只有时刻保持学习的状态，我们才能跟上时代的步伐。通过阅读书籍、参加讲座、在线课程等方式进行持续学习，并始终关注行业的最新动态和前沿研究进展，以贴近最新的知识和技术发展动向。此外，还可以积极参与各种学术交流和研讨活动，在深入的交流和讨论中寻求新的灵感和启发。

3.实践应用，提升专业能力

拓宽知识视野、增强专业素养的最终目的是提升自己的专业能力，为个人和职业的发展奠定基础。因此，我们需要将所学知识应用到实践中去，通过实践来检验和提升自己的专业素养。在实践中，将所学知识与实际工作相结合，通过解决实际问题来提升自己的专业技能和实践能力。同时，我们可以积极参与各种项目和课题研究，通过深入研究和实践来提升自己的学术水平和研究能力。此外，积极参加各种专业技能培训和认证考试，通过系统性地学习和考核来提升自己的专业素养和竞争力。这些实践和应用的过程不仅能帮助我们巩固所学知识，还能让我们更加深入地理解和掌握知识的内在逻辑及其实际应用价值。

(二)提升教育教学能力，形成个人教学特色

1.深入钻研学科知识，夯实教学基础

提升教育教学能力的基础在于深入钻研学科知识。只有当教师对所授学科有深刻的理解和掌握时，才能够清晰、准确地向学生传授知识。因此，教师应持续学习和研究学科知识，紧跟学科的前沿动态和发展趋势，掌握基本概念、原理和方法，构建系统、完善的知识体系。同时，教师还应重视学科知识在实际应用和社会价值中的作用，将其与生活实践融合，以增强教学的实用性和吸引力。通过深入钻研学科知识使教师能够更自信地站在讲台上，为学生提供优质的教学服务。

2. 注重教学方法创新，提高教学效果

注重教学方法的创新是提升教育教学能力的另一个重要方面。传统教学方法以教师为中心，忽视了学生的主体性和参与度，导致教学效果不尽如人意。因此，教师应探索和创新教学方法，以学生为中心，重视学生的参与和体验，唤起学生的学习兴趣和主动性。教师可以采用案例教学、项目教学、情境教学等教学方法，通过引导学生参与解决的实际问题过程，培养他们的创新思维和实践能力。同时，教师可以利用多媒体技术、网络技术等现代教育技术手段，丰富教学手段和形式，从而提升教学效果和趣味性。通过这些创新方法，教师能够使课堂更加生动、有趣，进一步提高学生的学习效率和满意度。

3. 形成个人教学特色，彰显教学魅力

达到教育教学能力的最高层次是形成独特的个人教学特色。每位教师都拥有自己的教学风格和特点，通过不断地实践和反思，他们可以逐渐形成自己的教学特色。个人教学特色是教师教学能力和艺术的集中体现，它具有独特性和不可复制性。为了形成个人教学特色，教师需要基于自己的教学实践，总结提炼自己的经验和心得，建立自己的教学理念和策略。同时，教师应关注学生的个性化需求和差异，因材施教，确保每位学生都能接受适合自己的教育。通过形成个人教学特色，教师可以更有效地发挥自己的教学优势，提升教学效果和质量，为个人的专业成长奠定坚实的基础。

（三）增强自我认同感和职业幸福感

1. 明确职业定位，坚守教育初心

增强自我认同感的首要任务是明确自己的职业定位。教师应清晰地认识到，自己所从事的不仅是一项伟大而崇高的事业，也是培养未来社会栋梁的重要工作。只有在明确了这一点之后，教师才能在面对各种挑战和困难时，坚守教育的初心，并始终不忘育人使命。与此同时，教师还应根据自身的兴趣、特长和价值观，寻找在教育领域的独特定位。无论是致力于学科教学、学生心理辅导，还是教育管理和研究领域，都能为教师在职业

生涯中提供一个舞台。通过明确职业定位，教师可以更加自信地面对工作挑战，体验到自我价值的实现及职业成就感。

2. 持续专业成长，提升教育能力

职业幸福感往往与教师的专业成长紧密相连。对于那些停滞不前、无法适应教育变革的教师，他们很难在工作中发现乐趣与满足感。因此，教师应将专业成长视为职业生涯的持续追求。教师可以通过参加培训、研读专业书籍、与同行交流等方式，不断更新自己的教育理念和教学方法。此外，教师还可以积极参与教育研究和实践，探索教育规律，创新教育实践，形成自己的教学风格和特色。通过持续的专业成长，教师可以不断提升自己的教育能力，更好地应对教育变革的挑战，并在工作中获得更多的成就感和满足感。

3. 构建和谐师生关系，享受教育过程

师生关系是教育过程中最基本、最重要的人际关系。一个和谐的师生关系不仅可以提高学生的学习兴趣和积极性，还能为教师在工作中带来更多的快乐和幸福感。因此，教师应注重与学生的沟通与交流，了解他们的需求和期望，尊重他们的个性和差异，以平等、公正的态度对待每一个学生。同时，教师还应关注学生的情感和心理发展，给予他们必要的关爱和支持。通过真诚的关心和帮助，教师可以赢得学生的信任和尊重，建立起深厚的师生情谊。在这种和谐的师生关系中，教师可以更加享受教育过程，感受到与学生共同成长的幸福和快乐。

第二章 中小学教师转型发展的理论基础

第一节 教师专业发展理论

一、教师专业发展的内涵与意义

(一)教师专业发展的内涵

教师专业发展是指教师在其职业生涯中,通过持续地学习、实践、反思和研究,不断提升自身的教育理念、专业知识、教学技能、情感态度以及科研能力,从而实现自我完善和专业成长的过程。这一过程涵盖了教师的知识、技能、情感态度等多个方面,是教师个体不断适应教育变革、提高教育质量的重要保障。

教师专业发展首先意味着教师需要不断更新和拓展自己的教育理念,以更宽广的视野和更深入的理解来把握教育的本质和目的。其次,教师需要持续丰富和更新自己的专业知识,包括学科知识和教育知识,以确保能够胜任日益复杂和多样化的教学任务。此外,教学技能的提升也是教师专业发展的一个重要内容,包括教学设计、课堂管理、教学评价等方面的技能。这些都要求教师在实践中不断锤炼和优化。同时,教师专业发展还强调教师情感态度的升华和自我发展意识的觉醒。教师需培养自己的教育情感和教育责任感，以更加积极和投入的态度面对教育工作。同时，教师也需要具备自我发展的意识和能力，能够主动寻求学习机会、不断反思自己的教学实践，以实现自我超越和成长。

（二）教师专业发展的意义

1. 提升教师职业素养，增强教师职业幸福感

教师专业发展是提升教师职业素养的重要途径。通过持续地学习和实践，教师可以不断更新自己的教育观念、拓展专业知识，并提高教学技能，从而更好地适应教育变革的需求。同时，教师专业发展也有助于增强教师的职业幸福感。当教师在专业上取得进步和成就时，他们会感受到工作的价值和意义，从而更加热爱教育事业，并以更高的热情投入工作之中。

2. 提高教育质量，促进学生全面发展

教师是教育活动的关键主体，其专业素养和教学能力直接影响学生的学习效果和发展水平。因此，教师专业发展对提高教育质量具有至关重要的意义。通过教师专业发展，教师能够更准确地理解并把握学生的心理特点和学习需求，采用更科学、更有效的教学方法，从而提高学生的学习效率和质量。此外，教师专业发展还有助于促进学生的全面发展。关注学生的个体差异及多元智能的教师，会更加重视学生的全面发展，这不仅包括知识和技能，还包括情感和态度等方面。

3. 推动教育改革，促进教育事业发展

教师专业发展使教师能够更深入地了解教育改革的理念、目标和具体内容，从而更积极地参与到教育改革的实践和创新中去。同时，教师专业发展也有助于形成一支高素质、专业化的教师队伍，为教育事业的持续发展提供坚实的人才支撑。随着教师队伍整体素质的提升，教育事业的发展将更加稳健和有力。

二、教师专业发展的阶段与特点

（一）新手阶段：适应与探索

1. 角色转变与心理适应

新手教师面临的首要挑战是从学生到教师的角色转变。这一转变不仅涉及身份的变更，还代表着责任、义务和期望的重大转变。新手教师必须迅速调整心态，适应新的角色定位。在这个过程中，他们可能会遭遇心理困扰，如紧张、焦虑和不安等。这些困扰主要源于对未知的不确定性和对自身能力的怀疑。

为顺利完成角色转变和心理适应，新手教师可以采取以下策略：首先，积极寻求支持，与同事、导师或学校领导交流，汲取他们的经验和建议；其次，制订合理的工作计划，明确目标和任务，逐步建立自信；最后，学会自我调适，通过参加一些放松活动、进行心理咨询等方式缓解压力。

2. 教学技能的学习与实践

在教学方面，新手教师需要掌握基本的教学技能和方法，包括课堂教学设计、学生管理、教学方法与策略的选择等。由于缺乏实践经验，新手教师在这些领域可能会感到无所适从。因此，他们需要不断地学习和实践，以积累教学经验。为提高教学技能，新手教师可以采取以下措施：首先，参加学校组织的职前培训和在职培训，学习教育学、心理学等基础知识以及教学方法和策略；其次，观摩其他教师的教学，吸取他们的优点和经验；最后，积极参与教学实践，通过不断试讲、反思和总结来提升自己的教学水平。

3. 教育理念的探索与形成

在教育理念方面，新手教师往往尚未形成自己独特的教育观和教学风格。他们需要通过不断地学习和实践来探索适合自己的教育理念。在这个过程中，新手教师应当关注教育改革的动态和方向，了解新的教育思想和观念，逐步形成自己的教育信仰和追求。为探索并形成自己的教育理念，新手教师可以采取以下策略：首先，阅读教育经典著作和前沿文献，了解教育理论和实践的最新成果；其次，参加教育研讨会和学术交流活动，与同行进行深入的交流和讨论；最后，结合自己的教学实践进行反思和总结，提炼出适合自己的教育理念和教学方法。

(二) 成熟阶段：稳定与创新

1. 教学风格的稳定与个性化

步入成熟阶段的教师，在经历了新手阶段的摸索与实践后，已经具备了自身独特的教学风格。他们不仅精通教学的基本技能，还能针对学科的特性与学生的需求，灵活运用各类教学方法和策略。在此阶段，教师的教学风格趋于稳定，同时也展现出独特的个性化特征。他们不再简单地模仿他人，而是能够将个人的思考和见解融入教学之中，形成具有自我特色的教育风格。这种个性化的教学风格不仅能激发学生的学习兴趣，提高教学效果，还能增强教师的自我认同感和职业满足感。

2. 教育理念的创新与发展

随着教学经验的不断积累和对教育问题的深入反思，成熟阶段的教师愈发致力于在教育理念上寻求创新和突破。他们不再局限于传统的教育观念和方法，而是主动探索更新的教育理念和实践模式。例如，他们会更加注重学生的主体地位，鼓励合作学习、探究式学习等新型的学习方式，以及更关心学生的全面发展等。这些创新的教育理念不仅有助于培养学生的创新精神和实践能力，也能推动学校教育改革的深化和发展。同时，成熟阶段的教师会更注重与教育同行的交流和合作，共同探讨教育问题和发展趋势，推动教育理念的持续创新和发展。

3. 科研能力的提升与拓展

科研能力是衡量教师专业发展水平的一个关键指标。在成熟阶段，教师已具备了较强的科研意识和能力，他们不仅能够针对教学实践中的问题展开深入的研究和探索，还能积极参与学校的科研项目和课题研究。通过不断地科研实践，教师们提升了自身的学术素养和研究能力，为教育教学改革和发展提供了坚实的理论支撑和实践指导。同时，科研活动也有助于教师的专业成长和自我提升，从而提高教师的职业竞争力和社会影响力。

（三）专家阶段：引领与发展

1. 学科素养的深厚与拓展

在专家阶段，教师已具备深厚的学科素养。他们不仅掌握了扎实的学科知识，还对该学科的发展历程、前沿动态和未来趋势有着敏锐的洞察力。这使得他们能够在教学中深入挖掘学科内涵，将最新的学科知识和研究成果融入课堂，为学生提供丰富、前沿的学习内容。同时，专家型教师注重跨学科的学习和研究，努力拓宽知识领域和视野，形成多元化的知识结构。这种深厚的学科素养和跨学科的知识储备，让专家型教师在教育教学和科研工作中游刃有余，能够为学生提供高质量的教育服务。

2. 教育理念的卓越与实践

专家型教师的教育理念具有前瞻性和创新性。他们不仅关注学生的知识掌握和技能提升，更关注学生的全面发展、个性培养和创新精神的培养。在教育实践中，专家型教师能够根据学生的实际需求和特点，灵活运用各种教育方法和手段，创造富有启发性和挑战性的学习环境，激发学生的学习兴趣和动力。同时，他们致力于培养学生的自主学习、合作学习和批判性思维等能力，帮助学生形成积极的学习态度和正确的人生观、价值观。这种卓越的教育理念和实践，让专家型教师在教育教学改革中起到了引领和示范作用，推动了教育事业的进步和发展。

3. 教学风格的独特与影响

专家型教师的教学风格具有独特性和显著的影响力。在长期的教学实践中，他们形成了自己独特的教学风格和教学艺术。这种教学风格不仅体现在教学方法和策略的选择上，也体现在对教学内容的理解和处理、对教学过程的组织和调控，以及对教学氛围的营造和管理等方面。专家型教师的教学风格往往能深深吸引学生，使他们在轻松愉悦的氛围中获得知识和技能的提升。同时，他们的教学风格还对其他教师产生了深远的影响，成为其他教师学习和模仿的典范。这种独特的教学风格和影响力，让专家型教师在教师群体中脱颖而出，成为教育领域的佼佼者。

三、教师专业发展的策略与途径

（一）加强职前教育和在职培训

1. 优化职前教育内容，提升教师入门素质

职前教育是教师专业发展的起点，其内容应紧密围绕教师的专业需求和教育教学的实际情况进行设置。首先，应加强教育学、心理学等基础理论的学习，以帮助教师掌握教育的基本规律和学生的身心发展特点。其次，应增加教学技能与方法的学习与训练，使教师具备基本的教学能力和课堂管理能力。此外，还应注重教育实习和实践环节，让教师在实践中体验教育教学，从而提升解决实际问题的能力。通过优化职前教育内容，可以确保教师在入职前就具备扎实的专业基础和初步的教学能力。

2. 完善在职培训体系，促进教师专业成长

在职培训是教师专业发展的重要途径，应贯穿教师的整个职业生涯。首先，应建立完善的在职培训制度，确保每位教师都能定期接受培训和学习。其次，应丰富培训内容，包括教育教学的新理念、新方法与新技术等，满足教师不同阶段的专业发展需求。同时，还应注重培训的针对性和实效性，根据教师的实际情况和需求进行个性化培训。此外，还可以通过组织教学观摩、经验交流、课题研究等活动，为教师提供一个相互学习、共同成长的平台。通过完善在职培训体系，可以推动教师的专业素养和教学能力的持续提升。

3. 加强职前教育与在职培训的衔接与整合

职前教育和在职培训虽然属于教师专业发展的不同阶段，但二者之间并非孤立存在，而是应相互衔接、相互整合。首先，在职前教育阶段应适当引入在职培训的内容和要求，使教师对未来的专业发展有初步的认识和规划。其次，在职培训阶段应针对职前教育中存在的问题和不足进行有针对性的补充和提升。同时，还应建立职前教育与在职培训之间的信息共享

和反馈机制，及时了解教师的专业发展状况和需求，为下一阶段的培训和学习提供有力支持。通过加强职前教育与在职培训的衔接与整合，可以确保教师专业发展的连续性和一致性。

（二）实践反思和行动研究

1. 实践反思：深化教育教学理解

实践反思是教师在教育教学实践结束后进行的自我审视和思考。通过反思，教师可以回顾自己的教学过程，分析教学方法是否合适，评估教学效果是否达到预期，并识别学生在学习过程中遇到的困难和问题。这一过程有助于教师发现自身的教学优势和缺陷，进而有针对性地进行改进。实践反思不仅是教师自我提升的过程，也是深化教育教学理解的过程。在该过程中，教师需要对自己的教学行为进行深入剖析，探究其背后的教育理念和教学原则。这种深层次的思考有助于教师更清晰地认识到教育教学的本质和规律，从而提升自身的教育教学理论水平。为了进行有效的实践反思，教师可以采用多种方法，如撰写教学日志、观看教学录像、邀请同行进行课堂观察等。这些方法能够帮助教师从不同角度审视自己的教学实践，发现问题和不足，为改进教学提供有力的支持。

2. 行动研究：推动教学创新与发展

行动研究是教师在教育教学实践中开展的研究活动，其核心在于解决实际问题，并强调教师在研究中的主体地位和角色。通过行动研究，教师能够针对教学实践中遇到的特定问题进行深入探究和分析，从而找到问题的解决方法和策略。该过程也是教师推动教学创新与发展的过程。在研究中，教师需不断尝试新的教学方法和技术，探索适合学生的教学模式和策略。这种尝试和探索有助于教师突破传统教学框架的限制，实现教学的创新和发展。为了进行有效的行动研究，教师可采用多种方法，如问卷调查、访谈、实验等。这些方法能够帮助教师收集真实可靠的数据和信息，为深入分析问题提供有力的支持。同时，教师还可以邀请同行或专家参与研究过程，共同探讨解决问题的方法和策略。

3. 实践反思与行动研究的相互促进

实践反思和行动研究在教师专业发展中相辅相成。一方面，实践反思为行动研究提供了有力的支持和指导。通过反思教学实践，教师能够发现自身在教学中的问题和不足，从而确定行动研究的主题和方向。另一方面，行动研究也为实践反思提供了新的视角和思路。通过研究新的教学方法和手段，教师能够对自己的教学实践进行更深入、全面的反思和分析。

（三）构建教师学习共同体和合作文化

1. 建立共同愿景，明确发展目标

构建教师学习共同体和合作文化的首要任务是建立共同愿景，并明确发展目标。这一愿景应关注提升教育教学质量、促进学生全面发展等核心目标，使所有教师都能认同并为之付出努力。为实现此愿景，学校应组织教师共同探讨并制定发展目标，确保每位教师都明确自身的职责与任务。同时，学校应设立相应的激励机制，鼓励教师为实现共同愿景而持续努力。

2. 搭建交流平台，促进经验共享

为构建教师学习共同体和合作文化，学校需要搭建多元化的交流平台，促进教师间的经验共享。这些平台包括定期的教研活动、教学研讨会、课题研究小组等。通过这些平台，教师可以分享自己的教学经验、方法及成果，相互学习和借鉴。此外，学校也可以邀请专家或优秀教师举办讲座或示范教学，为其他教师提供学习机会。这种经验共享的氛围有利于提升教师的整体素质，推动教育教学的创新与发展。

3. 强化合作意识，培养团队精神

构建教师学习共同体和合作文化还需强化教师的合作意识，并培养团队精神。学校应鼓励教师在教学、科研等领域开展合作，共同解决问题，实现资源共享。同时，学校应设立相应的合作机制，如跨学科教学团队、课题研究小组等，为教师创造合作的机会和条件。在合作过程中，教师应相互尊重、相互信任，共同承担责任，形成紧密的团队联系。这种团队精神不仅能提高教师的教学效果，还能增强教师的归属感和满足感。

第二节 教师教育改革理论

一、教师专业化发展理论

（一）教师专业化发展的内涵

1. 专业知识的持续更新与深化

教师专业化发展的首要内涵在于专业知识的持续更新与深化。这里的专业知识不仅包括所教学科的基础知识和前沿理论，还包括教育学、心理学、教育技术等跨学科领域的知识。在知识爆炸的时代背景下，各领域的知识都以惊人的速度进行更新迭代，教育领域也不例外。因此，作为知识的传播者和创新者，教师必须始终保持对新知识、新理论的敏感性和求知欲，通过不断地学习、研究和实践，将最新的知识和理论融入其教学体系，从而为学生提供高质量的教育服务。专业知识的更新与深化要求教师具备扎实的学科基础和广阔的知识视野，以便在浩如烟海的知识海洋中筛选出对学生最有价值的内容，并以适当的方式呈现。同时，教师需具备批判性思维和创新能力，敢于对现有知识和理论提出质疑和挑战，勇于探索未知领域，推动教育理论和实践的不断进步。

2. 专业技能的不断提升与创新

教师专业化发展的第二个内涵是专业技能的不断提升与创新。教学既是一门艺术，也是一门科学。教师需掌握一系列复杂的教学技能，如教学设计、课堂教学、学生评价、班级管理等。这些技能的提升和创新是教师专业化发展的重要体现。随着教育理念的不断更新和教学技术的快速发展，传统的教学方法和手段已难以满足现代教育的需求。因此，教师需不断学习和掌握新的教学技能和方法，如项目式学习、翻转课堂、在线教学等，以适应不同学生的学习需求和个性差异。同时，教师还需要具备创新教学方法的能力，根据学生的实际情况和教学目标，灵活运用各种教学方法和手段，创造富有成效的教学环境和学习体验。专业技能的提升和创新要求教师具备强烈的自我发展意识和实践能力。教师需要时刻保持对新技术、新方法的关注和学习，勇于尝试和实践新的教学理念和模式。此外，教师还需具备反思和总结的能力，对自己的教学实践进行深入剖析和反思，发现问题和不足，寻求改进和创新的方法和途径。

3. 专业情意的不断涵养与升华

教师专业化发展的第三个内涵是专业情意的不断涵养与升华。专业情意是指教师对教育事业的热爱、对学生的关爱以及对自我价值的追求等情感态度和价值取向，它是推动教师专业化发展的精神动力和价值支撑。教师的专业情意直接影响其教学行为和效果。一个对教育怀有高度热情和坚定信念的教师，会全身心地投入教育事业中，密切关注学生的成长与发展，致力于为学生提供最好的教育服务。相反，缺乏专业情意的教师可能对教育产生厌倦和懈怠，难以发挥应有的教育效能。因此，涵养和升华专业情意是教师专业化发展的重要任务。教师需始终保持对教育的热忱和信仰，关注学生的成长需求，努力提升自身的教育素养和能力水平。同时，教师也需具备崇高的价值理念和良好的道德操守，恪守教育伦理和职业道德规范，为学生的全面发展和社会的持续进步作出贡献。

（二）教师专业化发展的内容与要求

1. 专业知识的系统性学习与深化

教师专业化发展的首要内容是专业知识的系统性学习与深化。这涵盖了所教授学科的基本理论知识，教育学、心理学、教育技术等跨学科领域的知识，以及关于教育政策法规、教育伦理等方面的知识。教师需要通过系统的学习和培训来掌握扎实的专业基础，构建完备的知识架构。在学习专业知识的过程中，教师应注重理论与实践的结合，将所学知识应用于实际教学活动中，不断反思和总结，形成独特的教学风格和特色。同时，教师还应关注学科最新进展和教育改革趋势，及时更新自己的教育理念和教学策略，以适应教育环境和学生需求的不断变化。此外，教师应具备跨学科知识融合的能力，能够将不同学科的知识进行有效整合，为学生提供多

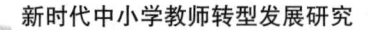

样化、综合性的学习体验。这要求教师具备广阔的知识视野和敏锐的洞察力，能够发掘不同学科知识之间的内在联系和潜在价值。

2. 专业技能的全面提升与创新

教师专业化发展的另一个重要内容是专业技能的全面提升与创新。这包括教学设计、课堂教学、学生评价、班级管理、教育科研等方面的技能。教师需要具备精湛的教学技艺和高效的管理能力，以保证教育教学的顺利进行和高质量完成。在教学设计方面，教师应根据学生的实际情况和教学目标，制订科学、合理的教学计划，选择恰当的教学方法和手段。在课堂教学方面，教师应注重激发学生的学习兴趣和主动性，营造积极、互动的课堂氛围，提高教学效果。在学生评价方面，教师应采用多元化的评价方式，全面、客观地评价学生的学习成果和发展状况，为学生提供有针对性的反馈和指导。在班级管理方面，教师应建立良好的班级秩序和规则，关注学生的心理健康和成长需求，营造温馨、和谐的班级氛围。在教育科研方面，教师应具备开展教育研究的能力和素养，能够运用科学的方法和技术进行教育实验和研究，为教育实践提供理论支持和指导。

3. 专业情意与伦理道德的培养与践行

教师专业化发展的第三个重要内容是专业情意与伦理道德的培养与践行。专业情意是指教师对教育事业的热爱、对学生的关爱以及对自我价值的追求等情感态度和价值取向。它是教师专业化发展的精神动力和价值支撑。而伦理道德则是教师职业行为的规范和准则，是教师必须坚守的底线和原则。在培养专业情意方面，教师应树立正确的教育观和价值观，增强对教育事业的认同感和使命感。同时，教师还应关注学生的成长和发展需求，用心呵护每一个学生的心灵成长历程，成为学生健康成长的引路人和陪伴者。在践行伦理道德方面，教师应严格遵守教育法律法规和职业道德规范，做到为人师表、廉洁从教、关爱学生、尊重家长等基本要求。同时，教师还应积极参与社会公益活动和教育志愿服务等社会实践活动，树立良好的社会形象和职业声誉。

（三）教师教育改革与教师专业化发展的关系

1. 教师教育改革为教师专业化发展提供契机与平台

教师教育改革是推动教师专业化发展的重要力量。随着教育改革的不断深入，教师教育改革也在逐步推进，为教师专业化发展创造了更多的契机和平台。教师教育改革促进了教师教育课程体系的重构和优化。传统的教师教育课程体系侧重于学科知识的传授和教学技能的培养，而忽视了教师专业素养和综合能力的提升。而教师教育改革则强调教师教育的综合性、实践性和创新性，注重教师在知识、能力、情意等方面的全面发展。这为教师提供了更广阔的学习空间和发展机会，有助于推动教师的专业化进程。

随着信息技术的迅猛发展和网络教育的兴起，教师教育改革推动了教师教育模式的创新和资源的共享。教师可以通过网络课程、在线研讨、远程培训等方式，随时随地获取最新的教育理念和教学方法，与同行进行交流和合作，不断提升自身的专业素养和教育能力。此外，教师教育改革还为教师专业化发展提供了制度保障和政策支持，如建立教师资格认证制度、推行教师绩效工资制度、实施教师职称评审制度等，这些措施有助于激发教师的职业热情和发展动力，促进教师的专业化发展。

2. 教师专业化发展是教师教育改革的目标与归宿

教师专业化发展不仅是教师个人成长的需要，也是教师教育改革的核心目标和最终归宿。教师教育改革的根本目的是培养高素质、专业化的教师队伍，提升教育质量，促进教育公平和可持续发展。教师专业化发展是教师教育改革的重要目标之一。教师教育改革通过改革教师教育课程体系、教学方法和评价机制等，旨在提升教师的专业素养和教育能力，使教师能够更好地适应现代教育发展的需要。而教师的专业素养和教育能力正是教师专业化发展的重要体现。因此，可以说教师专业化发展是教师教育改革的必然要求和重要目标。教师教育改革不是一次性的改革行动，而是一个持续不断的过程。在这个过程中，教师需要不断学习、实践、反思和创新，不断提升自身的专业素养和教育能力。只有当教师真正实现了专业化发展，教师教育改革才能被视为成功。因此，教师专业化发展是教师教育改革的最终归宿和评价标准。

3.教师教育改革与教师专业化发展相互促进、共同发展

教师教育改革与教师专业化发展之间并非单向的推动关系，而是相互促进、共同发展的关系。一方面，教师教育改革为教师专业化发展提供了契机和平台；另一方面，教师专业化发展也推动了教师教育改革的深入进行。

当教师实现专业化发展后，他们以更加专业、成熟的态度和方式参与到教育改革中，不仅能为教育改革提供实践支撑和经验借鉴，还能为教育改革注入新的理念和思路，推动教师教育改革向更深层次、更广领域发展。教师专业化发展还能提升教师教育改革的实效性和针对性。在实现专业化发展的过程中，教师会对自身的教育实践进行深入反思和总结，发现问题和不足，并寻求改进和创新的方法。这些实践经验和反思成果能为教师教育改革提供参考和借鉴，使改革更加符合实际需要和教育发展规律。

二、教师教育一体化理论

（一）教师教育一体化的内涵

1.构建全面、协调的教师教育体系

教师教育一体化的核心内涵在于其整体性。这一理念强调将教师的职业生涯视为一个连续统一体，各阶段相互关联、相互影响，共同勾勒出教师专业成长的完整路径。从职前的预备教育到入职初期的适应性培训，再到在职进修，每一阶段都为教师的专业发展奠定基础、注入动力。

在职前教育阶段，重点在于培养教师的基本素养和学科知识。此阶段侧重于教育理论的学习和初步的教育实践，旨在帮助未来的教师形成对教育的深刻认识和热情。通过系统的课程学习和实践活动，培养具有坚实专业基础、先进教育理念和基本教学技能的预备教师。

入职教育阶段是新教师从学生身份向教师角色转变的关键时期，这一阶段关注新教师的实际需求，提供针对性的指导和支持。通过导师制度、

校本研修等措施，帮助新教师迅速融入学校文化、掌握教学技巧、提升班级管理能力，实现从新手到合格教师的过渡。

在职培训阶段侧重于教师的持续发展和能力提升。随着教育改革的深入和教学实践的丰富，教师需不断更新教育观念、拓展专业知识、提高教学技能。在职培训通过提供多样化的学习资源和培训项目，满足教师不同发展阶段的需求。通过参与研修课程、课题研究、校际交流等活动，激发教师的创新精神和研究能力，推动教师从经验型向研究型转变。

2. 确保教师教育的顺畅过渡和有效衔接

教师教育一体化的另一个重要内涵是连贯性。这意味着在教师职业生涯的各个阶段之间建立顺畅的过渡机制和有效的衔接方式，确保教师能够持续、稳定地发展。连贯性不仅体现在教育目标的递进上，还体现在课程内容的衔接、教学方法的连贯以及评价体系的统一等方面。

在教育目标上，各阶段应形成相互衔接、层层递进的目标体系。职前教育阶段的目标应为基础性和通用性，为教师的后续发展奠定坚实的基础；入职教育阶段的目标应具有针对性和实用性，帮助教师迅速适应教育教学工作；在职培训阶段的目标则应具有前瞻性和引领性，引导教师不断探索教育创新和实践智慧。

在课程内容上，应避免重复和脱节现象的发生。各阶段之间应建立课程内容的有机联系和合理分工，确保教师在不同阶段能够接触到新颖、有深度的知识内容。同时，还应关注课程内容的更新和拓展，及时将最新的教育理念、教学方法和学科知识融入其中。

在教学方法上，应注重多种教学方法的灵活运用和相互配合。无论是职前培养、入职教育还是在职培训阶段，都应采用多样化的教学方法和手段来激发教师的学习兴趣和积极性。通过案例分析、角色扮演、实践操作等方式，帮助教师深入理解教育理论、掌握教学技能、提升实践能力。

3. 促进教师的终身学习和持续发展

教师教育一体化的第三个内涵是发展性。这强调教师的成长是一个持续不断的过程，需要不断地学习和进步，并要求教师教育不仅要关注教师的当前需求和发展状态，还要关注教师的未来潜力和发展空间。通过提供持续的学习机会和资源支持，激发教师的自我发展意识和能力，推动教师不断追求卓越和成长进步。

为实现发展性目标，需建立完善的教师终身学习体系。这一体系应包括多样化的学习资源和培训项目、灵活多样的学习方式和时间安排，以及个性化的学习指导和支持服务等要素。通过构建这样一个开放、包容、富有活力的学习环境，鼓励教师积极参与各种形式的学习活动和实践探索，不断拓宽知识视野、提升专业素养、增强创新能力。同时，应关注教师的情感态度和价值观的培养。在持续的学习和发展过程中，教师须保持积极的心态和坚定的信念，勇于面对挑战和困难。通过加强师德教育、培养教师的职业认同感和使命感等方式，激发教师的内在动力和热情，推动教师以更加饱满的热情和更加专业的素养投身于教育事业中。

（二）教师教育一体化的内容与要求

1. 内容方面

教师教育一体化的内容包括教育目标的一体化、课程体系的一体化、教学方法的一体化，以及教育评价的一体化。其中，教育目标的一体化要求各个阶段的教育目标相互衔接，形成统一的目标体系；课程体系的一体化要求构建贯穿职前培养、入职教育和在职培训全过程的课程体系；教学方法的一体化则要求采用多样化的教学方法和手段，以满足不同阶段教师的需求；而教育评价的一体化则要求建立科学、全面的评价体系，对教师的专业素养和教育能力进行全面、客观的评价。

2. 要求方面

教师教育一体化要求必须建立一套完善的教师教育制度和管理体系，以保障教师教育的顺利实施。这包括建立教师资格认证制度、推行教师绩效工资制度、实施教师职称评审制度等举措，以激发教师的职业热情和发展动力。同时，还要求加强教师教育机构的建设和管理，提高教师教育机构的办学水平和教育质量。此外，还要求加强教师教育的国际交流与合作，借鉴国际先进经验和做法，推动教师教育的创新与发展。

（三）教师教育一体化与教师教育改革的关系

1. 教师教育一体化是教师教育改革的重要目标

教师教育改革旨在构建一个能适应现代教育发展需求的高质量教师队伍。教师教育一体化作为教师教育改革的重要目标之一，旨在通过整合教师教育资源，优化教师教育结构，提高教师教育质量。它强调教师的职前培养、入职教育和在职培训的连贯性和统一性，以确保教师在其职业生涯中可以持续地得到必要的支持和引导。因此，实现教师教育一体化成为推动教师教育改革的一项重要任务。

2. 教师教育一体化为教师教育改革提供新的思路和方向

传统的教师教育存在着如职前培养与在职培训相脱节、理论与实践相分离等问题，这使得教师的专业素养和教育能力难以得到有效提升。教师教育一体化强调教师的整个职业生涯是一个连续、统一的发展过程，并需要构建一个完整、协调的教师教育体系。这一理念为教师教育改革提供了新的思路和方向，引领教师教育改革走向更加全面、深入的发展阶段。通过实现教师教育一体化，可以更好地整合教师教育资源，优化教师教育结构，提升教师教育质量，进而推动教师教育改革取得更大的成就。

3. 教师教育改革推动教师教育一体化进程的加速

随着教师教育改革的不断深入和发展，越来越多的国家和地区开始重视并实现教师教育一体化。通过制定相关政策、投入专项资金、建立合作机制等方式，教师教育改革为实现教师教育一体化提供了有力的保障和支持。同时，教师教育改革也正在通过推进教师教育机构的整合与重组、强化教师教育师资队伍建设、完善教师教育课程体系等措施，加速教师教育一体化的进程。这些举措不仅有助于提升教师的专业素养和教育能力，更有助于构建一个更加完善、高效的教师教育体系。

三、教师教育信息化理论

(一)教师教育信息化的概念

1. 技术与教育的融合

教师教育信息化首先体现在信息技术与教育的深度融合。信息技术以其独特的优势,如高效性、交互性、共享性等,为教师教育带来了革命性的变革。在传统教师教育中,教师的培养主要依赖于面对面的课堂教学和有限的实践经验。而教师教育信息化则通过引入现代信息技术,如网络技术、多媒体技术、人工智能等,打破了时间和空间的限制,为教师提供了更加丰富、多样的学习资源和学习方式。教师可以通过在线教育平台随时随地获取专业知识,利用模拟教学软件进行实践教学训练,借助大数据分析提升自身的教学能力。信息技术与教育的融合,不仅极大地丰富了教师教育的内涵和形式,也提高了教师教育的效果和质量。

2. 教育资源的数字化与共享

教师教育信息化还体现在教育资源的数字化与共享。数字化资源是教师教育信息化的基础,它将传统的教育资源如教材、教案、课件等进行数字化处理,形成可在线访问、共享和利用的数字化教育资源库。这些数字化资源不仅具有易保存、易传输、易更新的特点,还可以通过互联网实现全球范围内的共享和利用。教师不再受地域和时间的限制,可以随时随地访问和使用这些优质的教育资源,从而提升自身的专业素养和教学能力。同时,数字化资源的共享也促进了教师之间的交流与合作,推动了教育资源的均衡发展和优化配置。

3. 教师专业发展的持续性与个性化

教师教育信息化最终指向的是教师专业发展的持续性与个性化。在传统教师教育中,教师的专业发展往往受到时间、地点、资源等多种因素的限制,难以实现持续性和个性化的发展。而教师教育信息化则通过构建在线学习社区、提供个性化学习路径、建立教师成长档案等方式,为教师的专业发展提供了有力的支持和保障。教师可以在线参加各类专业培训、研讨会、学术交流等活动，与同行进行深入的交流和合作；可以根据自身的需求和兴趣选择适合的学习内容和学习方式，实现个性化的学习和发展；还可以通过教师成长档案记录自己的学习历程、教学反思、研究成果等，为自身的专业发展提供有力的证据和支撑。

（二）教师教育信息化的内容与要求

1. 信息化教学能力的提升

教师教育信息化的首要内容是提升教师的信息化教学能力。这要求教师不仅要掌握基本的信息技术知识，如计算机操作、网络应用等，还需要具备将信息技术与课程内容有效整合的能力。教师应能利用信息技术手段创新教学方式和方法，如采用多媒体教学、网络教学等新型教学模式，以激发学生的学习兴趣和积极性。同时，教师还应能运用信息技术工具进行课程资源的开发、整合及共享，从而为学生提供更为丰富和多样的学习资源。

为了提升教师的信息化教学能力，教师教育机构应加强对教师的信息技术培训，并提供必要的技术支持与资源保障。此外，还应鼓励教师积极参与信息化教学的实践与研究，通过实践反思和经验分享，不断提升个人的信息化教学水平。

2. 信息化教育资源的开发与利用

教师教育信息化的另一个重要内容是信息化教育资源的开发与利用。信息化教育资源指那些经过数字化处理并能在网络环境下运行的教育资源，如网络课程、教学视频、电子教材等。这些资源具有易获取、易传输、易共享等特点，它们能为教师提供更便捷、高效的教学支持。教师应具备开发和利用信息化教育资源的能力，包括资源的搜集、整理、加工和创新等。教师应根据教学需求和学生特点，选择合适的信息化教育资源进行个性化的教学设计。同时，教师也应积极参与信息化教育资源的开发和建设，为资源的共享与发展作出贡献。

3. 信息化教育环境的构建与优化

教师教育信息化的最后一个内容是信息化教育环境的构建与优化。信息化教育环境是指运用信息技术手段构建的数字化、网络化、智能化的教学环境，如多媒体教室、网络教室、智慧校园等。这些环境能够为教师提供更先进、便捷的教学条件与支持。教师应具备构建和优化信息化教育环境的能力，包括硬件设备的配置与维护、软件系统的应用与开发、网络环境的搭建与管理等。教师应根据教学需求和学生特点，选择合适的信息化教育环境，进行高效的教学组织和管理。同时，教师也应积极参与信息化教育环境的建设和改进，为提升教学质量和效果作出贡献。

（三）教师教育与信息化的关系

1. 信息化为教师教育提供新的发展机遇

信息技术的迅猛发展和广泛应用为教师教育带来了前所未有的发展机遇。传统的教师教育模式受限于时间、地点和资源等条件，难以满足教师多元化的学习需求。信息化技术的引入打破了这些限制，为教师提供了更为灵活多样的学习方式和手段。教师可以随时通过在线教育平台获取专业知识，利用模拟教学软件进行实践教学训练，并借助大数据分析提升教学能力。信息化不仅丰富了教师教育的内涵和形式，还显著提高了教师教育的质量和效果。此外，信息化还为教师教育开辟了广阔的应用场景和发展空间[1]。教师作为教育信息化的主要实践者和推动者，他们的信息素养和创新能力直接影响到教育信息化的进程和成效。通过教师教育信息化，可以有效提升教师的信息素养和创新能力，推动信息技术与教育的深度融合，促进教育信息化的深入发展。因此，信息化为教师教育提供了新的发展机遇，推动了教师教育的改革与创新。

2. 教师教育是信息化在教育领域的重要应用

教师教育，作为培养教师的关键环节，是信息化在教育领域的重要应用之一。教师，作为教育信息化的主要实践者和推动者，他们的信息素养

---

[1] 孙悦. "互联网+教育"背景下中小学教师角色转型研究[J]. 科学咨询（教育科研），2022（3）：5–7.

和创新能力对教育信息化的进程和效果具有决定性影响。因此，提升教师的信息素养和创新能力是教育信息化的关键任务。教师教育正是实现这一任务的重要途径。通过教师教育信息化，可以将信息技术与教师教育深度融合，创新教师教育模式和方法，提高教师教育的质量和效率。例如，利用在线教育平台实现教师的远程培训和在线学习；借助模拟教学软件进行实践教学的模拟和训练；运用大数据分析对教师的教学行为和学生的学习情况进行深入分析和评估。这些信息化手段的应用，不仅提升了教师教育的效果和质量，还促进了教师的专业发展和终身学习。

3. 教师教育与信息化相互促进、共同发展

教师教育与信息化之间存在相互促进、共同发展的关系。一方面，信息化为教师教育提供了新的发展机遇和挑战，推动了教师教育的改革与创新；另一方面，教师教育作为信息化在教育领域的重要应用之一，也推动了信息技术的不断进步和完善。

教师教育的改革与发展需要信息技术的支持和推动。随着教育信息化的深入发展，教师对信息技术的需求日益增长。为满足这些需求，教师教育必须不断创新和完善自身的信息化手段和方法。这将促使信息技术在教育领域的应用更加广泛和深入，推动信息技术的持续进步和完善。同时，信息技术的进步和完善也为教师教育提供了更加广阔的应用场景和发展空间。随着信息技术的不断发展，新的技术手段和方法将不断涌现，为教师教育带来更多的创新机遇和挑战。这将推动教师教育的持续改革与发展，提高教师的信息素养和创新能力，为培养高素质的教师队伍提供有力支持。

第三节 教师角色转变理论

一、教师角色的概念

(一)教师作为知识的引导者和传授者

教师的首要角色是知识的引导者和传授者。在人类文明的发展过程中,教师扮演着承前启后、继往开来的重要角色,他们负责将前人积累的知识、经验和智慧传递给下一代。教师不仅是知识的仓库,更是知识传播的桥梁和纽带。作为知识的引导者,教师需要具备深厚的专业素养和广博的知识储备,能够为学生提供全面、系统的知识教育。同时,教师还需要关注学生的学习兴趣和需求,引导他们主动探索知识、发现问题、解决问题,培养学生的创新思维和实践能力。在知识传授过程中,教师还需注重培养学生的品德修养和人文素养,帮助他们树立正确的世界观、人生观和价值观。

(二)教师作为学生成长的支持者和陪伴者

除了知识传授外,教师还是学生成长的支持者和陪伴者。在学生成长的过程中,他们会遇到各种挑战和困难,需要教师给予及时的关注、鼓励和支持。教师不仅要在学习上给予学生指导,还要在生活上关心他们、了解他们,帮助他们解决生活中的问题和困惑。

作为学生成长的支持者,教师需要具备爱心、耐心和责任心,能够真正理解学生、尊重学生、信任学生。他们需要关注学生的个体差异和多元智能发展,提供个性化的教育支持,帮助每个学生充分发挥自己的潜能和优势。同时,教师还需要与学生建立亲密的师生关系,成为他们信任的朋友和倾诉的对象,陪伴他们度过成长的每一个阶段。

(三)教师作为教育改革的实践者和创新者

随着社会的不断发展和进步,教育也需要不断进行改革和创新。在这个过程中,教师作为教育改革的实践者和创新者发挥着至关重要的作用。

他们需要积极参与教育改革实践,探索新的教育理念和方法,为教育的创新发展贡献自己的力量。作为教育改革的实践者,教师需要具备开放的心态和创新的精神,能够勇于尝试新的教育理念和方法。他们需要关注学生的需求和社会的发展变化,不断调整自己的教学方式和手段,以提高教学效果和质量。同时,教师还需要与教育界同行进行交流和合作,共同推动教育的改革和发展。在教育创新的过程中,教师还需关注自己的专业成长和发展。他们需要不断学习新知识、掌握新技能、更新教育观念,以提升自己的专业素养和创新能力。只有这样,教师才能更好地适应教育改革的需求和挑战,为培养创新型人才做出更大的贡献。

二、从知识的传授者转变为学生学习的引导者和促进者

(一)树立以学生为中心的教学理念

1. 关注学生的需求和兴趣

以学生为中心的教学理念要求教师关注学生的需求和兴趣。每个学生都是独特的个体,具有不同的认知特点、学习风格和发展方向。因此,在教学过程中,教师应充分了解学生的个性和需求,尊重学生的兴趣爱好,并根据学生的实际情况制订教学计划和教学策略。例如,教师可以通过问卷调查、个别交流等方式获取学生的学习需求和兴趣点,进而结合教学内容设计符合学生实际的教学活动和任务。这不仅能激发学生的学习兴趣和积极性,还能提高教学的针对性和实效性。

2. 培养学生的自主学习能力和创新精神

以学生为中心的教学理念强调培养学生的自主学习能力和创新精神。在传统教学模式下,学生常处于被动接受知识的状态,缺乏主动思考和探索的机会。相反,以学生为中心的教学理念鼓励学生主动参与学习过程,通过自主探究、合作学习等方式获取知识,培养分析问题和解决问题的能力。同时,教师应注重培养学生的创新精神和实践能力,鼓励学生勇于尝试、敢于创新,并为学生提供广阔的思维空间和实践平台。这不仅能激发学生

的学习兴趣和潜能，还有助于培养学生的终身学习能力和创新素养。

3.建立和谐的师生关系和良好的学习氛围

以学生为中心的教学理念还要求建立和谐的师生关系和营造良好的学习氛围。师生关系是影响教学效果的重要因素之一。在传统的教学模式下，教师通常处于权威地位，与学生之间存在一定的距离感。然而，以学生为中心的教学理念则强调师生之间的平等、尊重和理解，要求教师成为学生的朋友和引路人，与学生建立亲密的师生关系。同时，教师应努力营造一个宽松而和谐的学习氛围，让学生在轻松愉快的环境中学习成长。例如，教师可以通过幽默风趣的语言、生动形象的实例等方式活跃课堂气氛；通过组织小组讨论、角色扮演等活动增强学生的参与感和体验感；通过及时表扬和鼓励等方式增强学生的自信心和成就感。这不仅能提高学生的学习兴趣和效果，还能促进学生的身心健康和全面发展。

（二）采用多样化的教学方法和手段

1.灵活运用多种教学方法

现代教学理念强调教学方法的多样性与灵活性。教师应根据教学内容、学生的特点以及教学环境等因素，灵活运用多种教学方法。例如，对于理论性较强的内容，可以采用讲授法、演示法等传统教学方法；对于实践性较强的内容，则可以采用实验法、操作法等教学方法；对于需要培养学生创新能力和批判性思维的教学内容，可以采用探究式教学、案例教学等教学方法。此外，教师还可以借鉴其他领域的教学方法，如项目式学习、翻转课堂等，将其引入课堂教学，从而为教学注入新的活力。

2.利用信息技术手段辅助教学

随着信息技术的不断进步，多媒体、网络等信息技术手段已成为现代教学不可或缺的辅助工具。教师可以利用这些技术手段辅助教学，使教学变得更加生动、形象和直观。例如，利用多媒体课件可以有效展示教学内容，通过图片、视频等形式呈现抽象的概念和原理；利用网络资源丰富教学材料，引导学生进行自主学习和拓展学习；同时，还可以利用在线教学平台进行远程教学和互动交流，打破传统教学的时间和空间限制。这些信息技术手段的应用不仅可以激发学生的学习热情和积极性，还能显著提高教学效果和效率。

3.设计有趣的学习活动和任务

为了促使学生更加积极地参与学习过程，教师需要设计具有趣味性、挑战性和实用性的学习活动和任务。这些活动和任务能够有效激发学生的学习兴趣和探究欲。例如，通过角色扮演、模拟实验、小组讨论等活动，学生可以在轻松愉快的氛围中掌握知识；同时，教师可以设置开放性和创新性的学习任务，如设计方案、制作作品等，通过这一过程帮助学生培养创新能力和实践能力。这些有趣的学习活动和任务不仅能够使教学过程更具吸引力，同时也有助于提升学生的学习成效和综合素养。

（三）提供个性化的学习支持和指导

1.深入了解学生的个体差异

为了提供个性化的学习支持和指导，教师首先需要深入了解每个学生的个体差异。这包括学生的兴趣爱好、学习风格、认知能力、家庭背景等方面。教师可以通过观察、交流、测试等方式收集学生的信息，建立学生档案，为每个学生制订个性化的学习计划和指导方案。只有充分了解学生的个体差异，教师才能因材施教，满足学生的个性化需求。

2.提供针对性的学习资源和指导

在了解学生的个体差异的基础上，教师应提供针对性的学习资源和指导。对于学习基础较差的学生，教师可以提供额外的辅导材料、补课机会等，帮助他们弥补知识漏洞；对于学习兴趣不高的学生，教师可以设计富有趣味性和挑战性的学习任务，激发他们的学习兴趣；对于有特殊才能和兴趣的学生，教师可以提供拓展学习资源和机会，满足他们的个性化发展需求。此外，教师还可以根据学生的学习进度和反馈，及时调整教学策略和指导方式，确保学生的学习效果。

3. 建立有效的师生互动和反馈机制

提供个性化的学习支持和指导需要建立有效的师生互动和反馈机制。教师应与学生保持密切的沟通联系，及时了解学生的学习情况、困难和需求，给予及时的指导和帮助。同时，教师还应鼓励学生主动提问、分享学习心得和困惑，促进师生之间的互动交流。通过有效的师生互动和反馈机制，教师可以更好地了解学生的学习状态，及时调整教学策略和指导方案，提高学生的学习效果。

三、从教学的执行者转变为教育教学的研究者和创新者

（一）培养研究意识，关注教育前沿

1. 树立终身学习理念，不断更新知识结构

要培养研究意识，教师首先需树立终身学习的理念。教育是一个不断发展的领域，新的教育理念、教学方法及研究成果不断涌现。教师应保持对教育的热情和好奇心，积极主动地学习和探究新的教育知识与技能。通过参加专业培训、阅读教育专业书籍和期刊、参与学术研讨会等方式，教师可以不断更新自己的知识结构，掌握最新的教育理念和研究成果。只有站在教育前沿，教师才能更好地把握教育的发展方向，并为自己的教学实践提供有力的理论支撑。

2. 敏锐洞察教育问题，积极开展实践研究

培养研究意识要求教师具备敏锐的问题意识。在教学实践中，教师应善于观察和发现教育问题，并对这些问题进行深入地思考和分析。例如，针对学生学习困难、课堂参与度低等问题，教师可以开展实践研究，探究问题的根源和解决方案。通过收集数据、分析案例、总结经验等方式，教师可以逐渐形成自己的研究思路和方法体系。这种以问题为导向的研究过程不仅有助于解决实际问题，还能促进教师的专业成长和研究能力的提升。

3. 强化合作与交流，共同推动教育创新

关注教育前沿需要教师具备开放的心态和合作的精神。在教育领域，

许多问题和挑战需借助集体智慧和力量来解决。因此，教师应积极与同行进行交流和合作，分享彼此的教学经验和研究成果。通过参加教育研讨会、加入学术团体、建立教师合作网络等方式，教师可以与更多的教育同仁进行深入的交流和探讨。这种合作与交流不仅有助于拓宽教师的视野和思路，还能激发教师的创新灵感和研究动力。在共同推动教育创新的过程中，教师可以实现自我价值的提升和教育事业的进步。

（二）提升创新能力，勇于实践探索

1. 打破思维定式，敢于挑战传统

要提升创新能力，教师首先需要打破固有的思维定式，敢于挑战传统的教学理念和方法。长期以来，教育领域存在着一些固定的教学模式与观念，这些模式和观念在一定程度上制约了教师的创新空间。因此，教师应勇于跳出这些限制，采取全新的视角审视教育教学问题。例如，可以尝试引入来自其他领域或学科的成功经验与方法到课堂中，或者利用现代信息技术手段创新教学策略与工具。通过不断地尝试与探索，教师可逐步构筑独特的教学风格和特色。

2. 积极参与教育研究，以研促教

实践探索需要理论的指导，而教育研究便是提供这种指导的重要途径。教师应积极投身于教育研究中，关注最新的教育理念与研究成果，并将其融入自己的教学实践之中。同时，教师还应善于从自己的教学实践活动中发现问题、提炼问题，并进行深入研究。这种以研促教的方式，不仅有助于教师解决实际教学中的问题，也能提升教师的理论素养与研究能力。通过持续的研究与实践，教师能够逐渐发掘出适合自己的创新道路与方法。

3. 勇于承担风险，敢于面对失败

创新总是伴随着风险，而失败同样是创新过程中不可避免的一部分。教师应勇于承担风险，敢于正视失败。在教学实践中，有时可能会出现一些意想不到的情况或问题，此时教师需要保持冷静与乐观的心态，积极探寻解决问题的方法。即便遭遇失败，也要能从失败中汲取经验教训，为下一次的实践探索积累宝贵的经验。这种勇于承担风险与正视失败的精神，对于促进教师持续创新具有重要意义。为了培养这种精神，学校和教育机构应为教师创建一个宽松、包容的创新氛围，鼓励教师大胆尝试和创新。同时，建立相应的激励机制与评价体系，对在教学实践中表现出色的教师给予表彰与奖励。这些措施有助于激发教师的创新热情和实践探索精神，推动教育教学的持续发展和进步。

（三）加强专业素养，提高研究能力

1. 深化专业知识学习，构建完整的知识体系

专业素养的提升离不开扎实的专业知识基础。教师应深化对所学专业的理解，掌握学科的基本理论和核心概念，熟悉其发展历史和最新研究动态。此外，教师还应积极学习相关学科的知识，构建跨学科的知识体系，以更宽广的视野和更丰富的知识背景来支撑自己的教学实践和研究活动。通过参加专业培训、阅读专业书籍和期刊文章、参与学术研讨等方式，教师能够不断更新自己的专业知识，为提升专业素养奠定坚实的基础。

2. 提升教育教学技能，形成独特的教学风格

教育教学技能是教师专业素养的重要组成部分。教师应熟练掌握各种教学技能和方法，根据学科特点和学生需求灵活选择和运用。同时，教师需积极探索和创新教学方式，运用现代信息技术提高教学效果。在教育教学过程中，教师要注重反思和总结，不断积累教学经验，形成自己独特的教学风格和教育观念。这些个人特色不仅有助于提升教师的教学魅力，更能为教育教学研究提供宝贵的素材和灵感。

3. 强化研究意识和方法训练，提高研究能力

研究能力是衡量教师专业素养高低的重要标志之一。教师应培养研究意识，关注教育实践和学科发展中的问题与挑战，积极进行实证研究、行动研究等各种研究活动。同时，加强对研究数据的收集、整理和分析能力训练，提高研究的信度和效度。通过持续的研究实践和方法训练，教师可以逐步提高自身的研究能力和专业水平，为教育教学的改革与创新做出更大贡献。

四、从单一的教育者转变为学校、家庭和社会的合作者与协调者

(一)建立有效的家校合作机制

1. 明确家校合作的目标与原则

建立有效的家校合作机制,首要任务是明确合作的目标与原则。目标应聚焦于学生的全面发展,旨在通过家校双方的协同努力,提高教育质量,确保学生在德、智、体、美等多方面得到均衡提升。合作原则应涵盖平等、尊重、互信和共赢。在家校合作的过程中,双方应摒弃任何形式的优越感和偏见,以平等的姿态对待彼此,互相尊重对方的教育理念和方式。

在此基础上,家校双方还需努力建立起深厚的信任关系。这种信任不仅源于日常的沟通交流,更在于双方在教育目标和方法上的共识。为了实现这一目标,学校有必要制订一套明确的家校合作计划。该计划应包括定期的家访活动,让家长深入了解学生在校的生活和学习情况;定期的家长会,为家长和学校提供面对面交流的机会;开办家长学校,帮助家长提升教育能力,更好地配合学校教育。通过这些活动,家长不仅能更全面地了解学校的教育理念和教育方式,还能为学校提供宝贵的反馈和建议,共同为学生的成长和发展贡献力量。

2. 搭建多样化的家校沟通平台

有效的沟通是建立家校合作机制的关键。学校应搭建多样化的家校沟通平台,如定期的家长会、家长信箱、学校网站、社交媒体等,以便家长和学校之间能够及时、准确地传递信息。通过这些平台,学校可以向家长通报学生的在校表现、学习成绩、课外活动等情况,同时也可以向家长征求对教育教学的意见和建议。家长则可以通过这些平台向学校反馈学生在家的表现、学习困难等问题,寻求学校的帮助和支持。这种双向的沟通机制有助于增强家校之间的互信和合作,共同促进学生的健康成长。

3. 共同参与教育过程,形成教育合力

家校合作不仅仅是信息的传递和沟通,更重要的是共同参与教育过程,形成教育合力。学校应鼓励家长积极参与学校的教育教学活动,如家长志

愿者、家长助教等,让家长更深入地了解学校的教育理念和教学方式。同时,学校也可以邀请家长参与课程的开发和评价,利用家长的专业知识和经验来丰富课程内容,提高课程质量。此外,学校还可以组织家长和学生共同参与课外活动,如亲子运动会、文艺演出等,增强家校之间的情感联系和合作。这种共同参与的教育过程有助于形成家校之间的教育合力,共同推动学生的全面发展。

(二)加强与社区的联系与合作

1. 深入了解社区资源与文化

为了加强与社区的联系与合作,首先需要深入了解社区的资源与文化。学校应通过走访社区、与社区居民交流等方式,了解社区的自然资源、人力资源、文化资源等,并挖掘其中可为学校所用的部分。同时,学校也应尊重社区的文化传统和价值观,将这些元素融入学校的教学中,增强学生对社区的认同感和归属感。通过这种方式,学校不仅能丰富自身的教育资源,还能为社区的文化传承与发展作出贡献。

2. 开展多样化的社区活动

为了加强与社区的联系与合作,学校应积极组织多样化的社区活动。这些活动可以包括文艺演出、体育比赛、志愿服务等,旨在促进学校与社区之间的交流和互动。通过这些活动,学校可以展示自身的教育成果和特色,同时邀请社区居民参与到学校的教育活动中,增强他们对学校的了解和信任。此外,学校还可以利用社区资源开展实践活动,如环保教育、社区服务等,让学生在实践中增长知识、锻炼能力,同时也为社区的发展作出贡献。

3. 建立长期稳定的合作机制

加强与社区的联系与合作需要建立长期稳定的合作机制。学校可以与社区相关机构签订合作协议,明确双方的权利和义务,确保合作顺利进行。同时,学校还可以设立专门的机构或人员负责社区合作工作,加强与社区的沟通联系,及时解决合作中出现的问题。此外,学校还可以定期评估合作效果,总结经验教训，不断完善合作机制，推动学校与社区的共同发展。

（三）提升协调与沟通能力

1. 明确沟通目标，掌握沟通技巧

有效的沟通始于明确的目标。教育工作者在沟通前应清晰地设定沟通目标，并明确希望通过沟通达到的效果。同时，掌握相关的沟通技巧也至关重要。例如，倾听是沟通的关键，教育工作者需要耐心听取他人的意见与建议，理解对方的立场和需求。此外，清晰、准确的表达同样构成有效沟通的基础，教育工作者应留意自身的语言表达，避免使用模糊、含糊不清的词汇，以免引起误解。

在沟通过程中，教育工作者还需注意非语言信号的运用，如肢体语言和面部表情等，这些都能传达出重要信息。同时，保持开放和尊重的态度也是建立良好沟通氛围的关键。通过不断学习和实践沟通技巧，教育工作者可以逐步提升自己的沟通能力，使沟通更加顺畅、高效。

2. 加强团队协作，提升协调能力

在教育工作中，团队协作是必不可少的。一个优秀的教育工作者需要具备良好的协调能力，能够在团队中发挥积极作用，推动团队目标的实现。要提升协调能力，首先需要增强团队协作意识，认识到团队的重要性及自己在团队中的角色和责任。同时，积极参与团队活动，与团队成员建立良好的合作关系，共同解决问题，完成任务。

在团队协作过程中，教育工作者还需学会合理分配资源和任务，确保团队成员能够各尽其能，各司其职。此外，善于化解团队冲突也是提升协调能力的重要方面。当团队中出现分歧或冲突时，教育工作者应采取积极、主动的态度进行调解和协商，寻求双方都能接受的解决方案。

3. 积极参与培训和实践锻炼

除了日常工作中的实践锻炼外，积极参与相关培训也是提升协调与沟通能力的重要途径。教育工作者可以参加沟通技巧培训、团队协作培训等课程，系统地学习和掌握相关知识和技能。同时，借鉴其他行业和领域的成功经验和方法拓宽视野和思路。实践锻炼也是提升协调与沟通能力的有效方式。教育工作者可以在实际工作中主动承担一些需要协调沟通的任务和项目，通过实际操作检验并运用所学知识和技能。此外，积极参与学校或社区组织的各类活动或项目，与不同的人进行交流合作，也有助于提升自己的沟通协调能力。

第四节　转型发展的理论框架构建

一、转型发展的内涵与目标

（一）转型发展的内涵

1. 教育观念的更新

中小学教师转型发展最主要的内涵在于教育观念的更新，这是教育现代化对教师提出的必然要求。传统的教育观念以知识传授为中心，教师往往扮演着知识灌输者的角色，而学生则被动地接受知识，这种教育模式忽视了学生的主体地位和个性发展，导致学生的学习兴趣和积极性受到抑制，教育效果不佳。然而，随着社会的进步和教育改革的推进，现代教育观念逐渐兴起。它强调以学生为本，注重学生的全面发展、个性发展和终身发展。在这样的教育观念指导下，教师需要转变角色，从知识的传授者转变为学生学习和发展的引导者、支持者和合作者。为实现这一转变，中小学教师必须摒弃传统的教育观念，树立以学生为本的教育理念。这意味着教师需要关注学生的需求、兴趣和发展，尊重学生的个性差异，为学生的全面发展创造良好条件。同时，在教学过程中，教师应该注重培养学生的自主学习能力、创新精神和实践能力，激发学生的学习热情和积极性，帮助学生建立正确的学习态度和价值观。

2. 知识结构的完善

随着科技的不断进步和知识的不断更新，教育领域迎来了翻天覆地的变化。在这一背景下，中小学教师原有的知识结构已经显得捉襟见肘，难以完全适应现代教育的高标准和严要求。因此，完善知识结构不仅成为中小学教师转型发展的迫切需求，更是其重要内涵之一。为了应对这一挑战，教师需要保持持续学习的热情，不断汲取新知识、新技能和新方法。他们应该积极参与各类培训和学习活动，通过系统的学习来更新自己的知识结构，拓宽知识视野，从而更好地满足现代教育的发展需求。此外，教师还应具备跨学科整合知识的能力。在现代教育中，各学科之间的交叉融合越来越普遍，教师需要打破学科壁垒，将不同领域的知识进行有效整合，以便更好地应对复杂多变的教育环境。这种跨学科的整合能力不仅有助于提升教师的教学水平，更能为学生的全面发展提供有力支持。

3. 教学能力的提升

教学能力是衡量中小学教师专业素养的重要指标，也是其转型发展过程中必须不断提升的核心能力之一。在教学设计能力方面，教师需要深入分析教材和课程标准，结合学生的实际情况，设计出科学合理、具有针对性的教学方案。在教学实施能力方面，教师应运用先进的教学方法和手段，激发学生的学习兴趣，引导学生主动探究，确保课堂教学的高效有序。而在教学评价能力方面，教师则应建立多元评价体系，关注学生的全面发展，及时反馈教学信息，调整教学策略。此外，教学反思能力也是教师不可或缺的重要素质。因此，在转型发展过程中，中小学教师应将提升教学能力作为重中之重，努力成为适应现代教育需求的高水平教师。

（二）转型发展的目标

1. 提高教育教学质量

中小学教师转型发展的首要目标无疑是提高教育教学质量，这不仅是教育工作的核心，也是教师职业价值的直接体现。为实现这一目标，教师需要采取一系列措施，包括更新教育观念、完善知识结构、提升教学能力等。通过这些措施的实施，教师将更好地适应现代教育的要求，提高课堂教学效果和学生的学习成绩，并培养出更多社会所需的优秀人才。同时，教师应注重学生的全面发展，在教育教学过程中，在关注学生知识学习的同时，也应培养学生的创新精神与实践能力，激发他们的学习兴趣和热情，并帮助他们形成积极向上的学习态度和价值观。这样，学生不仅能在学校取得优异成绩，更能在未来的生活和工作中展现出强大的竞争力和适应能力。因此，提高教育教学质量是教师转型发展的首要目标，同时也是教育工作的永恒主题。

2. 促进教师专业成长

中小学教师转型发展的另一重要目标是促进教师的专业成长。这一目标不仅关乎教师个人的职业发展，而且对教育教学质量的持续提升有着深远的影响。通过不断学习和实践锻炼，教师应逐步提升自己的专业素养和教育教学能力。这种提升不仅是知识和技能层面的积累，更是对教育理念、教学方法的深层次思考与探索。在这个过程中，教师需实现从"教书匠"向"教育家"的转变，即从单纯传授知识转变为能够独立思考、创新教学方法、引导学生主动学习的教育者。同时，为更好地促进专业成长，教师还应具备自我反思和同伴互助的能力。与同行的交流分享可为教师提供新的视角和思考，共同提高专业水平，形成积极向上的教师群体学习氛围。

3. 适应教育改革发展需求

随着教育改革的不断深入，教育领域正经历前所未有的变革。在这场变革中，中小学教师既遇到新的挑战，也面临新的机遇。为适应这一趋势，教师必须积极进行转型发展以更好地适应教育改革的需求。作为教育改革的重要参与者，教师应密切关注教育改革的动态和政策走向，及时了解最新的教育理念和教学方法。同时，他们还应积极参与教育改革的实践活动，通过实践探索新的教育模式，通过研究深化对教育的理解。只有这样，教师才能为教育改革的深入推进贡献自己的力量，推动教育事业的不断发展。

此外，教师还应具备创新意识和实践能力。在教育教学过程中，教师应勇于尝试新的教学方法和手段，敢于挑战传统教学模式，以激发学生的学习兴趣和积极性。同时，教师还应关注教育技术的发展趋势，积极学习并掌握现代教育技术，将其应用于实际教学中，为教育创新提供有力支持。

二、转型发展的动力与机制

（一）政策推动

1. 教育改革政策引导教师更新教育观念

随着教育改革的深入，我国的教育政策越来越强调学生的主体地位、创新精神和实践能力的培养。这些改革理念要求教师必须转变传统的教育观念，从单纯的知识传授转向关注学生的全面发展。为此，政府制定了一系列教育改革政策，明确提出教师应具备的教育观念和教学行为要求。

同时，政府通过实施新课程改革、推广素质教育等措施，进一步引导教师转变教育观念。新课程改革强调课程的综合性和实践性，要求教师关注学生的生活经验和社会实践，将课程内容与学生的实际生活紧密结合。素质教育则强调学生的全面发展和个性发展，要求教师注重培养学生的创新精神和实践能力。这些改革措施的实施，为教师更新教育观念提供了有力的政策支持和实践平台。

2. 教师培训政策提升教师专业素养

为提升中小学教师的专业素养和教育教学能力，政府制定了一系列教师培训政策。这些政策旨在通过提供系统的培训资源和机会，帮助教师不断更新知识结构、掌握先进的教学方法和手段、提高教育教学水平。此外，还实施了一系列针对特定教师群体的培训项目，如骨干教师培训、新教师培训、农村教师培训等。这些培训项目旨在满足不同教师群体的专业发展需求，提高教师队伍的整体素质。通过参加这些培训项目，教师可以学习新的教育理念、教学方法和技术手段，提高自己的专业素养和教育教学能力。

3. 教师评价政策激励教师转型发展

为激励中小学教师积极参与转型发展，政府制定了一系列教师评价政策。这些政策旨在通过建立科学合理的评价体系和标准，对教师的教育教学工作进行全面、客观、公正的评价，并将评价结果与教师的职称晋升、薪酬待遇等挂钩。同时，政府还注重发挥评价的导向作用，通过评价结果反馈和指导，帮助教师发现自己的不足和问题，明确改进的方向和目标。这种以评促改、以评促建的评价机制，为教师的转型发展提供了有力的动力和支持。

（二）内在需求

1. 职业发展需求推动教师转型

在现代教育体系中，教师的角色已不再局限于传统的知识传授者，而是转变为学生学习和发展的引导者、支持者和合作者。这种角色的转变对教师提出了更高的专业化要求。为了胜任这一新角色，教师必须有意识地提升自己的专业素养，包括教育学、心理学、学科教学等方面的知识与技能。同时，他们还需要掌握现代教育技术，如多媒体教学、网络教学等，以适应信息化时代的教育需求。教师的职业发展需求不仅源于对个人专业能力的提升，还包括对教育教学理论的深入研究和实践。通过参与课题研究、撰写教育论文、参加学术交流等方式，教师可以不断拓宽自己的教育视野，进而提升教育教学水平。正是这种对专业发展的追求，促使教师不断寻求转型与发展的机会和平台，以实现自己的职业目标。

2. 自我实现需求激发教师转型热情

教育工作不仅是一份职业，更是一份使命。对许多教师而言，他们的教育理念和价值观构成了支撑其教育事业的核心。然而，随着教育改革的深入推进和学生需求的变化，传统的教育理念和方法可能已无法满足当前教育的需求。为了更好地实现个人的教育理想，教师必须积极探索新的教育理念与教学方法。通过转型发展，教师能够更加关注学生的个体差异和多样化需求，采用更为灵活多样的教学方式和手段。他们可以尝试将课堂教学与实践活动相结合，培养学生的创新精神和实践能力；同时关注学生的心理健康和人际交往能力，为他们提供全面的教育支持。这种对教育理念和方法的不断探索与创新，不仅能够提升教师的专业能力，更能使他们在教育工作中获得成就感与满足感。

3. 提升社会地位和认可度促使教师转型

教师的社会地位和认可度是影响其职业幸福感和满足感的重要因素。随着社会的快速发展和教育改革的不断深入，社会对教师的期待和要求也在不断提高。为了适应这些变化并提升自己的社会地位和认可度,教师需投身转型与发展之中。通过这一过程,教师可以更有效地满足学生及家长的需求和期望,从而提升自己在他们心目中的形象和地位。此外,教师还可以通过参与社会公益活动、提供教育咨询等方式,增强自己的社会影响力。这种社会地位和认可度的提升不仅有助于增强教师的职业自豪感和归属感,更能激发他们的工作热情与创造力。

(三)外部支持

1. 学校是转型发展的主阵地

学校不仅是中小学教师职业生活的主要场所,也是他们实现转型发展的前沿阵地。首先,学校应向教师提供充足的培训资源和机会,涵盖最新的教育理念、教学方法和技术应用,以帮助教师更新教育观念、完善知识结构。通过定期的培训使教师能够接触到新的教学理论,了解教育的最新改革动态,进而持续提升教学能力。其次,学校应建立完善的教师评价体系,不仅关注教学成果,更应重视教学过程、教学方法及其对学生发展的影响。公正与客观的评价能激励教师积极参与转型发展,从而不断提高教育教学水平。此外,通过组织教研活动和教学竞赛等,为教师提供展示才华的平台,激发他们的教学热情,促进教师间的交流与合作,共同营造一个积极向上的团队学习氛围。

2. 家庭是转型发展的重要支持

家庭是学生成长的摇篮,同时也是教师教育教学工作的重要合作伙伴。中小学教师需要与家长保持密切联系和沟通。通过家长会、家访等方式,教师可以及时了解学生在家庭环境中的表现和需求,据此调整教学策略和方法。家长的信任与支持也是推动教师转型发展的重要力量。家长应理解并尊重教师的教育理念和工作方式,积极配合,共同为学生的全面发展创造良好条件。家庭与学校之间良好的合作关系有助于提升学生的学习效果,增强教师的职业认同感和满足感,激发转型发展动力。

3. 社会是转型发展的广阔舞台

社会作为教育的宏观环境，为中小学教师的转型发展提供了广阔的舞台。社会各界对教育的关注和支持直接影响教师的职业发展机会和平台。政府、企业、社区等应携手共建尊师重教的社会氛围，为教师提供更多的职业发展机会和资源。媒体在推动教师转型发展的过程中也扮演着重要的角色。媒体应加强对教师转型发展的宣传和报道，使公众更加了解教师的辛勤付出和职业发展成果。正面的舆论环境有助于提高教师的社会地位和影响力，吸引更多优秀人才投身教育事业，为教师的转型发展注入新的活力。

三、转型发展的路径与策略

（一）审视自身，发现问题

自我反思是教师转型发展的基石，它要求教师对自己的教学实践和行为进行深入的审视与思考，以便发现问题并寻求改进之道。通过自我反思，教师能更清晰地认识到自身教学风格及存在的问题，从而为后续的改进提供明确的方向。在这一过程中，教师可以通过撰写教学日志、观看教学录像等方式，回顾教学过程和学生的反应，分析教学效果及问题所在。同时，教师需要对自己的教学观念、方法和策略进行深入剖析，以发现不足和缺陷。自我反思使教师能客观评价自己的教学实践，明确优点与不足，还能形成全面、客观的教学自我评价，为教学改进提供有力的支持。

（二）携手共进，共同提高

同伴互助是教师转型发展的又一重要路径，它强调教师间的合作与交流。通过经验分享和互相学习共同提升教师们的教育教学水平。在同伴互助中，教师可以参加教研组活动、观摩同伴的课程并进行评课，分享自己的教学实践和经验。同时，教师也可以向同伴咨询教学中遇到的问题和困惑，寻求建议与帮助。同伴互助不仅有助于解决教学中的实际问题，也能促进教师间的情感交流和合作。通过这种方式，教师可以深入了解同伴的教学风格，互补所长，共同进步。这种合作与交流的氛围有利于营造一种积极向上的学习氛围，推动教师队伍整体素质的提升。

（三）借力专家指导，探索教学新路

专业引领和实践创新是教师转型发展的另一重要路径，它强调通过专家的指导和引领，提升教师的专业素养和教学能力。同时，鼓励教师在教学实践中大胆尝试新方法、新思路，以不断创新教学模式和方法。在专业引领方面，教师可以通过参加学术研讨会、听取专家讲座等方式，获取最新的教育理念和教学动态。通过与专家的交流互动，教师能获得专业的指导和帮助，从而提升自己的专业水准和教学能力。学校也可以邀请专家来校指导教学实践和研究工作，提供个性化的指导和帮助。

在实践创新方面，教师应勇于尝试新的教学方法和思路。通过创新教学方式、开发校本课程和教学资源，教师不断地探索适合学生发展的教学模式和方法。这种实践创新不仅能激发学生的学习兴趣和创造力，也能帮助教师形成独特的教学风格和特色。同时，学校也应为教师提供必要的支持和保障，鼓励他们大胆尝试，勇于创新。

第三章 我国中小学教师转型发展的现状与困境

第一节 我国中小学教师转型发展概况

一、转型发展的背景与需求

（一）教育改革与课程标准的更新

1.教育理念的转变与课程目标的重塑

随着教育改革的深入推进，传统教育理念逐步被颠覆，以学生为中心的教育理念逐渐深入人心。新课程标准强调，教育应致力于学生的全面发展，注重培养学生的创新精神和实践能力。这一转变要求教师不再只是知识的传授者，而应成为学生学习和发展的引导者、支持者和合作者。课程目标的重塑对教师提出了新的要求。新课程标准更加注重学生的能力培养和素质提升，强调知识与技能、过程与方法、情感态度与价值观三维目标的有机统一。因此，教师在教学过程中不仅要关注学生的知识掌握情况，更要关注学生的思维发展、情感态度和价值观的形成。为了实现这些目标，教师需要不断更新教育观念，从传统的以知识传授为中心的教学模式中解放出来，积极探索和实践以学生为中心的教学模式。同时，教师还需加强对学生的了解和研究，关注学生的个性差异和多样化需求，为每个学生提供适合的教育。

2. 课程内容的更新与教学方法的创新

随着科技的发展和社会的进步，新知识、新技术不断涌现，课程内容也需要不断更新。新课程标准在保留传统学科知识的基础上，增加了许多反映现代科技和社会发展成果的新内容，如信息技术、环保教育、心理健康教育等。这些新内容的加入不仅丰富了课程体系，也为教师提供了更广阔的教学空间。同时，新课程标准倡导教学方法的创新。传统的讲授式教学已经难以满足学生的多样化需求，新课程标准鼓励教师采用探究式教学、合作式教学、项目式教学等新型教学方法，以激发学生的学习兴趣和积极性。这些新型教学方法不仅可以提高学生的参与度和学习效果，还能培养学生的自主学习能力和创新精神。

3. 评价方式的改革与教师专业素养的提升

评价是教育的重要组成部分，它直接影响着教师的教学行为和学生的学习动力。新课程标准强调评价方式的多样性和过程性，注重学生的自我评价和同伴互评，倡导以评价促进学生的发展。这一改革要求教师转变传统的以考试成绩为唯一标准的评价方式，积极探索和实践多元化、过程性的评价方式。新课程标准对教师的专业素养提出了更高的要求。新课程标准下的教学不仅要求教师具备扎实的学科知识，还要求教师具备良好的教育教学能力、创新能力和研究能力。这些能力的提升需要教师不断加强自我学习与自我反思，积极参与教育研究和学术交流活动，不断提高自己的专业素养和教学水平。

（二）学生需求与教育技术的发展

1. 学生学习方式的变革与教育技术的适应

在信息化、网络化的当代社会，学生的学习方式经历了显著的变革。传统的被动接受式学习已不再适应当代学生的需求，他们更倾向于主动探索、合作学习及基于项目的学习等多种学习方式。因此，教师需灵活运用教育技术，创造有利于学生自主学习的环境，提供丰富的学习资源和互动平台，以支持学生的个性化学习。例如，利用多媒体技术，教师可以制作生动有趣的课件，激发学生的学习兴趣；通过网络平台，教师可以组织学生进行在线讨论和协作学习，培养学生的团队合作能力和问题解决能力；借助虚拟现实技术，教师可以为学生创设身临其境的学习情境，增强学生的学习体验。因此，教师需不断学习和掌握新的教育技术，以适应学生学习方式的变化。

2.学生个性化需求与教育技术的满足

每位学生都是独特的个体，拥有不同的学习风格、兴趣爱好和发展潜力。传统的"一刀切"的教育模式已无法满足学生的个性化需求。教育技术的发展为教师提供了更多关注学生个体差异、满足其个性化需求的手段。通过大数据分析技术，教师可以对学生的学习情况进行跟踪和评估，了解他们的学习特点和问题所在，从而提供更有针对性的指导和帮助。智能推荐系统可以根据学生的兴趣爱好和学习进度推荐合适的学习资源和课程，实现个性化学习路径的定制。这些技术的应用不仅能提高学生的学习效率，还能促进他们的全面发展和个性化成长。

3.学生创新能力培养与教育技术的支持

创新是时代发展的动力源泉，培养学生的创新能力是教育的重要使命之一。然而，传统的教育模式和手段往往限制了学生的思维发展和创新能力的培养。教育技术的发展为教师提供了更多的工具和平台来支持学生的创新学习。例如，开源硬件和软件平台可以为学生提供广阔的创新实践空间，让他们在实践中探索未知、发现问题并寻求解决方案；在线协作工具可以支持学生进行跨地域、跨学科的合作与交流，激发他们的创新思维和想象力；虚拟现实和增强现实技术可以为学生创设逼真的创新场景和实验环境，让他们的创新想法得以快速验证和实现。这些技术的应用不仅能培养学生的创新意识和实践能力，还能为他们的未来发展奠定坚实的基础。

（三）教师职业发展与自我提升的需求

1.专业素养的提升与知识结构的更新

随着教育改革的不断深化和课程标准的持续更新，教师必须不断提升自身的专业素养并更新知识结构。这要求教师掌握新的教育理念、教学方法和评价手段，了解学科前沿动态和最新研究成果，并具备跨学科知识整合的能力[①]。唯有如此，教师才能紧跟时代步伐，为学生提供高质量的教育服务。为此，教师应积极参加各类培训和学习活动，如学术研讨会、观摩优秀教师的教学示范课、阅读专业书籍和期刊等。同时，教师应培养终身学习的习惯，不断进行自我反思和总结教学经验，以提升专业素养和教学水平。

2. 教育教学能力的提升与实践智慧的积累

教育教学能力是教师职业发展的核心。优秀教师不仅需具备扎实的学科知识，还需拥有良好的教学设计、组织实施和评价能力。这些能力的提升依赖于教师在实践中的不断摸索和积累。教师可以通过参加教学比赛、承担公开课或研究课等任务来锻炼教学能力。同时，教师还应关注学生的实际需求和学习效果，灵活调整教学策略和方法，以增强教学效果。在实践中，教师需持续反思和总结教学经验，积累实践智慧，为未来的教学提供借鉴和指导。

3. 个人发展规划的制定与职业目标的追求

教师的职业发展是一个长期过程，需要有明确的个人发展规划和职业目标作为指引。制定个人发展规划有助于教师认清自身优势和不足，明确职业发展方向和目标，并制订切实可行的实施计划。职业目标的追求亦是激发教师内在动力和提升自我价值感的重要途径。为实现个人发展规划和职业目标，教师需不断进行自我认知和职业规划的学习与培训。这有助于教师了解自身的职业兴趣、价值观和发展潜力，从而制定符合实际的职业发展目标。同时，教师还应保持积极向上的心态和勇于挑战的精神，不断追求自我突破和超越。

---

① 夏胜先，张先义. 新时代基层教研转型的起点与重点［J］. 中小学管理，2021（11）：34-36.

二、转型发展的主要内容与方向

（一）从知识传授者向学生学习引导者的转变

传统的教师角色往往侧重于知识的传授，但随着教育理念的更新，教师的角色正经历着深刻的变化。现代教师不仅是知识的传递者，更应成为学生学习道路上的引导者、支持者和合作者。为此，教师需从以下几个方面努力：首先，教师应关注学生的主体地位，尊重学生的个性差异和多样化需求。在教学过程中，教师应以学生的兴趣、经验和需求为出发点，设计符合学生实际的教学活动与任务。同时，教师应鼓励学生积极参与课堂讨论和小组合作，培养学生的自主学习能力和创新精神。其次，教师需掌握有效的教学方法和策略，激发学生的学习兴趣和积极性。传统的讲授式教学已难以满足学生的多样化需求，现代教师需探索和实践更多教学方法，如探究式教学、情境式教学、项目式教学等。这些方法不仅能提高学生的学习效果，还能培养学生的问题解决能力和批判性思维。

（二）从单一学科教学向跨学科整合教学的转变

随着科技的快速发展和社会的不断进步，各学科间的联系日益紧密，跨学科整合教学已成为教育改革的重要趋势。这要求教师具备跨学科的知识整合能力和教学方法。教师需打破学科壁垒，积极学习其他相关学科的知识和技能。通过参加跨学科培训、阅读相关书籍和期刊、与其他学科教师交流等方式，教师可以不断拓宽知识视野，为跨学科整合教学提供有力支撑。此外，教师需掌握跨学科整合教学的方法和策略，包括如何设计跨学科的教学活动、如何整合不同学科的知识点和技能点、如何评价学生的跨学科学习效果等。通过实践探索和经验总结，教师可以逐渐形成自己的跨学科整合教学模式和风格。

（三）从传统教学评价向多元化、过程性评价的转变

评价是教学的重要组成部分，对教师的教学和学生的学习具有重要的

导向作用。随着教育理念的更新和评价技术的发展,教师需从传统的以考试成绩为唯一标准的评价方式中解放出来,积极探索和实践多元化、过程性的评价方式。

教师应关注学生的个体差异和多样化需求,采用多种评价方式对学生的学习成果进行全面、客观的评价,包括课堂表现、作业完成情况、小组合作情况、项目完成情况等多个方面。通过多样化的评价方式,教师能更全面地了解学生的学习状况和发展需求,为学生提供更加个性化的指导和帮助。同时,教师应关注学生的学习过程和方法,采用过程性评价方式对学生的学习过程进行实时跟踪和反馈,帮助学生及时发现问题和不足,调整学习策略和方法,提高学习效果。过程性评价也为教师的教学反思和教学调整提供了有力依据。

三、转型发展的实施策略与保障措施

(一)实施策略

1. 加强顶层设计与系统规划

教师转型发展涉及教育理念、教学方法、评价体系等多个方面的变革,需要教育主管部门和学校领导层进行顶层设计和系统规划。这包括明确转型发展的目标、任务、时间表和路线图,以及制定相应的政策、制度和规范。通过顶层设计和系统规划,可以确保教师转型发展的方向正确、步骤清晰、措施有力。在实施过程中,应注重与教师的沟通交流,充分听取他们的意见和建议,增强他们的参与感和归属感。同时,还应根据实际情况及时调整和完善规划,确保转型发展顺利进行。

2. 强化教师培训与专业发展

教师培训是教师转型发展的重要途径。针对教师在转型发展过程中面临的知识结构更新、教学方法改进、评价能力提升等需求,应开展有针对性的培训活动。这些培训活动可以包括专题讲座、研讨交流、实践操作等多种形式,旨在帮助教师掌握新的教育理念、教学方法和评价技术。此外,

还应鼓励教师积极参与专业发展活动，如参加学术研讨会、观摩优秀教师的教学示范课、参与课题研究等。通过这些活动，教师可以不断拓宽自己的知识视野，提升自己的专业素养和教育教学能力。

3.创新教学模式与评价体系

教学模式和评价体系的创新是教师转型发展的重要内容。在教学过程中，教师应积极探索和实践新的教学模式，如翻转课堂、混合式教学、项目式学习等，以激发学生的学习兴趣和积极性，提高教学效果。同时，还应关注学生的个体差异和多样化需求，采用分层教学、个性化指导等方式，满足不同学生的学习需求。在评价体系方面，应打破传统的以考试成绩为唯一标准的评价方式，引入多元化、过程性的评价理念和方法。这包括关注学生的课堂表现、作业完成情况、小组合作情况等多个方面，以及采用学生自评、互评、教师评价等多种评价方式。通过多元化、过程性的评价，可以更加全面、客观地反映学生的学习状况和发展需求，为教师的教学反思和教学调整提供有力的依据。

（二）保障措施

1.加大政策扶持与经费投入

在教师转型发展过程中，政府和教育主管部门发挥着举足轻重的作用。他们既是引导者，也是强有力的支持者。为了推动教师顺利实现转型发展，政府和教育主管部门应进一步加大对相关工作的政策扶持和经费投入。具体而言，这需要从制定详细且切实可行的政策和制度着手，确保教师在转型期间的各项权益得到充分保障，如职业发展机会、培训资源获取、教学评价公正等。同时，为了保证这些政策和制度的有效实施，还应设立专门的资金账户，实行专款专用，以支持教师在培训、教学研究和实践创新等方面的需求。通过这些措施，政府和教育主管部门能为教师的转型发展提供坚实的物质基础和制度支撑，促进教育质量整体提升。

2.建立激励机制与考核体系

为激发教师转型发展的积极性和主动性，建立相应的激励机制和考核体系显得尤为重要。该体系的建立旨在通过一系列具体而有力的措施,如设立专门的奖励基金、定期评选并表彰优秀教师,以及为成绩显著的教师提供晋升职称的机会等,对在转型发展过程中勇于探索、取得突出成绩的教师给予充分的肯定和实质性奖励。同时,为确保评价的公正性和客观性,还需制定一套科学合理的考核标准和方法,全方位、多角度地评估教师的转型发展成果。这样的激励机制和考核体系不仅有助于提升教师的工作热情和职业荣誉感,还能在教师群体中形成一种你追我赶、积极向上的转型发展氛围和文化,从而推动整个教师队伍的素质提升和教育质量的持续提高。

3.加强组织领导与协同合作

教师转型发展不仅关乎教师个人的成长,更与整个教育系统的质量和未来发展紧密相连。这是一项涉及多个层面、多个主体的复杂系统工程,需要教育主管部门、学校领导、教师自身以及社会各界人士的共同努力和协同合作。为了确保这一工程的顺利进行,必须加强组织领导工作,从顶层设计上明确各方的职责、任务分工和工作重点,形成强大的工作合力。同时,建立有效的沟通协作机制也至关重要,包括定期召开协调会议、搭建信息共享平台、促进资源整合与共享等举措,以打破各方之间的信息壁垒,实现资源的最大化利用。通过这样的协同努力,我们可以确保教师转型发展的每一步都稳健而有力,最终取得预期成果,为教育事业的持续繁荣和发展奠定坚实的基础。

第二节 转型发展中的主要问题与困境

一、传统教育观念的束缚

(一)知识传授为中心的教学模式

1.忽视学生的主体地位

以知识传授为中心的教学模式将教师视为知识的权威和传递者,而学生则被视为被动接受知识的容器。在这种模式下，学生的主体地位被忽视，他们的主观能动性和创造性无法得到充分发挥。教师往往按照既定的教学计划和教材内容进行教学，不顾及学生的兴趣、需求和能力差异。这种教学方式不仅剥夺了学生参与课堂互动的机会，也限制了他们思维的发展和个性的展现。

2. 缺乏实践性和创新性

以知识传授为中心的教学模式注重理论知识的灌输，而忽视了知识的实践应用和创新性培养。学生在这种模式下往往只能通过死记硬背来应对考试，而无法将所学知识应用于实际生活中。这种教学方式不仅限制了学生的实践能力和创新精神的培养，也使他们失去了对学习的兴趣和动力。同时，这种教学模式也与社会对人才的需求相脱节，导致培养出的学生难以适应社会的发展和变化。

3. 教学方法单一，缺乏灵活性

以知识传授为中心的教学模式往往采用单一的教学方法，如讲授法、问答法等，缺乏灵活性和多样性。这种教学方式不仅无法激发学生的学习兴趣和积极性，也限制了他们的思维方式和认知结构的发展。同时，这种教学模式也无法满足不同学生的个性化需求，导致教学效果不佳。针对以知识传授为中心的教学模式的局限性和问题，我们需要采取切实有效的措施进行改进。首先，应确立学生的主体地位，尊重他们的个性和需求，为他们提供参与课堂互动的机会和平台。其次，应注重知识的实践应用和创新性培养，将理论知识与实际生活相结合，激发学生的实践能力和创新精神。最后，应采用多样化的教学方法和手段，灵活应对不同的教学场景和学生需求，提高教学效果和质量。

（二）以考试成绩为唯一标准的评价方式

1. 忽视学生的全面发展

以考试成绩为唯一标准的评价方式通常只关注学生的知识掌握情况，而忽视了他们在情感态度、价值观念、实践能力等多个方面的发展。这种评价方式往往导致学校和教师过度重视考试成绩,从而忽略了培养学生全面发展的必要性。在这种教育环境下,学生可能只会机械地应对考试,而丧失了对学习的真正兴趣和热情。同时,他们的创新精神、批判性思维以及团队协作能力等也可能因为得不到足够的关注和支持而受到限制。

2. 导致应试教育倾向

以考试成绩为唯一标准的评价方式极易使教育陷入应试教育的泥潭。在这种教育模式下,学校和教师为了提高学生的考试成绩,可能会采取各种应试技巧和手段,如题海战术、死记硬背等。这些做法不仅违背了教育的本质和目的,也损害了学生的身心健康和个性发展。此外,应试教育还可能引发教育不公问题,如学校之间的恶性竞争、教育资源的不均衡分配等。

3. 评价标准单一,缺乏科学性

以考试成绩为唯一标准的评价方式存在评价标准单一、缺乏科学性的问题。考试成绩只能反映学生知识掌握情况的一个方面,而不能全面反映他们的能力、素质和潜力。另外,考试成绩还受诸多因素的影响,如试题的难易程度、学生的心理状态等。因此,仅凭考试成绩评价学生的优劣是片面且不科学的。这种评价方式不仅无法准确反映学生的真实水平,还可能导致某些有潜力的学生因考试成绩不佳而被忽视或埋没。同时,我们也必须认识到评价方式的改革是一个长期而复杂的过程,它需要政府、学校、教师、家长以及社会各界的共同努力和支持。只有建立了科学、合理、全面的评价体系,我们才能真正实现教育的公平和公正,为学生的全面发展提供更有力的支持和保障。

(三)忽视学生的主体地位和个性化需求

1. 学生主体地位的忽视

在传统教育理念中,学生常常被视为被动的知识接受者,其主体地位遭到严重忽视。教师在课堂教学中拥有绝对的主导权,而学生则处于从属地位,这导致他们的主观能动性和创造性难以得到充分发挥。这种观念背离了教育的根本目的和规律。教育的真正意义在于培养学生的独立思考能力、创新精神和实践能力,而并不仅仅是知识的传递。忽视学生的主体地位不仅会削弱学生的学习积极性,还可能引发他们对学习的厌倦。若学生在课堂上感受不到参与感和价值感,他们可能会逐渐失去对学习的兴趣,甚至产生抵触情绪,这对学生的长远发展极为不利,适应未来社会对多样化人才的需求将成为一大难题。

2. 个性化需求的忽视

每个学生都是具有独特性的个体,他们拥有各自的兴趣、才能和学习风格。然而,在传统教育观念的指导下,教师往往采用统一的教学方法,忽视了学生的个性化需求。这种做法既不能满足学生的多样化学习需求,也可能妨碍他们的个性发展。当学生的个性化需求得不到满足时,他们的创造力和想象力将受到限制,无法充分挖掘自身潜能。这种教育方式不利于培养学生的创新精神和实践能力,因为创新精神和实践能力正是建立在个性和创造力之上的。

3. 教师转型发展的制约

在新时代的教育背景下,学生的个性化需求和主体地位越来越受到重视。这要求教师具备更强烈的创新意识和适应能力。然而,由于受到传统教育观念的束缚,许多教师依然坚持以教师为中心、以教材为核心的教学模式,难以适应新时代的教育需求。这种观念不仅限制了教师的转型发展,也可能阻碍整个教育系统的进步。当教师无法满足新时代的教育要求时,他们便无法为学生提供高质量的教育服务,进而影响整个社会的人才培养质量[①]。因此,转变传统教育观念,尊重学生的主体地位和个性化需求,已经成为当下教育改革的一项重要任务。

---

① 黄军,周灯学,熊文君,等. 试论教育数字化转型过程中的农村教师角色定位[J]. 科教文汇,2024(2):16-19.

二、教师知识结构和能力水平的局限

（一）学科知识的单一性

1. 跨学科整合教学的挑战

传统教育模式下，教师往往仅专注于自身所教授的学科领域，对其他相关学科的知识和技能了解不足。这种现象使得教师在面对跨学科整合教学时往往感到力不从心。跨学科整合教学要求教师能够有效整合不同学科的知识点和技能点，形成一种综合性的教学内容和方法。然而，由于许多教师缺乏相关学科的知识和技能，他们难以胜任此任务，也无法为学生提供高质量的跨学科学习体验。

2. 科技快速发展与知识更新的压力

科技的迅速发展和知识的不断更新也会给教师带来压力，有些教师可能对自己所教授的学科领域缺乏最新的认识和了解。他们的学科知识可能停滞在过去的水准，无法跟上时代的步伐。这导致教师在教学过程中无法及时引入最新的研究成果和理念，使得教学内容显得陈旧且缺乏创新性。在这种情况下，学生可能无法接触到最新的学科知识和技术，从而影响他们的学习效果和未来的竞争力。

3. 影响教学质量与学生发展

教师学科知识结构的单一性和陈旧性不只限制了教师自身的教学能力发展，同时也对教学质量和学生发展产生了负面影响[1]。首先，教学内容可能过于单一且乏味，无法激发学生的学习兴趣和积极性。其次，由于缺乏跨学科整合的教学能力，教师无法为学生提供一种综合性的学习体验，这可能会限制学生的知识结构和技能的发展。最后，教师无法及时将最新研究成果和理念引入教学，使得教学与现实需求脱节，削弱了教育的实用性和针对性。为解决这些问题，教师需不断更新自身学科知识和技能，积极学习

---

[1] 朱龙，张洁，吴欣熙，等. 数字转型视野下教师数字素养测评：发展动向、场景建构与实践建议[J]. 电化教育研究，2024，45（2）：113-120.

其他相关学科知识，提高跨学科整合教学的能力。同时，学校和教育机构也应加大对教师培训的力度，为他们提供跨学科学习和交流的机会，以促进教师知识结构的多样化和更新。此外，鼓励教师积极参与科研活动和实践项目，了解最新研究成果和技术动态，以便将最新知识和理念引入教学中。

（二）教学方法和技能的滞后

1. 新型教学方法和技能的缺失

随着教育环境的日新月异，新型教学方法和技能层出不穷，包括现代教育技术、探究式学习、项目式学习等。这些方法和技能旨在激发学生的学习热情，提高他们的学习积极性和创新能力。然而，部分教师因种种原因未能及时掌握并运用这些新型教学方法和技能。他们依然坚持以讲授为主的传统的教学模式，缺乏与学生互动以及引导学生主动探究的意识。这种单一的教学模式不仅难以激发学生的学习兴趣，还可能会阻碍他们的思维发展和创新能力。

2. 学生学习效果和创新能力受限

教师教学方法和技能的滞后直接影响学生的学习效果和创新能力的培养。在传统的讲授式教学中，学生常处于被动接受的状态，他们的主体性和创造性难以得到充分发挥。而现代教育技术、探究式学习、项目式学习等新型教学方式则鼓励学生主动参与、合作探究，有助于培养他们的创新思维和实践能力。因此，教师若未能掌握并运用这些新型教学方法和技能，将限制学生的学习效果和创新能力。

3. 教师适应新时代教育需求的挑战

面对新时代的教育需求，教师需不断更新教育观念，提升教学技能，以适应新的教学模式和评价体系。然而，由于部分教师对新型教学方法和技能掌握不足，所以在面对新的教育环境时可能会感到力不从心。这不仅影响他们的教学质量和职业发展，也可能让他们在教育改革的进程中逐渐边缘化。为改变这一现状，教师需加强自我学习，掌握新型教学方法和技能；同时，学校和教育机构也应提供必要的培训和支持，以助力教师提高专业素养和适应能力。

（三）实践经验和创新能力的匮乏

1. 实践经验的重要性及其局限性

实践经验是教师将理论知识转化为实际教学能力的重要桥梁。通过实践，教师能够更深刻地理解教学内容，更精准地把握学生需求，更有效地运用教学方法。然而，部分教师可能由于长期缺乏实践机会，在面对实际教学问题时显得无措，难以将理论知识灵活应用于教学实践中。这种实践经验的缺失不仅影响教师的教学质量，也制约了他们的教学创新能力的发展。

2. 创新能力的价值及其挑战

创新能力是教师适应教育改革、推进教育进步的重要驱动力。具备创新意识的教师能够持续探索新的教学方法和手段，勇于尝试新的教育模式，为教育事业注入新活力。然而，部分教师可能因缺乏创新意识或畏惧失败等原因，不愿尝试新的教学方法和手段。他们可能固守传统教学模式，缺乏探索精神和创新意识，这种保守的态度不仅限制了他们的个人成长和职业发展，也阻碍了整个教育系统的创新氛围与发展动力。

3. 保守心态的制约及其突破

保守心态是教师转型发展中的一大障碍。部分教师可能因害怕失败或担心受到批评而不敢尝试新的教学方法和手段，这种心态不仅制约了创新能力的发展，也影响了教学效果和职业发展。为突破这一障碍，教师需培养自信心和勇气，敢于面对挑战和失败。同时，学校和教育机构也应营造一个宽松、包容的创新环境，鼓励教师大胆尝试、勇于创新。

三、转型发展的支持与保障不足

（一）经费和资源投入不足

教师转型发展是一项系统工程，亟须充足的经费和资源支持。这些支持包括但不限于培训费用、研究经费、教学设备更新及教材开发等。然而，在实际操作中，部分地区和学校可能由于经济条件限制或重视程度不足，致使对教师转型发展的经费和资源投入不足。这种投入的不足直接影响了教师的转型发展进程。由于缺乏必要的经费和资源，教师可能难以参与高质量的培训和学习活动，无法及时获取最新的教育理念和教学方法[1]。同时，教学设备的陈旧和教材的落后亦可能限制教师的教学创新和实践能力。这种投入不足不仅制约了教师的个人成长，也影响了整个教育系统的质量和效率。

（二）激励机制和考核体系不完善

激励机制和考核体系是教师转型发展的关键驱动力。然而，现实中，这些机制往往存在不完善之处。部分学校可能缺乏科学合理的激励机制，导致教师在转型发展过程中缺乏动力和目标导向。同时，考核体系的不明确或不公正也可能引发教师间的不公平感和挫败感。这种不完善直接影响了教师的工作积极性和职业发展信心。由于缺乏有效的激励和明确的考核标准，教师可能对自己的转型发展缺乏清晰的认识和目标，导致他们在面对困难和挑战时缺乏勇气和决心。同时，不公正的考核也可能让教师感到自己的努力未得到应有的认可，从而产生消极情绪和职业倦怠。

（三）社会环境和文化氛围的制约

教师转型发展不仅受到学校内部环境的影响，还受到社会环境和文化氛围的制约。在某些地区和社会群体中，可能存在对教师职业发展的误解和偏见，认为教师仅需掌握基本的教学知识，无须进行过多的学习和发展。这种观念导致社会对教师转型发展的重视与支持不足。同时，部分学校可能存在保守的文化氛围，对新的教育理念和教学方法持谨慎或排斥态度。这种氛围可能限制教师的创新精神和探索意识，使他们在面对新的教育挑战时感到束缚和压抑。这种社会环境和文化氛围的制约不仅影响了教师的

---

[1] 闫寒冰，余淑珍. 教师数字素养提升：以研训专业化为底色的数字化实践路径[J]. 电化教育研究，2023，44（8）：115–121.

个人成长，也阻碍了整个教育系统的进步[①]。

第三节 影响转型发展的因素分析

一、教师个人因素

（一）教师的教育观念

1. 知识观与教育内容选择

教师的知识观对其如何看待知识、选择教育内容及传授方式具有深远影响，这直接关系到学生的学习体验和成长发展。传统的知识观往往将知识视为静态、绝对的，仿佛是不变的真理，等待学生接受和记忆。在此观念下，教师可能倾向于照本宣科，缺乏对教育内容的更新和创新，从而使课堂变得沉闷，难以满足现代学生的多元化需求。然而，随着社会的快速发展和科技的日新月异，现代教育观念逐渐兴起，为教师的知识观提出了新的挑战和要求。现代教育观念强调知识的动态性、建构性和情境性，认为知识在不断地发展变化中，是在特定情境下通过个体建构获得的。这种观念鼓励教师从多元化视角审视和选择教育内容，关注学科知识的内在联系，以及知识与实际生活的关联，以及知识在学生个性化发展中的作用。

2. 学生观与教学方法运用

学生观是教师对学生本质属性和发展规律的看法。传统的学生观可能将学生视为被动接受知识的容器，忽视学生的主体性和差异性。而现代学生观强调学生的主动性、差异性和创造性，要求教师根据学生的特点和需求采用灵活多样的教学方法。在转型发展过程中，持有现代学生观的教师更可能摒弃"填鸭式"教学，转而采用探究式教学、合作学习等能够激发

---

① 袁静. 教育数字化转型背景下高职教师专业发展的核心内涵与实践进路［J］. 广东轻工职业技术学院学报，2023，22（3）：24-28.

学生主体性和创造性的教学方法，培养具有创新精神和实践能力的学生。

3. 教育目的观与教育评价改革

教育目的观是教师对教育目标和价值的看法。传统的教育目的观可能过分强调知识的灌输和应试技能的训练，导致教育评价呈现单一化、功利化的倾向。而现代教育目的观则更注重学生的全面发展、终身学习和幸福感的提升，要求教育评价多元化、过程化和人性化。在转型发展过程中，持有现代教育目的观的教师更可能推进教育评价体系的改革，关注学生的个体差异和进步，采用多元评价方式来全面、真实地反映学生的发展状况，为每个学生的成长提供有针对性的指导和支持[①]。

（二）教师的自我发展意识

1. 持续学习的意愿与行动

具有强烈自我发展意识的教师，通常会展现出自愿并持续进行学习的姿态。他们深知教育是一个不断进步与变革的领域，新的教育理念、教学方法和技术层出不穷。为了维持自身的先进性和适应性，这些教师积极寻求各种学习机会，如参与专业培训、阅读教育文献、参加学术研讨等，以此不断更新自己的知识体系和教学观念。这种持续的学习行为不仅帮助教师满足教育改革的要求，也为他们的转型发展奠定了坚实的知识和技能基础。

2. 反思与实践相结合的能力

自我发展意识促使教师具备了将反思与实践相结合的能力。反思是对自身教育教学行为的审视和思考，它是教师专业成长的关键路径。具备自我发展意识的教师在教育教学实践中会不断地对自己的教学行为、教学策略，以及学生的学习效果进行反思，以期从经验中吸取教训，识别存在的问题和不足。同时，他们会将反思的成果应用于实际教学，通过改进教学方法、优化课程设计等措施，提升教育教学的质量。这种反思与实践的相

---

① 张翔. 教育数字化转型背景下教师数字素养提升发展策略探究[J]. 柳州职业技术学院学报, 2023, 23（3）: 22-27.

互作用，促进了教师的持续进步和转型发展。

3. 职业规划与自主发展的目标设定

自我发展意识在教师的职业规划和自主发展目标设定上也有所体现。那些有着清晰职业规划和自主发展目标的教师，能够对自己的职业道路进行周密的计划和安排。他们会根据自己的兴趣、专长和职业发展需求，设立短期和长期的奋斗目标，并规划相应的实现路径。这些目标不仅为教师的转型发展指明了方向，也赋予了他们持续进步的动力和激励。在实现这些目标的过程中，教师需要不断挑战自我、突破个人极限，以实现自我价值的提升和职业生涯的升华。

（三）教师的专业能力

1. 教育教学设计与实施能力

教师的教育教学设计与实施能力是其专业水平的重要衡量标准。优秀的教师能够根据课程标准和学生需求，设计出既具创意又符合教学规律的教学方案，并通过生动有趣的教学方式，有效地传授知识给学生。在教学实施过程中，教师需要根据学生的反馈和实际情况，灵活调整教学策略，确保教学活动的顺利进行。这种能力不仅要求教师具备扎实的学科知识和教学理论知识，还要求其具备创新思维和灵活应变的能力。在转型发展过程中，教师需不断提升自身的教育教学设计与实施能力，以适应新的教育理念和教学方法的变革，为学生提供更优质的教育服务。

2. 教育评价与反馈能力

教育评价与反馈能力是教师专业能力的另一重要体现。教育评价是对学生学习成果的测量和判断，是教学活动的重要环节。优秀的教师能够运用多种评价方式，全面且客观地评估学生的学习情况，及时发现学生的优点和不足，并提供针对性的反馈和建议。这种能力不仅要求教师具备丰富的评价知识和技能，还要求其具备敏锐的观察力和判断力。在转型发展过程中，教师需不断更新评价观念和方法，关注学生的个体差异和全面发展，提升教育评价的科学性和有效性。同时，教师还需通过及时的反馈和指导，帮助学生认识自身的进步，激发学生的学习动力和发展潜能。

3. 教育科研与创新能力

教育科研与创新能力是教师专业发展的高级阶段。优秀的教师不仅能够胜任日常的教学工作，还能够积极开展教育科研活动，探索教育规律和教学方法的创新。通过参与课题研究、撰写学术论文等方式，教师可以不断拓宽知识视野和学术素养，提高教育教学水平和影响力。同时，教育科研活动还能帮助教师解决教育教学中的实际问题，推动学校的教育教学改革和发展。在转型发展过程中，教师需培养科研意识和创新能力，勇于尝试新的教育理念和教学方法，为教育实践注入新的活力和动力。

二、学校组织因素

（一）学校文化与氛围

学校文化与氛围构成了教师工作的核心背景，其重要性不容忽视。它犹如一面镜子，直接反映出教师的工作态度、教学行为及专业发展轨迹。一个积极、开放且充满创新活力的学校文化，能深深激发教师的创造力和工作热情，使他们始终保持对教育的热爱和对进步的追求。在这样的文化熏陶下，教师会不断追求自我突破和成长，努力提升自身的教学水平，为学生的发展贡献更多的智慧和力量。

因此，学校领导者的角色在学校文化与氛围建设中举足轻重。他们不仅是学校文化的塑造者，更是教师发展的引领者和支持者。通过积极倡导、亲自引领和示范，学校领导者能营造出一种尊重教师、鼓励创新和注重实效的校园文化氛围。这种氛围不仅使教师感受到被尊重和认可，更能激发他们的创新潜能和工作热情。此外，学校还应注重培养教师的团队合作精神和共享意识，鼓励教师间的交流与合作，共同探讨教育教学中的问题和解决方案。通过搭建各种形式的交流平台，如学术研讨会、教学观摩活动、课题研究小组等，促进教师间的知识共享和经验传承，形成积极向上的教师群体学习氛围。这种氛围不仅有利于教师的个人成长和发展，而且能够

第三章 我国中小学教师转型发展的现状与困境

推动学校整体教学水平的提升。

(二)学校管理制度与政策

学校管理制度与政策是教师工作的基石和指引,它们定义了教师的角色定位,并详尽地勾画出他们的职责范围、权利界限、应尽义务及职业发展的可能路径。这些制度和政策如同一本精心编制的手册,指导教师在这片广阔的教育领域内稳步前行。当管理制度与政策体现出科学性、合理性和人性化时,便能成为激发教师工作热情和创造力的强大动力。在这样的制度环境下,教师会感受到被尊重、被理解、被支持,从而更愿意投入时间和精力去研究教学方法、关注学生需求、提升自我修养,这种正向激励无疑会极大地推动教师的专业发展,使他们能在教育的道路上越走越远、越走越稳[①]。

(三)学校资源与支持

学校资源与支持是教师专业发展的重要保障,包括教学设施、图书资料、信息技术、培训机会等方面的资源和服务。资源丰富、支持有力的学校能够为教师提供一个良好的工作环境和学习条件,从而促进教师的专业成长和转型发展。相反,资源匮乏、支持不足的学校将限制教师发展的空间。在学校资源与支持的构建过程中,学校应加大投入,改善教学设施和图书资料的条件,提升信息技术的应用水平,为教师提供便捷、高效的教学工具和学习平台。同时,学校还应积极争取外部资源和社会支持,为教师提供更多的培训机会和学术交流的平台,拓宽他们的知识视野。此外,学校还需要建立健全资源共享机制和合作机制,以促进教师间的互助合作和共同发展。

---

① 陈锡坚,陈志强,转型背景下应用型本科院校实施学分制的探究[J].应用型高等教育研究,2023,8(1):72-76,83.

三、社会环境因素

（一）教育政策与法规

1. 教育政策与法规为教师专业发展提供制度保障

教育政策与法规首先明确了教师的权利与义务，规范了教师的职业行为。它们为教师设立了一系列应遵循的职业准则和道德标准，如爱岗敬业、关爱学生、教书育人、为人师表等。这些准则和标准既维护了教师的职业形象，更重要的是，保证了教师在教育教学过程中能秉持正确的教育理念，采用科学的教育方法，从而有效地提升教育教学质量。此外，建立和完善教师资格认证制度、教师职务制度等，不仅为教师的职业晋升路径提供了清晰的指引，而且激励教师不断提升自我，追求学术与教学上的卓越。这样的制度设计鼓励终身学习，支持教师参加在职培训、学术研究及国际交流，以紧跟教育理论与实践的最新动态。更为重要的是，政策法规往往包含对教师评价体系的规定，强调综合考量教师的教学质量、科研成果、社会服务贡献等多方面的表现，这促使教师全面发展，而非仅仅着眼于课堂教学。同时，合理的工作量规定、薪酬福利政策以及教师权益保护条款，都为教师创造了更为稳定、专注的工作环境，减少了他们的后顾之忧，使其能够更加专心投身于教育事业。这不仅提升了教师的社会地位和职业尊严，而且有助于营造尊师重教的社会氛围，使教育成为备受尊崇的职业。

2. 教育政策与法规引导教师专业发展方向

教育政策与法规作为教师职业行为的"指南针"，为教师的专业成长指明了方向。这些政策和法规中蕴含的教育理念、教育目标和教育要求，都是教师专业发展的重要参照。它们鼓励教师关注学生的全面发展，注重培养学生的创新精神和实践能力，这与新时代对教育的期待高度契合。因此，教师在追求专业发展的过程中，必须紧密围绕这些政策和法规的要求，不断调整自己的教育观念和教学方法，以确保自己的教育实践与时代同步。教育政策与法规在教师专业发展中发挥着不可或缺的引导作用。它们不仅为教师指明了职业成长的方向,还提供了丰富的资源和支持,帮助教师在专业发展的道路上不断前行。因此,作为一名教师,我们应该密切关注教育政策与法规的动态变化,及时调整自己的教育观念和教学方法,以更好地适应新时代的教育要求,实现自身的专业成长和发展。

3. 教师参与政策制定,提升话语权和影响力

教师参与政策制定是提升其在教育领域话语权和影响力的重要途径。通过参与政策制定,教师不仅能够将自己的实践经验和专业知识直接融入政策内容中,使得政策更加贴近教育实际,更具操作性和针对性,还能够增强与政策制定者的沟通和交流,提升自己在政策制定过程中的地位和作用。这种参与不仅有助于提升教师的职业素养和专业能力,还能够增强教师的责任感和使命感,激发他们为教育事业贡献更多智慧和力量的热情。同时,教师参与政策制定能够促进教育政策的科学性和民主性,提高教育政策的质量和效果,为教育事业的持续健康发展提供有力保障。因此,应积极鼓励和支持教师参与政策制定,充分发挥他们在教育领域的作用和影响力。

(二)社会经济发展状况

1. 经济基础决定教育投入,促进资源优化与师资培训

社会经济的蓬勃发展为教育领域的投资奠定了坚实的物质基础。随着国内生产总值(GDP)的增长和财政收入的增加,政府及社会各界对教育的投资额度相应提升,这直接体现在教育基础设施的现代化改造、教学资源配置的优化以及师资力量的强化培训上。在硬件设施方面,从普通教室到专业实验室,再到数字化校园建设,无一不彰显出经济发展的推动力。在软件方面,则体现为对教师专业化发展的重视,包括但不限于国内外研修机会的增多、线上教育资源的丰富、专业发展平台的搭建等。这些投入不仅提高了教师的知识与技能水平,而且促进了教学理念与方法的革新,为教师的专业成长铺就了宽广的道路。

2.经济转型驱动教育内容与方式的革新,提升教师适应力与创新能力

伴随社会经济结构的转型升级,尤其是信息化、智能化时代的到来,对人才的需求呈现出新的特点,强调创新能力、跨学科整合能力及国际化视野。这要求教育系统必须随之作出调整,教育内容与教学方式需要与时代发展同步,以培养适应未来社会的高素质人才。在此背景下,教师的专业发展面临着前所未有的挑战与机遇。一方面,教师需要不断学习新技术、新理论,如数字化教学工具的运用、STEM教育理念的融合等,以提升教学的实效性和吸引力。另一方面,社会经济发展鼓励教育创新,推动形成更加灵活多样的教学模式,如项目式学习、翻转课堂等,促使教师成为学习的引导者和合作者,而非单一的知识传递者。这种变化要求教师不仅要精通本学科知识,而且要具备教学设计、学生评估及个性化指导等综合能力,从而不断拓展其专业边界。

3.经济全球化促进教育国际化,拓展教师视野与国际合作

随着全球经济一体化进程的加速,教育领域的国际合作与交流日益频繁,这对教师专业发展产生了深远影响。首先,经济全球化的背景为教师提供了更多参与国际学术会议、访问学者项目、跨境教育合作等机会,使他们能够直接接触并学习国外先进的教育理念和实践,提升自身的国际化水平。其次,教育的国际化促进了跨文化教育的发展,教师需具备跨文化沟通的教学能力,以适应多元文化学习环境,这促使教师在专业成长过程中注重全球视角和文化敏感性的培养。此外,随着国际教育资源的共享与整合,教师能够利用国际网络平台进行远程学习、参与跨国研究项目,这不仅丰富了教师的专业知识,也促进了国际教育经验的交流与互鉴。

社会经济发展状况对教师专业发展的影响是全方位、深层次的。它既通过增加教育投入优化资源配置,又通过经济转型推动教育内容与教学方式的革新,还借助经济全球化的浪潮拓宽教师的国际视野与合作渠道。这些影响不仅提升了教师个体的专业素养,也为整个教育系统的持续优化与创新提供了不竭动力。

(三) 文化传统与价值观念

1. 文化传统的传承与创新，塑造教师身份认同与教学理念

文化传统是一个国家或民族历史长河中积淀下来的智慧结晶，它深刻影响着教育的内容与形式。对于教师而言，深入理解和尊重本国的文化传统，是其专业发展的重要组成部分。教师通过学习和传承文化传统，不仅能够增强自身的文化自信和身份认同感，还能在教学中融入传统文化的精髓，让学生在学习现代知识的同时，理解并继承民族文化，培养学生的文化底蕴和爱国情怀。同时，面对快速变化的世界，教师需要具备批判性思维，对传统文化进行创造性转化和创新发展，使之与现代教育理念相融合，形成既有深厚文化底蕴又符合时代需求的教学模式。这一过程不仅考验教师的专业能力，更是对其文化自觉和创新能力的提升。

2. 价值观念的引导与内化，促进教师职业道德与行为规范

价值观念是文化传统的核心所在，它影响着人们的行为准则和道德判断。在教育领域，教师作为知识的传播者和学生的引路人，其价值观念直接关系到教学质量和学生的人格塑造。一个秉持正确价值观的教师，会在日常教学和师生互动中，通过言传身教，潜移默化地传递诚实守信、敬业乐群、公平正义等基本道德原则，对学生形成正面影响。此外，社会普遍认可的价值观，如尊师重教、终身学习等，也是教师专业发展中不可或缺的精神支撑，激励教师不断提高自身修养，积极投身教育事业。教育部门通过制定相应的教师职业道德规范，强化价值观念教育，促使教师内化于心、外化于行，实现个人品德与职业能力的双重提升。

3. 多元文化视角下的国际交流与合作，拓宽教师全球视野与跨文化能力

在全球化背景下，不同文化传统的交流与碰撞日益频繁，这对教师专业发展提出了新的要求。具备国际视野和跨文化交际能力的教师，能够更好地适应多元文化教学环境，促进学生全球意识的形成。文化传统的多样性为教师提供了丰富的教学资源，鼓励教师在比较中学习，在差异中寻求共识，这不仅丰富了教学内容，也促进了教师的自我反思和专业成长。同时，国际间的教育合作项目、学术交流、教师互访等活动，为教师提供了实地了解异域文化、借鉴他国教育经验的宝贵机会，有助于教师打破地域限制，提升跨文化交流与合作的能力，成为具有国际竞争力的教育工作者。

综上所述，文化传统与价值观念通过塑造教师的身份认同与教学理念、引导教师职业道德与行为规范、拓宽教师的全球视野与跨文化能力，对教师的专业发展产生着深远的影响。这些影响不仅促进了教师个体的全面发展，也为构建更加包容、创新和高效的教育体系奠定了基础。

第四章　中小学教师转型发展的策略与路径

第一节　转型发展的战略目标设定

一、提升专业素养与教育教学能力

（一）扎实掌握学科知识与教育理论知识

1. 深入钻研学科知识，构建完整的知识体系

在中小学教师的职业生涯中，对所教学科的深入理解和掌握至关重要。这不仅关乎教师的专业素养，更直接影响到学生的学习质量和未来发展。因此，教师需不断钻研学科知识，包括基本概念、原理、方法及其相互联系和区别，以确保自己能够站在学科前沿，为学生提供最新、最准确的知识。为实现这一目标，教师应采取多种途径更新和拓展学科知识。教师对所教学科的深入理解和掌握是提升专业素养和教育教学能力的基础。通过不断更新和拓展学科知识、构建完整的学科知识体系以及关注学科前沿动态和发展趋势等方面的努力和实践，教师可以为学生提供更为优质、高效的教学服务。

2. 系统学习教育理论知识，形成科学的教育观念

教育理论知识是教师开展教育教学活动的科学依据。教师需系统学习

教育学、心理学、教育史、课程与教学论等教育理论知识，明晰教育的本质、目的、原则和方法，进而形成科学的教育观念。只有这样，教师才能根据学生的身心发展规律和学习特点，制订合理的教学计划，选择适宜的教学方法，实现教学的最优化。同时，教师还应关注教育理论的新发展、新成果，不断更新自己的教育观念。例如，当下教育界倡导的"以学生为中心""素质教育""创新教育"等理念，都需要教师深入学习和理解，并在教学实践中加以应用。

3. 理论与实践相结合，提高教育教学的实效性

扎实掌握学科知识与教育理论知识，对中小学教师而言，其最终且最为重要的目的在于更好地指导教学实践，提升教育教学的实效性[1]。理论知识与实践的结合，是教育教学工作中不可或缺的一环。教师须将所学的理论知识有意识地、系统地运用于教学实践之中。在备课过程中，教师不仅要深入理解教材内容，更要根据学生的学习特点和需求，精心选择和设计教学方法和手段。例如，对于活泼好动的学生，教师可以采用互动性强、参与度高的教学活动以激发他们的学习兴趣；对于基础薄弱的学生，教师需耐心引导，采用循序渐进的教学方式帮助他们逐步建立信心。在教学过程中，教师要密切关注学生的反馈和表现，及时调整教学策略，确保教学目标的达成。同时，教师还要注重培养学生的自主学习能力和创新精神，为他们提供广阔的思维空间和探索机会。

（二）灵活运用多种教学方法和手段

1. 根据学生特点和需求，针对性选择教学方法

每个学生都是独特的个体，具有不同的学习特点、兴趣爱好和认知需求。因此，教师在教学过程中需充分了解学生的特点和需求，有针对性地选择适合的教学方法。例如，对于视觉型学习者，教师可以采用图表、图

---

[1] 支梅，张丽莉. 新时代区域教师发展机构转型升级的路径革新——基于某教育学院的案例研究[J]. 当代教师教育，2022，15（4）：43-48.

片等视觉辅助材料来帮助学生更好地理解和掌握知识;对于听觉型学习者,教师可以通过讲解、讨论等口头表达方式来传递信息;对于动手实践型学习者,教师可以设计实验、操作等活动让学生亲身体验和探究知识。

此外,教师还需关注学生的学习兴趣和动机,选择能够激发学生内在学习动力的教学方法。例如,通过创设生动有趣的教学情境、引入与学生生活紧密相关的案例、组织富有挑战性的学习任务等方式,激发学生的学习兴趣和求知欲。这样不仅能提高学生的学习积极性,还能培养学生的自主学习能力和创新精神。

2.结合学科特点,多样化运用教学手段

不同学科具有各自的特点和教学要求,教师需结合学科特点,多样化运用教学手段。例如,在语文教学中,教师可以通过朗读、背诵、讨论等方式培养学生的语感和表达能力;在数学教学中,教师可以通过演示、讲解、练习等方式帮助学生掌握数学概念和解题方法;在科学教学中,教师可以通过实验、观察、探究等方式培养学生的科学素养和实践能力。此外,随着信息技术的不断发展,多媒体教学、网络教学等现代化教学手段也逐渐应用于课堂教学之中。这些教学手段具有直观性、交互性、信息量大等优势,能够为学生提供更为丰富多样的学习资源和体验。因此,教师需熟练掌握这些现代化教学手段,并将其与传统教学手段相结合,为学生打造高效、有趣的学习环境。

3.注重教学反思与调整,持续优化教学方法和手段

教学是一个动态的过程,需要教师不断进行教学反思与调整,以持续优化教学方法和手段。例如,当发现学生对某种教学方法缺乏兴趣或难以理解时,教师需及时调整教学策略,尝试采用其他更适合学生的教学方法和手段。同时,教师还需积极参与教研活动、学术研讨等交流活动,与其他教师分享自己的教学经验和方法,借鉴他人的优秀做法和成果。通过不断地学习和交流,教师能够拓宽自己的教学视野和思路,发现更多有效的教学方法和手段。此外,教师还可以将自己的教学反思和总结形成文字材料或教学案例进行分享和传播,为其他教育工作者提供有益

的参考和借鉴[①]。

(三) 注重培养学生的创新精神和实践能力

1. 营造宽松、民主的教学氛围，激发学生的创新意识

创新意识是创新精神的前提和基础。要培养学生的创新意识，首先需要营造一个宽松、民主的教学氛围，让学生敢于表达、敢于质疑、敢于尝试。在教学过程中，教师应尊重学生的个性差异和独特见解，鼓励学生大胆发表自己的看法和意见。同时，教师还应善于引导学生发现问题、提出问题，并鼓励他们通过自主学习、合作探究等方式寻找问题的答案。在这样的教学氛围中，学生的创新意识和思维能力才能得到充分的激发和培养。为了营造宽松、民主的教学氛围，教师需要做到以下几点：一是要树立正确的教育观念，将学生视为学习的主体，尊重他们的主体地位；二是要建立平等的师生关系，与学生进行平等的交流和对话；三是要采用多样化的教学方式和手段，激发学生的学习兴趣和积极性。只有这样，才能为学生的创新意识的培养提供有力的保障。

2. 设计具有挑战性和开放性的学习任务，培养学生的实践能力

实践能力是创新精神的重要体现。要培养学生的实践能力，需要设计具有挑战性和开放性的学习任务，让学生在实践中探索、在探索中实践。这样的学习任务不仅能够激发学生的学习兴趣和积极性，还能够让他们在解决问题的过程中锻炼自己的实践能力。

在设计学习任务时，教师应注意以下几点：一是要根据学生的实际水平和需求来设计任务难度和内容；二是要注重任务的开放性和多样性，为学生提供广阔的思维空间和探索机会；三是要加强对学生的指导和引导，帮助他们克服困难、解决问题。通过这样的学习任务，学生可以逐渐培养起自己的实践能力和创新精神。

---

① 杨笑乐. 中小学教师队伍师德建设的有效路径[J]. 河南教育（教师教育），2024（2）：49-50.

3. 开展丰富多彩的课外活动，拓宽学生的创新视野和实践领域

课外活动是课堂教学的有益补充和延伸。通过开展丰富多彩的课外活动，可以拓宽学生的创新视野和实践领域，为他们创新精神和实践能力的培养提供更多的机会和平台。例如，可以组织学生参加科技竞赛、创新实验、社会实践等活动，让他们在实践中锻炼自己的创新能力和实践能力。在开展课外活动时，教师应注意以下几点：一是要根据学生的兴趣和特长选择活动内容和形式；二是要注重活动的实践性和创新性，让学生在活动中有所收获和成长；三是要加强对活动的组织和指导，确保活动的顺利进行和效果的达成。通过这样的课外活动，学生可以更加深入地了解社会、了解科技、了解自己，为未来的创新和实践奠定坚实的基础。

二、拓展教育教学领域与多元化发展

（一）跨学科整合与多元智能培养

1. 打破学科壁垒，促进知识融合

在传统教育体系中，各学科之间往往存在明显的分界，这在一定程度上限制了知识的融合和创新。因此，打破学科壁垒，促进知识融合，成为跨学科整合的首要任务。在教学过程中，教师可以通过设计跨学科的主题活动、项目式学习等方法，将不同学科的知识和技能有机地融合。例如，在科学课程中引入数学知识以解析科学现象；在艺术课程中融入历史知识来探讨艺术作品的背景和内涵。这样的教学方法不仅能够激发学生的学习兴趣和积极性，还有助于他们更好地理解和应用所学知识。

2. 关注多元智能，实现个性化教学

每个学生都拥有独特的智能结构和潜能，而传统以单一智能为中心的教学方式往往忽视了学生的个体差异。为更好地满足学生的个性化需求，教师需关注学生的多元智能发展，并根据他们的智能特点和学习风格进行有针对性的教学。在教学过程中，教师可以通过观察、测试、问卷调查等方法了解学生的智能结构和学习风格，然后为他们提供个性化的学习资源

和活动。例如，对于逻辑思维能力强的学生，可以引导他们参与数学、物理等学科的竞赛和活动；对于语言表达能力强的学生，可以鼓励他们参与演讲、写作等语言类活动。这样的教学方式不仅能够充分发挥学生的智能优势，还能够提升他们的自信心和学习兴趣。

3.培养创新思维和解决问题的能力

跨学科整合与多元智能培养的最终目标是培养学生的创新思维和解决问题的能力。在现代社会，面对复杂多变的问题和挑战，学生需要具备批判性思维、创造性思维、协作能力等多种能力方能有效应对。在教学过程中，教师可以通过设计开放性问题、组织小组讨论、开展实践活动等方式培养学生的创新思维和解决问题的能力[1]。例如，可以引导学生对某个社会现象进行深入调查和研究，并提出自己的见解和解决方案；也可以组织学生进行团队合作项目，让他们在协作中锻炼自己的沟通能力和解决问题的能力。这样的教学方式不仅能够提升学生的综合素养和能力水平，还能够为他们的未来发展奠定坚实的基础。

（二）信息技术与教学深度融合

1.利用信息技术创新教学方式和手段

在传统教学模式中，教师通常处于中心地位，课堂讲授是主要的教育形式，这种模式在一定程度上限制了学生的主动性和创造性。信息技术的运用为教师提供了更为丰富和多样的教学方式和手段。例如，教师可以借助多媒体课件、网络资源等信息技术工具，营造生动形象的教学情境，激发学生的学习兴趣和积极性；可以通过在线教学平台、互动教学软件等信息技术媒介，实现师生之间的实时互动和交流，提升教学效果和效率。此外，信息技术还支撑个性化教学、协作式教学等创新教学模式，满足不同学生的学习需求和风格。

---

[1] 赵临龙.新时期应用型高校教师转型发展的实践与思考——以安康学院"双师型"教师队伍建设为例[J].现代职业教育，2022（38）：1-4.

2. 利用信息技术拓展教学资源和空间

信息技术的进步使教学资源的获取和共享变得更加便捷和高效。教师可以利用网络资源、数字图书馆等信息技术工具，获取丰富多样的教学资源，为教学提供坚实的支撑；可以借助在线课程、虚拟实验室等信息技术手段，拓展教学空间和时间，打破传统教学的时空限制。同时，信息技术还有助于培养学生的信息素养和自主学习能力，为学生提供更广阔的学习空间和机会。这些信息技术的应用不仅丰富了教学内容和手段，还提升了学生的信息素养和自主学习能力。

3. 利用信息技术提升教学评价和反馈的精准度

教学评价和反馈是教学过程中的关键环节，对改进教学方法、提高教学质量具有重要作用。信息技术的应用为教学评价和反馈提供了更为精准和全面的支持。例如，教师可以利用在线测试、学习分析等信息技术工具，对学生的学习状况进行实时跟踪和分析，了解他们的学习进度和效果；可以借助大数据、人工智能等信息技术手段，对学生的学习行为和成绩进行深入挖掘和预测，为教学提供更为科学和精准的决策支持。这些信息技术的应用不仅提高了教学评价的客观性和准确性，还为教学提供了更为及时和有效的反馈和指导。

（三）国际视野与跨文化交流能力

1. 拓宽国际视野，增强全球意识

为培养学生的国际视野，首先需要让他们了解并认识世界。这要求教师在教学中融入国际元素，将国际知识、国际动态和国际理念融入课程内容，帮助学生拓宽国际视野，增强全球意识。学校可以通过开设国际课程、举办国际文化节、组织国际交流活动等方式，为学生提供多元文化的体验和学习机会。在这些活动中，学生能够接触不同国家的历史、文化、社会制度和发展模式，了解世界各地的风土人情和思想观念，从而培养其对世界的认知和理解。

此外，教师还应鼓励学生关注国际新闻和时事，引导他们从全球视角

分析和思考问题。通过了解国际形势和国际关系，学生能够更好地理解国家在国际社会中的地位和作用，增强国家意识和民族自豪感。

2. 培养跨文化交流能力，提升沟通技巧

在当今全球化的时代背景下，提升中小学教师的跨文化交流能力，优化沟通技巧，已成为教师转型发展的关键策略之一。这不仅关乎教师个人的职业成长，更直接影响到学生的国际视野培养和综合素质提升。一方面，学校或教育机构要构建多元化教学体系，深化文化理解与融合。将跨文化教育作为教师专业成长的核心要素，纳入师资培训体系。通过开设专项课程，如跨文化交际理论、全球教育比较研究等，加深教师对不同文化背景的理解与尊重。同时，鼓励教师在日常教学中融入国际元素，设计跨文化主题项目，如国际文化节、多语言阅读角等，让学生在实践中体验多元文化，教师借此机会学习如何在教学中平衡与融合多种文化视角。此外，利用案例分析、角色扮演等互动教学法，提升教师在复杂文化情境中的教学应对能力，强化其文化敏感性和适应性。另一方面，教师要强化语言沟通与信息技术应用能力。语言是跨文化交流的基石，提升教师的语言技能，特别是英语或其他国际通用语言的听说读写能力至关重要。组织定期的语言提升工作坊，结合在线语言学习平台，提供个性化学习路径。同时，加强信息技术在跨文化交流中的应用培训，如利用在线协作工具、虚拟交换项目、多媒体创作软件等，提升教师运用数字技术促进国际交流与合作的能力。鼓励教师参与国际教育论坛、在线研讨会，拓宽国际视野，学习先进教学技术和跨文化沟通策略。

3. 加强国际交流与合作，提升教育国际化水平

构建国际教育合作伙伴网络，搭建国际教育合作平台，为教师提供海外研修、学术访问、国际会议参与等机会，亲身体验和学习不同教育体系和文化环境。实施"教师交换计划"、联合科研项目及课程共建等，促进中外教师的交流与互动。一方面，教师能获得实地跨文化工作经验，带回新鲜的教学理念和方法，丰富本土教学实践；另一方面，教师能在异国教育情境中沉浸，吸取世界各地的教育智慧与实战经验。同时，依托数字化

平台，实现教育资源的无界流通，让教师轻松接入国际顶尖的教学资源与前沿理论，加之语言技能与信息技术的强化训练，进一步拉近与国际教育标准的距离。此外，鼓励教师主动参与国际学术会议、全球教育议题讨论及国际社会责任项目，不仅能够深化全球视角与跨文化理解，还能够在引领学生参与全球性挑战中，培养其成为拥有国际竞争力的未来领导者。

三、关注学生的全面发展与个性化需求

关注学生的全面发展与个性化需求，是现代教育的核心追求，也是驱动教师转型发展的关键动力。这一过程可通过教育理念革新、教学模式优化以及评价体系重构，以期全面促进教师角色的转型升级。

（一）教育理念革新：从"灌输"到"引导"

首先，教师需转变传统单一的知识传授者角色，成为学生全面发展道路上的引导者与伙伴。这意味着教师需深入理解并践行"全人教育"理念，关注学生的认知、情感、社会性及身心健康等多方面发展，而不仅仅是学科知识的积累。为此，教师应不断提升自身的教育理论素养，学习心理学、教育学等跨学科知识，以便更好地理解学生的成长需求与内在潜能。同时，培养批判性思维与创新能力成为教师自我成长的重要组成部分，他们应当鼓励学生质疑、探索与创造，而非单纯接受既定答案。

（二）教学模式优化：个性化教学与技术融合

在教学实践中，教师应积极探索并实施个性化教学策略，以满足不同学生的学习需求。这要求教师掌握并灵活运用多样化的教学方法，如项目式学习、翻转课堂、混合式学习等，这些方法能够激发学生的学习兴趣，增强其主动学习的能力。尤为重要的是，借助教育技术的力量，如人工智能、大数据分析等，教师可以精准识别每位学生的学习风格、能力水平及潜在困难，从而提供定制化的学习资源与支持。例如，通过智能学习平台监测学生的学习进度，及时调整教学方案，确保每位学生都能在适合自己的节奏下高效学习。

(三) 评价体系重构：多元化评价与持续反馈

传统的单一考试成绩评价方式已难以适应培养全面发展人才的需求。教师应推动评价体系向多元化、过程化转型，重视对学生学习态度、团队合作能力、创新思维及社会实践等方面的综合评价。通过设立形成性评价机制，教师能够给予学生及时且具体的学习反馈，帮助他们认识到进步空间与努力方向。同时，鼓励学生自我评价与同伴评价，促进反思性学习能力的培养。这种评价模式的转变要求教师具备高度的观察力、同理心与沟通技巧，以便准确捕捉并肯定学生的个体差异与独特价值。

教师的转型发展是一个系统工程，需要从理念、实践到制度层面的全方位变革。关注学生的全面发展与个性化需求，不仅是提升教育质量的根本途径，也是教师自我成长与专业发展的新机遇。通过教育理念的不断革新、教学模式的持续优化及评价体系的深刻重构，教师将能够更好地适应新时代教育的需求，成为学生终身学习旅程中不可或缺的引路人。

第二节　策略制定的原则与方法

一、中小学教师转型发展的策略制定原则

（一）教师主体性原则

1. 尊重教师的主体地位和作用

教师作为教育改革的主体，身处教育教学的第一线，对学生的需求、课堂的变化以及教育资源的配置有着最为直接和深刻的感受。因此，在制定转型发展策略时，必须充分尊重教师的主体地位和作用。这意味着策略的制定者需要深入了解教师的实际工作状况，关注他们的职业发展需求，确保所制定的策略能够真正反映教师的意愿和期望。尊重教师的主体地位还意味着要赋予教师更多的话语权。在传统的教育管理模式中，教师往往处于被管理的地位，他们的声音和需求往往被忽视。然而，在转型发展策

略的制定过程中,必须改变这种状况,使教师能够充分表达自己的观点和建议。这不仅可以增强教师的职业认同感,还可以提高策略的针对性和实效性[①]。

2. 广泛听取教师的意见和建议

为确保中小学教师转型发展策略的科学性和有效性,必须广泛听取教师的意见和建议。教师可以通过各种渠道和方式参与到策略的制定过程中,如参加座谈会、填写调查问卷、提出书面建议等。这些意见和建议可以为策略的制定提供重要的参考依据,确保策略能够真正满足教师的需求并解决实际问题。同时,广泛听取教师的意见和建议还有助于增强策略的可行性和可操作性。教师作为教育教学实践的主体,他们在课堂教学、学生管理、教育资源配置等方面有着丰富的经验和独到的见解。这些经验和见解可以为策略的实施提供有力的支持,确保策略能够在实践中得到有效落实。

3. 激发教师的主动性和创造性

中小学教师转型发展策略的制定不仅是一个自上而下的过程,更需要教师的积极参与和主动投入。因此,必须激发教师的主动性和创造性,鼓励他们积极参与到策略的制定和实施过程中。这可以通过设立激励机制、提供培训和支持、搭建交流平台等方式实现。激发教师的主动性和创造性还可以促进教师的专业成长和职业发展。当教师感受到自己的努力和付出得到认可时,他们会更加积极地投入教育教学实践中,不断探索新的教学方法和教育理念。这种自我超越和创新精神是推动教师转型发展的重要动力。

(二)整体性与系统性原则

1. 全面考虑各个要素

教师的转型发展是一个牵涉诸多方面的复杂过程,包括教育理念、知识结构、教学技能、科研能力、心理素质等多个维度。在制定策略时,

---

① 潘春婷. 应用转型发展背景下高校实验教师教学质量评价探析[J]. 河北北方学院学报(社会科学版),2022,38(3):91-94.

我们必须全面考虑这些要素，确保策略能够涵盖教师转型发展的各个方面。例如，在提升教师教学技能的同时，也要关注他们的科研能力和心理素质的培养；在更新教育理念的同时，也要注重知识结构的优化和教学方法的创新。只有这样，才能确保教师的转型发展是全面、协调、可持续的。

2. 注重各要素之间的相互联系与影响

教师转型发展的各要素之间并不是孤立的，而是相互联系、相互影响的。例如，教育理念的更新会影响到教学方法的选择和教学技能的提升；科研能力的提高又会反过来促进教育理念的更新和教学方法的创新。因此，在制定策略时，我们必须注重各要素之间的相互联系与影响，确保策略能够形成一个有机的整体。这就要求我们在制定策略时，要运用系统思维的方式，全面分析各要素之间的关系，找出它们之间的内在联系和规律，从而制定出更为科学、合理的策略。

3. 构建完善的策略体系

整体性与系统性原则还要求我们在制定中小学教师转型发展策略时，构建完善的策略体系。这个体系应包括目标设定、内容安排、实施步骤、评估反馈等多个环节，确保策略的制定、实施、评估和改进形成一个闭环。在这个体系中，目标设定是策略制定的前提和基础；内容安排是策略实施的具体路径和措施；实施步骤是策略落实的时间表和路线图；评估反馈则是对策略实施效果的评价和反思。只有构建完善的策略体系，才能确保教师的转型发展策略是有序、有效、可持续的。在构建策略体系的过程中，我们还需要特别注意以下几个方面：一是要确保目标设定的明确性和可行性；二是要注重内容安排的针对性和实效性；三是要保证实施步骤的合理性和可操作性；四是要建立科学、有效的评估反馈机制。只有这样，我们才能确保中小学教师转型发展策略的制定真正符合整体性与系统性的原则要求。

（三）实践性与创新性原则

1. 以实践为基础，确保策略的可行性

实践性原则要求在制定中小学教师转型发展策略时，必须紧密结合教育教学实践，确保策略具有可行性和可操作性。实践是检验真理的唯一标准，也是策略制定的基础。只有深入了解中小学教师的实际工作状态、面临的挑战以及他们的真实需求，才能制定出符合实际情况、切实可行的策略。同时，实践性原则还要求我们在策略实施过程中，注重实践成果的反馈和总结。通过收集一线教师的实践经验和意见建议，不断对策略进行调整和优化，使其更加符合教育教学实践的需要。这样，不仅可以提高策略的有效性和针对性，还可以促进教师的专业成长和教育教学质量的提升。

2. 注重创新，推动教师的专业发展

创新性原则要求我们在制定中小学教师转型发展策略时，勇于突破传统观念和模式的束缚，注重创新精神和创新能力的培养。创新是教育发展的动力源泉，也是教师转型发展的关键所在。只有不断创新，才能适应教育改革的要求，推动教师的专业发展和教育教学质量的提升。在策略制定过程中，要鼓励教师勇于尝试新的教学方法、教育理念和技术手段，为他们提供必要的支持和保障。同时，还要建立激励机制，对在创新实践中取得突出成绩的教师予以表彰和奖励，以此激发更多教师的创新热情和创新动力。这样，不但能够培养教师的创新意识和创新能力，还能为教育改革注入新的活力和动力。

3. 实践与创新相结合，推动策略的有效实施

实践性与创新性原则并不是孤立的，而是相互依存、相互促进的。只有将两者紧密结合，才能确保中小学教师转型发展策略的有效实施和教师的专业发展。一方面，要通过实践来检验策略的创新性和可行性。只有将创新理念和方法融入实践之中，才能发现其存在的问题和不足，进而对其进行改进和优化。另一方面，还要通过实践来推动创新的深入发展。只有在实践中不断积累经验、总结教训，才能为创新提供更加坚实的支撑和保障。

二、中小学教师转型发展的策略制定方法

（一）深入调研与分析

为有效推动中小学教师的转型发展，首要任务是进行深入的调研和分析。此步骤是策略制定的基石，有助于准确把握教师实际情况，制定更贴合实际、更具针对性的策略。需全面了解教师专业发展现状，包括教育理念、教学方法、知识结构等。同时，深入挖掘教师在专业发展中遇到的问题和困难，这些问题可能源自教学、科研、管理等多方面。通过深入了解这些问题和困难，可为教师提供更精准、有效的帮助和支持[①]。此外，了解教师的真实需求和期望也是调研的重要内容。教师是教育改革的主体，其需求和期望直接关系到策略的制定和实施效果。因此，应通过问卷调查、访谈、座谈会等方式，广泛收集教师意见和建议，确保制定的策略切实满足教师需求，激发他们的工作热情和创新精神。在收集大量信息后，我们还需对数据进行细致整理和分析。运用科学方法和技术手段，从复杂数据中提炼出有价值的信息，为策略制定提供科学依据。如此，不仅能确保策略的科学性和合理性，还能提高策略的针对性和实效性，更好地推动中小学教师的转型发展。

（二）明确目标与定位

经过深入调研和分析，已对中小学教师的专业发展现状、存在的问题和困难，以及他们的真实需求和期望有了较为全面的了解。在此基础上，明确中小学教师转型发展的目标和定位尤为重要。目标是教师转型发展的方向指引，也是衡量转型是否成功的标尺。我们设定的目标应具体明确，避免笼统和模糊地描述，确保每位教师清晰自身努力的方向。同时，目标还应可衡量，以便科学评估教师的转型进度和效果。更为重要的是，

---

① 刘荣秀，陈紫珊.转型与突破：中职幼儿保育专业教师的发展现状、需求与路径研究[J].南方职业教育学刊，2022，12（2）：80-89.

目标应可实现,既具挑战性,又在教师的努力和相关策略的支持下能够达成。

而定位则是策略制定的出发点和落脚点,要求准确反映教师的专业特点和发展需求,确保每项策略真正触及教师的"痛点",帮助他们解决实际问题。定位的准确性直接关乎策略的有效性和教师的参与度。因此,在制定策略前,须深入了解教师的专业背景、工作环境、发展需求等,确保定位既精准又全面。

(三)制订实施方案与行动计划

明确中小学教师转型发展的目标和定位后,接下来的关键环节是制订详细实施方案和行动计划。这不仅是将目标从纸上谈兵转化为实际行动的桥梁,也是确保策略能够有序、高效推进的重要保障。实施方案应详细阐述策略的具体内容,包括教学理念的更新、教学方法的改进、教育技术的运用、教育资源的整合等方面,并对实施步骤进行细致分解,明确操作指南和预期效果。时间安排应合理紧凑,确保教师有足够的时间适应和改变,同时保证转型发展的整体进度。行动计划则是实施方案的进一步细化,需具体到每个阶段、每个环节的具体任务及责任人。如此,可确保每项任务都有专人负责、专人跟进,增强团队协作性和执行力,避免推诿和扯皮的现象发生。

三、中小学教师转型发展的策略实施与保障

(一)加强组织领导与政策支持

1.建立健全组织领导体系

为加强组织领导,首要任务是构建完善的组织领导体系。各级教育行政部门应设立专门的教师转型发展领导小组,负责统筹协调、监督指导等相关工作。该领导小组应由教育行政部门、教研机构、学校等多方代表组成,以确保决策的全面性和有效性。同时,应明确各级领导小组的职责和任务,形成上下贯通、协调一致的工作机制。此外,学校层面的组织领导亦须加

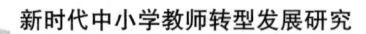

强[①]。学校作为教师转型发展的主阵地，校长作为第一责任人，应亲自挂帅、亲自部署、亲自推动。学校应成立由校长任组长的教师转型发展工作小组，制订具体的实施方案和行动计划，并定期组织召开工作推进会，及时总结经验、解决问题。

2. 制定完善政策支持体系

政策支持是推动中小学教师转型发展的关键。各级政府和教育部门应出台一系列相关政策，为教师转型发展提供有力保障。首先，应制定专门的教师转型发展政策，明确转型的目标、原则、措施和要求，为教师提供清晰的行动指南。其次，应完善教师评价制度，将转型发展成果作为教师评价的重要内容，激励教师积极参与转型实践。最后，还应加大经费投入，为教师转型发展提供必要的物质条件和资源支持。此外，在政策支持方面，还应注重创新和完善相关机制。例如，可以建立教师转型发展激励机制，对在转型实践中取得突出成绩的教师予以表彰和奖励；同时，建立教师转型发展培训机制，定期组织教师参加专题培训、交流研讨等活动，提升他们的专业素养和转型能力。

3. 强化监督评估与持续改进

为确保组织领导与政策支持的有效性，需强化监督评估和持续改进机制。各级教育部门应定期对教师转型发展工作进行督导检查，确保各项政策落到实处并取得实效。同时，应构建科学的评估体系，对教师转型发展的成果进行客观评价，及时发现问题并督促整改。在评估过程中，应注重教师的主体地位和参与性，充分听取他们的意见和建议，以便更好地完善相关政策和工作机制。此外，应加强持续改进工作。根据评估结果和教师的反馈意见，适时调整优化实施方案和行动计划，确保教师转型发展工作始终沿着正确的方向推进。同时，应积极总结经验、推广典型做法和优秀案例，以为其他地区和学校的教师转型发展提供参考和借鉴。

---

① 姚芳，潘宁. 中国教师教育发展的"融冰模式"——基于地方高等师范院校转型的思考[J]. 辽宁工程技术大学学报（社会科学版），2022，24（1）：64-69.

（二）加强培训与交流

1. 构建多元化的培训体系

为提升教师的专业素养和综合能力，首要任务是构建多元化的培训体系。该体系应涵盖专题培训、学术研讨、经验交流等多种形式，以满足不同教师的需求。专题培训可以针对教育教学中的热点与难点问题进行深入剖析，帮助教师更新教育观念、掌握新的教学方法和手段。学术研讨则围绕教育理论和实践中的前沿问题进行，激发教师的学术热情和创新思维。经验交流则使教师得以分享教学实践经验和心得体会，相互学习、相互借鉴。

在实施培训时，应注重培训的针对性和实效性。根据教师的实际情况和需求，制定个性化的培训方案，确保培训内容能真正帮助教师解决实际问题。同时，加强对培训效果的评估和反馈，及时调整和优化培训内容和方式，确保培训的质量和效果。

2. 鼓励教师参与国内外学术交流

除构建多元化的培训体系外，还应鼓励教师积极参与国内外学术交流活动。通过这些活动，教师能够接触到更为广阔的教育领域和更为先进的教育理念，拓宽知识视野和思维空间。同时，与不同地区、不同文化背景的教育同行交流碰撞，激发新的思考和灵感。为支持教师参与国内外学术交流活动，学校和教育部门可以提供必要的经费支持和时间安排。此外，建立相应的激励机制，对在学术交流中取得优异成绩的教师予以表彰和奖励，激发教师参与学术交流的积极性和主动性。

3. 营造积极的教师交流氛围

提升教师的专业素养和综合能力，还需营造积极的教师交流氛围。学校和教育部门可以定期组织教师座谈会、教学沙龙等活动，为教师提供轻松自由的交流平台。在此平台上，教师可以畅所欲言、各抒己见，分享教学心得和体会。同时，邀请教育专家、学者举办讲座或予以指导，为教师提供新思路和启示。通过营造积极的教师交流氛围，促进教师间的相互学习和借鉴，增强团队意识和协作精神。这种氛围的形成需要学校和教育部门的支持和引导，以及广大教师的积极参与和贡献。

（三）营造良好的发展环境

1. 增强对教师成长的关注和支持力度

为实现中小学教师的转型发展，学校和教育行政部门需强化对教师成长的关注和支持力度。这包括提供更多的发展机会和平台，如组织各类培训、研讨、交流活动，邀请专家学者举办讲座或予以指导，鼓励教师参与课题研究、教学改革等实践活动。通过这些措施，帮助教师不断更新教育观念、提升教学技能、拓宽知识视野，实现专业发展。同时，建立健全教师评价机制，将转型发展成果作为评价的重要依据，激发教师自我提升的动力。评价机制应注重多元化和全面性，关注教师的教学成绩及教育科研、学生管理等方面的贡献。此外，设立相应的激励机制，对在转型发展中取得突出成绩的教师予以表彰和奖励，进一步激发教师的工作积极性和创新精神。

2. 加强校园文化建设，营造尊师重教的良好氛围

校园文化是影响教师转型发展的关键因素之一。因此，学校应加强校园文化建设，营造尊师重教的良好氛围。倡导尊师重教的理念，加强对教师职业道德和教育教学成果的宣传和展示，提升教师在学生和社会中的地位和影响力。同时，加强对学生的教育和引导，让他们懂得尊重教师、珍惜教师的辛勤付出，形成师生相互尊重、和谐共处的良好局面。此外，通过举办各类文化活动、庆祝教师节等方式，增强教师的职业荣誉感和归属感。这些活动使教师感受到自身价值和被认可程度，从而更加坚定从教信念和热情。同时，促进教师间的交流与合作，形成团结向上、共同进步的氛围。

3. 关注教师的身心健康和生活质量

教师的身心健康和生活质量对其转型发展具有重要影响。因此，学校和教育行政部门应关注教师的身心健康和生活质量，帮助他们解决工作和生活中的实际困难。例如，为教师提供定期的健康检查和心理辅导服务，帮助他们缓解工作压力、保持身心健康；同时，关注教师的住房、子女教育等问题，为他们提供必要的帮助和支持。通过这些措施的实施，让教师感受到学校和

社会的关爱和温暖，从而更加安心地从教、热忱地投入教育事业中。

第三节　具体路径与实施步骤

一、构建多元化发展平台，提升教师专业素养

（一）建立教师学习资源中心，提供便捷的学习条件

为提升教师专业素养，首先应为他们提供充足的学习资源。学校应建立教师学习资源中心，整合优质教育教学资源，包括图书、期刊、网络资源等，形成全面、系统、便捷的学习平台。教师可以通过这个平台，随时获取所需资料，了解最新教育理念和教学方法。同时，鼓励教师自主学习，制订个性化学习计划，明确学习目标和发展方向。学校提供指导和支持，帮助教师制订合理的学习计划，并督促其执行。此外，教师学习资源中心定期开展学习活动，如读书会、研讨会等，为教师提供交流学习的机会。通过这些活动，教师可以分享自己的学习心得和体会，互相启发和激励，形成良好的学习氛围。

（二）加强校际合作与交流，实现资源共享和优势互补

除校内资源外，学校应加强与其他学校的合作与交流，实现资源共享和优势互补。通过校际合作，教师可以参与教育教学研讨会、观摩活动等，与同行交流经验，学习先进理念和方法。这些活动有利于教师开阔视野，发现自身不足并加以改进。同时，邀请专家学者举办讲座或予以指导，为教师提供专业引领和智力支持，解决教育教学难题。

（三）建立健全教师评价机制，激发教师自我提升的动力

提升教师专业素养需要建立健全教师评价机制，注重过程性评价与结果性评价的结合。过程性评价关注教师的日常表现，如备课情况、课堂教学情况、作业批改情况等，通过定期检查与反馈，帮助教师发现不足并进行改进。

结果性评价关注教师的专业素养提升成果，如论文发表情况、课题研究情况、教学成绩等，反映教师的进步和成就，给予肯定和激励。学校应将专业素养提升成果纳入评价体系，与职称晋升、绩效考核挂钩，激发教师自我提升的动力，促使他们更加积极地参与学习和发展活动，不断提升专业素养。

二、创新教学模式和方法，提高教育教学质量

（一）积极探索以学生为中心的教学模式

1.创设问题情境，激发学生的学习兴趣

以学生为中心的教学模式要求教师在教学过程中创设问题情境，通过提出问题、引导思考等方式，激发学生的学习兴趣和求知欲望。教师应结合学生的生活实际和社会热点，设计具有挑战性和探究性的问题，使学生在解决问题的过程中掌握知识、发展能力。同时，教师可以运用多媒体技术、实验设备等手段，营造生动、形象的问题情境，增强学生的学习体验和学习效果。例如，在物理教学中，教师可以利用实验设备演示物理现象，引导学生观察、思考并提出问题。在历史教学中，教师可以通过讲述历史故事、展示历史图片等方式，将学生带入历史情境，激发学生的学习兴趣。通过创设问题情境，教师可以引导学生主动探究知识，培养他们的自主学习能力和问题解决能力。

2.组织合作学习，培养学生的团队协作能力

以学生为中心的教学模式注重学生的主体参与和合作学习。教师可以通过组织小组讨论、角色扮演、项目合作等活动，引导学生积极参与学习过程，培养他们的团队协作能力和沟通能力。在合作学习中，学生可以相互讨论、交流观点、分享资源，共同完成学习任务。这种学习方式不仅能提高学生的学习效率和学习质量，还能促进学生的全面发展。在英语教学中，教师可以组织学生进行角色扮演活动，让学生在模拟真实场景中运用英语进行交流。在数学教学中，教师可以引导学生通过小组讨论解决数学问题。通过合作学习，学生可以相互启发、相互帮助，共同提高学习效果。同时，合作学习还

能培养学生的团队协作精神和人际交往能力,为他们的未来发展奠定基础。

3.实施差异化教学,满足学生的个性化需求

以学生为中心的教学模式强调关注学生的个体差异和个性化需求。每个学生都是独特的个体,他们在学习兴趣、学习能力、学习方式等方面存在差异。因此,教师需实行差异化教学,根据学生的实际情况制定个性化的教学方案,以满足不同学生的需求。对于学习能力较强的学生,教师可以为他们提供更高层次的学习资源和挑战;对于学习能力较弱的学生,教师可以为他们提供更多的辅导和支持。同时,教师还可以根据学生的兴趣爱好设计不同的教学活动和作业任务,以激发学生的学习兴趣和积极性。通过实施差异化教学,教师可以使每个学生都能在原有基础上得到发展和提高,实现教育的公平和高效。

(二)加强信息技术与教育教学的深度融合

1.利用信息技术优化教学设计

教学设计是教育教学的关键环节,其质量直接影响教学成效。信息技术在教学设计中的应用,可以帮助教师更加科学、合理地进行教学设计。教师可以通过网络平台搜集多样化的教学资源,如文字、图片、视频、音频等,这些资源极大地丰富了教学设计的内容。同时,教师可以利用信息技术对教学内容进行数字化处理,制作多媒体课件和教学网站,使教学内容更加生动、形象和直观,便于学生理解和掌握。此外,信息技术还能帮助教师模拟和预测教学过程,更为精准地把握教学重点和难点,制定具有针对性的教学策略。通过信息技术的辅助,教师能够更高效地进行教学设计,提升教学效果和质量。

2.构建信息化教学环境

信息化教学环境是信息技术与教育教学深度融合的重要体现。教师可以通过构建网络学习平台、虚拟实验室、在线教室等信息化教学环境,为学生提供便捷、灵活的学习方式和实验条件。在这些环境中,学生可以利用电脑、手机等终端设备进行在线学习、提交作业、参与讨论,实现学习的个性

化和自主化。同时，信息化教学环境还为学生提供了丰富的学习资源和实验条件。例如，在虚拟实验室中，学生能够进行各种模拟实验，观察实验现象，加深对知识的理解和掌握。在网络学习平台上，学生能够浏览各种学习资源，包括课程视频、学习资料、在线测试等，拓宽知识面和视野。通过构建信息化教学环境，教师可以为学生提供更优质的教育服务，促进学生的全面发展。

3. 提升师生的信息素养

加强信息技术与教育教学的深度融合，需要提升师生的信息素养。信息素养是指人们在信息时代获取信息、处理信息、利用信息的能力和素质。对于教师而言，提升信息素养有助于他们更好地应用信息技术开展教学设计、教学过程和教学评价等工作。对于学生而言，提升信息素养有助于他们更好地利用信息技术进行学习、交流和创新等活动。为提升师生的信息素养，学校可以开设信息技术课程，加强信息技术培训和实践应用[1]。同时，学校还可以鼓励师生积极参加各种信息技术竞赛和活动，提高他们的信息技术应用能力和创新能力。通过提升师生的信息素养，推动信息技术与教育教学的深度融合，提升教育教学质量和效果。

（三）关注教育教学评价改革

1. 树立科学的评价观念

教育教学评价改革首先需要从评价观念上进行根本转变。传统的评价观念过于注重学生的知识掌握和考试成绩，而忽视了学生能力、素质和情感等方面的全面评价。这种评价模式容易导致学生片面追求分数，而忽视自身能力和素质的培养。因此，教师应树立科学的评价观念，明确评价的目的是促进学生的全面发展。同时，教师应关注学生的个体差异和个性化需求，实施差异化评价，使每个学生都能在原有基础上得到发展和提升。

---

[1] 董伊苇，宁波. 转型社会呼吁教师教育实现发展转型——联合国教科文组织教师教育中心全球教师专业发展论坛综述[J]. 比较教育学报，2022（1）：169-175.

2. 采用多样化的评价方法

传统的教育教学评价过多地依赖考试方式，虽然简便，但难以全面反映学生的实际情况。因此，教师应采用多样化的评价方法，包括观察、记录、问卷调查、作品展示、口头表达等多种形式，以实现对学生学习情况和发展状况的全面、客观评价。教师可以运用观察法，通过观察学生的课堂表现、学习态度、合作能力等方面进行评价；还可以采用作品展示法，让学生展示自己的作品或成果，更直观地了解学生的能力和素质。这些多样化的评价方法可以相互补充，全面反映学生的实际情况，为教育教学提供更加准确、客观的依据。

3. 建立完善的评价体系

教育教学评价改革还需要建立完善的评价体系，涵盖评价目标、评价内容、评价方法、评价标准等多个方面，以确保评价的客观性和公正性。同时，该体系应具有可操作性和可持续性，便于教师实际操作和长期跟踪评价。在建立评价体系时，教师应充分考虑学生的实际情况和发展需求，制定符合学生实际的评价目标和内容。同时，教师需要不断学习和掌握新的评价理念和方法，以适应教育教学评价改革的需求和发展趋势。通过建立完善的评价体系，教师能够更加科学、全面、客观地进行教育教学评价，为学生的全面发展提供更好的保障和支持。

三、加强师德师风建设，提升教师职业素养

（一）强化师德教育，树立正确的教育理念

1. 深化对师德内涵的理解，提升教师的自我修养

师德，即教师职业道德，涉及教师的职业理想、职业责任、职业态度、职业纪律等诸多方面。强化师德教育，首先需引导教师深入理解师德内涵，认识到师德不仅关乎个人形象，更关系到学生的成长和教育事业的发展。在此基础上，教师应自觉提升自我修养，注重言行举止，做到为人师表、以身作则。学校可通过组织师德研讨会、师德故事分享会等活动，为教师提供交流学习的平台，共同探讨师德的内涵与外延，激发教师内在的向上向善动力。

2. 强化教育理念更新，引领教师与时俱进

教育理念是教育行为的先导。随着社会的进步和教育改革的深入，传统教育理念已难以适应新时代的需求。因此，强化师德教育必须与时俱进，引导教师及时更新教育理念。学校应定期组织教师学习先进的教育理论，了解最新的教育动态，掌握前沿的教育方法。同时，鼓励教师积极参与教育改革实践，勇于探索创新，形成符合时代要求、具有个人特色的教育理念。通过不断学习和实践，教师能够更好地适应教育发展的新趋势，为学生的成长提供更为科学、全面的指导。

3. 加强师德与教学实践结合，提升教师教育能力

师德教育不是孤立的，必须与教学实践紧密结合，方能发挥其应有的作用。因此，在强化师德教育的过程中，应注重提升教师的教育能力。学校可组织教师开展教学观摩、教学研讨等活动，让教师在实践中学习、在反思中成长。同时，鼓励教师参与课题研究、教学改革等实践活动，将先进的教育理念转化为具体的教学行为。通过不断地实践锻炼，教师能够更熟练地掌握教育规律，更精准地把握学生的需求，从而提升自身的教育能力。

（二）严格师德考核，建立激励约束机制

1. 制定科学合理的师德考核标准

师德考核标准是衡量教师师德水平的重要尺度。制定科学合理的师德考核标准，是严格师德考核的前提和基础。考核标准应明确、具体、具有可操作性，涵盖教师的职业道德、教育教学行为、师生关系等诸多方面。同时，考核标准还应体现新时代对教师师德的新要求，引导教师树立正确的教育观、学生观和质量观。在制定考核标准的过程中，应广泛听取教师、学生、家长等各方意见，以确保考核标准的科学性和合理性。

2. 建立公正透明的师德考核机制

公正透明的考核机制是确保师德考核工作顺利开展的关键。学校应成立专门的师德考核机构，负责组织和实施师德考核工作。考核过程中，应注重听取学生、家长、同事等多方面的意见，以确保考核结果的客观性和

准确性。同时，学校还应建立师德考核结果的反馈机制，及时向教师反馈考核结果，指出存在的问题和不足，帮助教师制定改进措施。此外，学校还应将师德考核结果作为教师评优评先、职务晋升、绩效工资等的重要依据，形成鲜明的奖惩导向。

3. 建立有效的激励约束机制

激励约束机制是提升教师师德水平的重要手段。学校应建立完善的激励机制，对师德表现优秀的教师进行表彰和奖励，激发教师的内在动力。奖励形式可以多样化，如颁发荣誉证书、给予物质奖励、提供进修机会等。同时，学校还应建立严格的约束机制，对师德失范的教师进行严肃处理。处理措施应明确、具体、有力，如警告、记过、降职、解聘等。通过建立有效的激励约束机制，可以形成鲜明的奖惩导向，引导教师自觉遵守师德规范，提升自身的师德水平。

（三）营造尊师重教的校园文化氛围

1. 弘扬尊师重教的传统美德

尊师重教是中华民族的传统美德，也是现代文明社会的重要标识。学校作为传承文明、培养人才的重要阵地，应当大力弘扬尊师重教的传统美德。可以通过开展主题教育、悬挂标语横幅、播放宣传教育片等多种形式，使师生深刻认识到尊师重教的重要性[1]。同时，学校还应将尊师重教的理念融入日常教学和管理工作中，让师生在潜移默化中受到熏陶和感染。通过持续不断地宣传和教育，使尊师重教成为校园文化的重要组成部分，为营造良好的校园文化氛围奠定坚实的思想基础。

2. 提升教师的社会地位和职业声望

教师的社会地位和职业声望直接关乎教师的职业荣誉感和归属感。提升教师的社会地位和职业声望，是营造尊师重教校园文化氛围的重要举措。

---

[1] 官翠娥. 新时代转型发展高校"课程思政"教师队伍建设[J]. 中国多媒体与网络教学学报（上旬刊），2021（10）：138–140.

学校可以通过加强与社会各界的联系和合作，邀请知名人士、优秀校友等进校园开展讲座、交流活动，让教师有更多展示自我的机会和平台。同时，学校还应加大对教师先进事迹的宣传力度，让社会更加了解和认可教师的辛勤付出和无私奉献。此外，学校还可以通过提高教师的待遇和福利、改善教师的工作环境等方式，让教师感受到学校的关爱和尊重，从而增强教师的职业荣誉感和归属感。

3.培养学生的感恩意识和尊师情怀

学生是校园文化氛围的主要营造者之一，培养学生的感恩意识和尊师情怀对于营造尊师重教的校园文化氛围具有重要意义。学校可以通过开展感恩教育、举办师生座谈会、组织师生联谊活动等方式，增进学生对教师的了解和感情。同时，学校还应注重在日常教学和管理工作中培养学生的尊师情怀，让学生懂得尊重教师的劳动成果和人格尊严。通过持续不断地教育和引导，使学生将尊师重教内化为自己的自觉行为，为营造良好的校园文化氛围贡献自己的力量。

第四节 策略与路径的可行性分析

一、加强教师专业素养培训，提升教育教学能力

（一）明确培训目标，制订个性化培训计划

1.确立清晰的培训目标体系

教师需要不断学习和掌握先进的教育教学理念和方法，洞悉教育改革的方向和趋势。学校应组织定期的教育教学理论研习活动，邀请专家学者举办讲座，引导教师深入学习教育学、心理学、学科教学等理论知识，以提升教师的理论素养。教学技能是教师必备的基本功，学校可通过组织教学观摩、教学研讨、教学技能竞赛等活动，促进教师教学技能的交流和提升。同时，鼓励教师踊跃参与教学实践，探索创新教学方法，积累教学经验，

提高解决实际问题的能力。教师的学科素养是教师专业发展的核心，学校应根据教师的学科背景和任教学科，有针对性地开展学科培训和研修活动。通过深入探究学科知识体系、学科前沿动态和学科教学方法，提高教师的学科素养和教学水平。

教师专业素养培训的目标应是一个多维度、层次分明的体系。首要目标是提升教师的教育教学能力，包括教学设计、课堂教学、学生评价等各个环节的能力。其次是更新教师的教育观念，引导他们从传统的以知识传授为中心的教学模式转向以学生发展为本的教育理念。再次是掌握现代教育技术，能够熟练运用各种教育技术和工具，提升教学效果。这些目标应既契合教育改革的方向，又贴近教师的实际需求，确保培训工作的针对性。在确定培训目标时，还需充分考量教师的职业发展阶段和个体差异。不同教龄、不同学科、不同地区的教师所面临的挑战和发展需求各异，因此培训目标应具有针对性和灵活性。例如，对于新入职的教师，可以重点培养他们的教学基本功和班级管理能力；对于中年教师，可以关注他们的职业倦怠问题，通过培训激发他们的教育热情和创新精神；对于老年教师，可以尊重他们的教育经验，同时引导他们接受新的教育理念和教学方法。

2. 制订个性化的培训计划

制订个性化的培训计划是实现培训目标的重要保障。培训计划应根据教师的实际情况和需求制定，包括教师的专业素养现状、个人发展目标、学校发展需求等因素。通过问卷调查、访谈等方式，全面了解教师的需求和期望，为制订个性化的培训计划提供依据。个性化的培训计划应包括具体的培训内容、培训方式、培训时间和地点等要素。培训方式可采用讲座、研讨会、实践操作等多种形式，以满足不同教师的学习风格和需求。培训时间和地点应充分考虑教师的工作安排和实际情况，确保他们能按时参加培训并取得实效。

3. 注重培训过程的监督和评估

明确培训目标和制订个性化培训计划仅是培训工作的起点，要确保培训效果，还需注重培训过程的监督和评估。同时，还需建立科学的评估体系，对教师的专业素养和教育教学能力展开全面评估，为后续的培训工作提供有力依据。监督和评估工作应贯穿整个培训过程，不仅要关注教师的知识掌握情况，还要留意他们的态度变化和能力提升情况。通过课堂观察、学生评价、同行评议等多种方式收集信息，对教师的培训效果进行客观公正的评价。同时，还应建立激励机制和奖惩机制，对表现优秀的教师予以表彰和奖励，对培训成效不佳的教师进行督促和帮扶。这样才能切实确保教师专业素养培训工作的有效性和长效性。

（二）丰富培训内容，创新培训方式

1. 构建多元化的培训内容体系

培训内容应相互关联、相互支撑，共同构筑教师专业素养的完整架构。因此，在构建培训内容体系时，应注重内容的多元化和整合性。除传统的教育理论知识外，还应关注最新的教育理念和教学方法，如项目式学习、情境教学等。这些内容有助于教师更新教育观念，提升教学创新能力。同时，还应加强学科专业知识的培训，帮助教师深入掌握所教学科的前沿知识和研究方法。教育心理学和教育技术的培训也是必不可少的，它们能帮助教师更好地理解学生的学习过程，提高教学效率和效果。

2. 创新多样化的培训方式

传统的教师培训方式往往以讲座、研讨会等形式为主，虽然能传递大量信息，但缺乏互动和实践环节，容易导致理论与实践的脱节。因此，在创新培训方式时，应注重方式的多样化和实践性。可以采用案例分析、实践操作、小组合作等更为灵活多样的培训方式。案例分析有助于教师从实际教学中提炼经验和教训，提升解决问题的能力；实践操作可以让教师在模拟或真实的教学环境中进行实践，将理论知识转化为实际技能；小组合作能够促进教师之间的交流和合作，共同解决问题并分享经验。此外，还可以借助现代信息技术手段，如网络培训、远程教育等，打破时间和空间的限制，为教师提供更为便捷和灵活的培训方式。这些方式能让教师根据自己的时间和节奏进行学习，提高培训的自主性和效率。

3.强化培训的实践导向和成果应用

教师专业素养培训的最终目的是提升教师的教育教学能力，促进学生的全面发展。因此，在丰富培训内容和创新培训方式的同时，还应强化培训的实践导向和成果应用。将培训内容与实际教学紧密结合，引导教师将所学知识和技能运用于实际教学中。通过教学观摩、课堂实践等方式，让教师在实践中体验和感悟培训内容的价值和意义。建立培训成果的应用机制，鼓励教师在教学实践中运用培训成果，提升教学效果和质量。可以将教师的优秀教学案例、教学反思等成果进行汇编和推广，为其他教师提供借鉴和参考。通过定期的评估和反馈，确保培训工作的针对性和实效性，促进教师的专业成长和发展。

（三）建立持续学习机制，促进教师专业发展

1.树立终身学习的理念

终身学习是当今社会的重要特征，也是教师专业发展的必然要求。身为知识的传播者和学生成长的引路人，教师必须不断更新自身的知识结构和教育观念，以顺应教育改革和发展的需要。因此，树立终身学习的理念是促进教师专业发展的首要任务。教师应深刻认识到学习的重要性和必要性，将其视为提升专业素养、适应教育变革、提高教育质量的必由之路[1]。只有不断学习，才能紧跟时代步伐，为学生提供更为优质的教育服务。此外，教师应经常对自己的教学实践进行反思和总结，找出存在的问题和不足，并探索改进的方法和策略。通过自我反思，教师能够不断完善教学理念和教学方法，提升教学效果和质量。

2.构建多元化的学习平台

为促进教师的专业发展，必须构建多元化的学习平台，提供校内外丰富的学习资源和学习机会，满足教师不同层次、不同方面的学习需求。学

---

[1] 孔晓玲.教师教学思维转型：从学习目标的设计开始[J].中小学管理，2021（9）：17-20.

校应定期组织教研活动、教学沙龙、课题研究等,为教师构筑交流和学习的平台。在这些活动中,教师可以分享教学经验和成果,学习先进的教学理念和方法。同时,通过邀请专家讲座、组织教师参加校外培训、与其他学校开展合作交流等方式,为教师提供更多的学习机会和资源,帮助他们开阔视野,洞悉最新的教育理念和教学方法。此外,应鼓励教师自主学习和自我提升,提供图书馆、电子阅览室等学习场所和资源,支持教师参与学历提升、专业资格认证等学习活动。建立激励机制和奖励机制,对在学习和研修方面取得显著成绩的教师进行表彰和奖励。

3.建立科学的评价体系和激励机制

为促进教师的专业发展,必须建立科学的评价体系和激励机制。这些机制和体系应能够客观公正地评价教师的专业素养和教育教学能力,激发教师的学习热情和发展动力。学校应建立科学的教师评价体系,包括教学质量、科研成果、学生评价等多个评价指标。通过定期的评价和考核,全面把握教师的专业素养和教育教学能力水平,为教师的专业发展提供有力依据。同时,建立激励机制和奖励机制,对在学习和研修方面取得突出成绩的教师进行表彰和奖励,如设立优秀教师奖、教学成果奖等。这些奖励不仅能激发教师的学习热情和发展动力,还能提升教师的职业认同感和归属感。

总之,建立持续学习机制、促进教师专业发展是一项长期而艰巨的任务。只有树立终身学习的理念、构建多元化的学习平台、建立科学的评价体系和激励机制,才能真正实现教师的专业发展,提高教育教学质量,为学生的全面发展做出更大的贡献。

二、推动教师参与教育研究,提升教育创新能力

(一)激发教师的教育研究兴趣

为促使教师积极参与教育研究,首先要激发他们对教育研究的兴趣。教师可借由参加学术研讨会、阅读教育期刊、关注教育前沿动态等途径,

第四章　中小学教师转型发展的策略与路径

深化对教育研究的认识和兴趣。学校也可以组织教师参与教育研究项目，使其亲身感受研究的乐趣和挑战，从而激发参与热情。此外，学校应建立教育研究激励机制，对在研究中取得显著成绩的教师予以表彰和奖励，以此激励更多教师投身教育研究。同时，学校应为教师提供必要的研究资源和支持，如图书馆、电子阅览室、研究经费等，以便教师开展教育研究工作。

（二）培养教师的教育研究能力

教育研究需具备一定的理论素养和方法论基础。因此，推动教师参与教育研究，必须培养教师的教育研究能力。学校可通过组织教育研究方法培训、邀请专家举办讲座、开展教育研究案例分析等方式，帮助教师掌握研究的基本理论和方法。

同时，学校还应鼓励教师自主学习和研究，如阅读相关书籍、参加在线课程等，以拓宽研究视野和知识面。此外，学校可以建立教师研究团队或小组，鼓励合作研究，共同解决教育实践中的问题。通过团队合作和交流，教师可以相互学习、取长补短，共同提升研究能力。

（三）将教育研究与教育实践相结合

教育研究的终极目标在于改进教育实践、提升教育质量。因此，在推动教师参与教育研究的过程中，必须将教育研究与教育实践相结合。教师可以通过开展行动研究、案例研究等方式，将研究成果应用于实际教学，以检验研究成果的有效性和可行性。同时，学校应建立教育研究与教育实践相结合的机制，如组织教学观摩、开展教学研讨活动等，使教师在实践中发现问题、研究问题并解决问题。通过这种方式，教师能更深刻地理解教育研究的实际意义和价值，从而更积极地参与教育研究工作。

此外，学校应鼓励教师分享和交流研究成果。通过举办学术研讨会、编写研究论文集等方式，让更多教师了解并应用研究成果，共同推动教育实践的创新和发展。

三、构建教师学习共同体，促进教师间交流与合作

（一）树立共享理念，营造互助合作的文化氛围

1. 倡导开放包容，打破传统思维定式

为树立共享理念，首先需营造开放包容的文化氛围。在传统教学观念中，教师往往被视为知识的权威和传授者，缺乏与其他教师的交流与合作。这种孤立、封闭的状态不仅限制了教师的专业发展，也影响了学校教育教学质量的提升。因此，学校需打破这种传统思维定式，倡导开放、包容、合作的文化氛围，鼓励教师相互学习、相互借鉴，共同分享教学经验和教学资源。同时，学校应尊重每位教师的个性和特长，为他们提供展示自我、发挥才能的平台。通过这些措施，使教师感受到学校的支持和鼓励，从而更积极地参与到共享与合作中来。

2. 强化团队合作意识，建立共同愿景

树立共享理念，还需强化教师的团队合作意识。教师学习共同体是由多位教师组成的团队，只有团队成员相互信任、相互支持，才能形成强大的合作力。因此，学校需加强教师的团队建设和培训。通过组织各类团队活动，如拓展训练、团队合作项目等，增强教师间的凝聚力和归属感。同时，学校应引导教师建立共同的愿景和目标，明确团队的发展方向和任务。如此，教师才能更清晰地认识到自身在团队中的角色和责任，更积极地投入合作。此外，学校可以通过建立激励机制和奖励机制，鼓励教师间的合作[1]。例如设立优秀教学团队奖、教学成果共享奖等荣誉，对在团队合作中表现突出的教师予以表彰和奖励。这些措施能有效激发教师的合作热情和创新精神，推动教师学习共同体的持续发展。

---

[1] 张银笑. 信息化教学改革下高职商务英语教师角色转型与发展[J]. 财富时代, 2021(8): 247–248.

3. 注重成果分享与反馈，形成良性循环

树立共享理念并营造互助合作的文化氛围，还需注重成果分享与反馈机制的建设。在教师学习共同体中，每位教师既是学习者也是贡献者。他们通过交流与合作，共同研究教育教学问题，形成新的教学思想和教学方法。若这些成果能得到及时有效的分享和反馈，不仅能激发教师的创新热情，也能为其他教师提供有益的参考和借鉴。

因此，学校需建立完善的成果分享与反馈机制。例如，定期组织教师进行教学成果展示活动，邀请其他教师观摩和评价；建立教学成果数据库，整理归档优秀教学案例、课件、论文等，方便其他教师查阅学习；设立专门的教学反馈渠道，收集教师对教学工作的意见和建议，及时反馈和改进。

（二）搭建多元化的交流平台，促进教师间的深度互动

1. 建立线上线下相结合的交流平台

为促进教师间的深度互动，学校应建立线上线下相结合的交流平台。该平台不仅能用于日常教学问题的咨询和讨论，还可用于分享教学资源、教学经验等。线下交流可以使教师更直观地了解彼此的教学方法和教学理念，从而更有效地借鉴和学习。

2. 鼓励跨学科、跨年级的交流与合作

为拓宽教师视野，学校应鼓励跨学科、跨年级的交流与合作。不同学科、不同年级的教师具备不同的教学经验和教学视角，通过交流与合作，可以相互启发、相互借鉴，催生新的教学思想和教学方法。学校可以定期组织跨学科、跨年级的教学研讨会或教学活动，为教师提供共同探讨教育教学问题、分享各自教学经验和成果的机会。这种交流与合作不仅能提升教师的专业素养，还能增强教师的团队协作能力和创新能力。

3. 创设多样化的交流形式与内容

为激发教师的参与热情，学校应创设多样化的交流形式与内容。除传统教研活动、课题研究等形式外，还可以尝试新的形式，如教师沙龙、茶话会、教学故事分享会等。这些形式能让教师在轻松愉悦的氛围中进行交

流，缓解工作压力，增进教师间的友谊和信任。同时，学校应根据教师需求和兴趣设置交流内容，如教育教学理论研讨、教学方法创新、学生管理问题等。这些内容能激发教师的思考和研究兴趣，促进教师间的深度互动和合作。

（三）完善激励机制，激发教师参与共同体的积极性

1. 建立科学的评价体系

为激发教师参与共同体的积极性，首先需建立科学的评价体系。该体系应全面、客观地反映教师在共同体中的贡献和表现，涵盖教学成果、教学资源分享、课题研究参与度、教研活动贡献等方面。通过这样的评价体系，教师能清晰认识自身在共同体中的定位和价值，从而更有动力参与各项活动。同时，评价体系应注重过程性评价和结果性评价的结合。过程性评价关注教师在共同体活动中的参与度、合作精神和创新能力，而结果性评价则聚焦教师的教学效果、研究成果等。这样的评价方式既能鼓励教师积极参与，又能肯定他们的努力和成果，有效激发他们的积极性。

2. 设立明确的奖励机制

除建立科学的评价体系外，还需设立明确的奖励机制。奖励可以包括物质奖励，如发放奖金、提供晋升机会等；也可以为精神奖励，如授予荣誉证书、给予荣誉称号等。通过这些奖励，教师能感受到自己的付出获得了认可和尊重，从而更积极地参与共同体活动。同时，奖励机制应具备公平性和透明度。公平性要求奖励标准和程序公开、公正，确保每位教师拥有平等的获奖机会；透明度则要求奖励评选过程和结果公开透明，接受全体教师的监督。这样的奖励机制方能真正发挥激励作用，激发教师参与共同体的积极性。

3. 提供充足的资源和支持

激发教师参与共同体的积极性，还需提供充足的资源和支持。这些资源包括学习资料、教学设备、研究经费等，为教师的研究和学习活动提供必要支持。同时，学校可以为教师提供专门的学习和培训机会，如组织教

师参加学术研讨会、邀请专家举办讲座,帮助教师拓宽视野、提升专业素养。此外,学校应为教师参与共同体活动提供充足的时间和空间,合理安排教师的教学任务和工作量,确保他们有足够的时间和精力参与共同体的交流与合作。同时,学校可以设立专门的活动场所或线上平台,方便教师进行面对面交流或线上协作。

第五章　中小学教师转型发展中的关键能力培养

第一节　关键能力的内涵与构成

一、教育教学设计与创新能力

（一）精准把握课程标准与学生需求

教育教学设计的首要任务在于精准把握课程标准和学生需求。课程标准是教学设计的指南针，它为教师提供了明确的教学目标和内容要求。教师需深入研读课程标准，准确理解其中的知识点、技能点和情感态度价值观等要求，确保教学设计不偏离正轨。同时，学生需求是教学设计的出发点和落脚点。教师需充分了解学生的年龄特征、认知规律、学习风格等个体差异，以及他们的兴趣爱好、生活经验等背景信息。只有深入了解学生，教师才能设计出符合学生实际的教学方案，使教学更贴近学生的需求和期望。

在精准把握课程标准和学生需求的基础上，教师还需关注教学内容的选择和组织。他们需从丰富的课程资源中筛选出符合课程标准和学生需求的教学内容，并按照一定的逻辑顺序和组织结构予以呈现。这样的教学设计既能保证教学的系统性和连贯性，又能激发学生的学习兴趣和积极性。

（二）创新教学方法与手段

创新教学方法与手段是教育教学设计与创新能力的重要体现。传统的教学方法往往以教师为中心，注重知识的灌输和技能的训练，而忽视了学生的主体地位和自主发展。现代教育理念强调以学生为中心，注重学生的自主学习、合作学习和探究学习。因此，教师需创新教学方法与手段，以适应现代教育的发展需求。一方面，教师可以尝试运用多样化的教学方法，如情境教学、案例教学、项目式学习等。这些方法强调学生在真实或模拟的情境中进行学习和探究，通过解决实际问题来掌握知识和技能。这样的教学方法能激发学生的学习兴趣和探究欲望，提高他们的自主学习能力和问题解决能力。另一方面，教师还可以利用现代信息技术手段来创新教学方式。随着科技的不断发展，多媒体教学、网络教学等新型教学方式逐渐兴起。教师可以利用这些技术手段来呈现丰富多样的教学内容和形式，如制作精美的课件、设计互动的网络课程等。这些技术手段不仅能提高教学的生动性和趣味性，还能为学生提供更为便捷和个性化的学习体验。

（三）持续反思与优化教学设计

教育教学设计与创新能力还要求教师具备持续反思与优化教学设计的能力。教学设计是一个动态的过程，它需随着教学实践的深入而不断进行调整和优化。反思是优化教学设计的重要途径。教师可以通过撰写教学日志、观摩同行教学、参加教研活动等方式来进行反思。在反思过程中，教师需深入思考自己的教学理念、教学方法、教学资源等方面是否存在问题，并寻求改进的策略和方法。同时，教师还需积极借鉴他人的成功经验和做法，不断完善自己的教学设计和创新能力。要求教师精准把握课程标准和学生需求、创新教学方法与手段、持续反思与优化教学设计。只有具备这些能力，教师才能设计出符合现代教育理念和学生需求的教学方案，提高教学效果和学生的学习兴趣，为学生的全面发展奠定坚实的基础。同时，这种能力也是教师自身专业成长和发展的重要保障，有助于提升教师的职业素养和综合竞争力。因此，在中小学教师转型发展过程中，应高度重视教育教学设计与创新能力的培养和提升。

二、学生发展指导与心理辅导能力

（一）全面的学生发展指导

1. 认知发展与学习能力指导

认知发展是指个体在成长过程中，其认知结构和功能随年龄增长而发生的有规律的变化过程，涉及感知、记忆、思维、语言等多个方面。学习能力则是个体获取新知识、技能以及价值观，并能将其应用于实际情境中的能力。认知发展与学习能力密切相关，前者为后者提供了基础和框架，而学习过程又进一步促进认知能力的发展。在促进中小学教师转型发展中，针对认知发展与学习能力的指导是核心要素之一，它要求教师培养出一系列关键能力以适应现代教育需求。首先，教师应精通学习科学原理，运用认知心理学知识设计教学活动，如分层教学、差异化指导，确保满足不同认知阶段学生的学习需求。其次，教师要掌握并融合信息技术工具，如智能教学平台和数字教育资源，以增强教学互动性，提升学生主动学习与信息处理能力。再次，教师应培养批判性思维和问题解决导向的教学策略，通过项目式学习、案例分析等方法，激励学生深入探究，培养其创新与综合分析能力。同时，教师需具备高效的学习评估技巧，利用形成性评价与即时反馈机制，精准把握学生认知发展进程，及时调整教学策略。此外，教师应不断自我反思与专业成长，参与教育研究、工作坊和同行交流，以持续更新教育理念与实践方法，促进自身转型为学习设计师与引导者，最终在认知发展与学习能力指导方面发挥至关重要的作用，为学生的终身学习奠定坚实基础。

2. 社会交往与社会适应指导

随着社会的快速发展和信息化水平的不断提高，传统的知识传授功能已不能完全满足教育的需求，中小学教师的角色也在向指导者和引导者转变。这种转型不仅要求教师具备扎实的专业知识，更需要他们能够引导学生发展必要的社会交往与适应能力，以帮助学生更好地融入社会，应对未来生活的各种挑战。

第五章　中小学教师转型发展中的关键能力培养

首先，社会交往能力是指个体在社会交往中所表现出的有效沟通、恰当表达、理解他人和处理人际关系的能力。这种能力的培养对学生未来的学习、生活乃至职业发展都具有深远的影响。中小学是社会交往能力培养的关键阶段，教师在这一过程中的作用不可小觑。教师可以通过组织多样化的社交活动，如团队合作游戏、角色扮演、辩论赛等，让学生在实践中学习如何与他人有效沟通、协作和解决冲突。此外，教师应通过课堂教学积极推广和实践包容、尊重等社会价值观，帮助学生建立正向的人际关系观。

其次，社会适应能力是个体对社会环境变化的适应和调整能力，它涉及情绪管理、压力处理、自我认知等多个方面。中小学生正处在心理和生理迅速发展的阶段，他们面临的学习压力、人际关系变动等挑战不断增加，因此，社会适应能力的培养尤为重要。教师可以利用情景模拟、心理辅导、情绪管理训练等方式，帮助学生认识和表达自己的情绪，学会从容应对各种社会情境。

为了更好地履行这些职责，教师自身也需要不断提升相关的专业能力和素养，这包括但不限于加强自身的心理教育学习、更新教学方法和手段以及提高情绪智力等。通过参与专业培训、研讨会和实践活动，教师可以不断地学习新的教育理念和技巧，从而更有效地指导学生发展其社会交往和适应能力。

（二）有效的心理辅导技巧

1. 倾听与同理心

倾听是心理辅导中最为基础的技巧之一。当学生寻求帮助时，他们往往渴望一个能够耐心倾听他们心声的人。因此，教师需摒弃个人偏见和判断，全心全意地倾听学生的讲述。在倾听过程中，教师不仅应关注学生的言语内容，还应留意他们的非言语信息，如面部表情、肢体动作等，以全面理解学生的情感和需求。同理心是倾听的深化，它要求教师能够设身处地地理解学生的感受。当学生感受到被理解和接纳时，他们更愿意敞开心扉，分享内心的想法和感受。因此，教师应培养学生的同理心，教会他们换位思考，理解他人的情感和困境。

2. 提问与引导

提问是心理辅导中常用的技巧之一。通过提问，教师能引导学生深入思考自身问题，探寻问题的根源及可能的解决方案。在提问时，教师应注意提问的方式和语气，避免让学生感到被质疑或评判。同时，教师的提问应具有针对性和开放性，激发学生的思考和自我探索。当学生陷入困境或难以找到解决问题的方法时，教师应给予适当的引导。引导可包括提供新的视角、分享类似经验或提出建设性建议。通过引导，教师能帮助学生摆脱困境，找到解决问题的方向。

3. 建立信任与提供支持

建立信任是心理辅导成功的关键。学生只有在信任教师的情况下，才会敞开心扉，分享自己的问题和困惑。因此，教师应注重与学生建立信任关系。他们可以通过真诚的态度、保密的原则及持续的关心来赢得学生的信任。同时，教师还应尊重学生的个性和隐私，避免伤害学生的自尊心和自信心。提供支持是建立信任的延伸。当学生面临困难或挑战时，他们需要得到教师的支持和鼓励。教师可以通过肯定学生的努力、提供实质性帮助或引导学生寻找其他资源来给予支持。这种支持不仅能增强学生的自信心和勇气，还能促进他们的成长和发展。

（三）建立积极的师生关系

1. 尊重与理解

建立积极师生关系的基础是尊重与理解。每位学生都是一个独立的个体，拥有自己的思想、情感和需求。因此，教师应尊重学生的个性差异和独特性，避免用单一标准衡量和评价所有学生。同时，教师需努力理解学生的内心世界，关注他们的情感需求和学习困难，提供个性化的指导和支持。在实践中，教师可以通过多种方式表达对学生的尊重和理解。例如，在课堂上，教师可以鼓励学生发表个人观点和见解，认真倾听他们的发言，并给予积极的反馈和评价。在课余时间，教师可以主动与学生交流，了解他们的学习进展和生活情况，提供及时的帮助和支持。这种尊重和理解的态度能够使学生感受到被关注和被重视，从而增强他们的自信心和学习动力。

2. 公平与公正

公平与公正是建立积极师生关系的重要保障。在教育过程中，教师应平等对待每一位学生，既不偏袒，也不歧视。无论学生的成绩或背景如何，每位学生都应享有公正评价和对待的机会。为实现公平与公正，教师需制定明确、合理的评价标准，并根据这些标准对学生的表现进行客观、公正的评价。同时，教师还应注重评价方式的多样性和灵活性，以适应不同学生的特点和需求。此外，在处理学生之间的纠纷和冲突时，教师也应保持公正和中立，不偏袒任何一方，维护学生的权益和尊严。这种公平与公正的做法能使学生感受到教师的公正和权威，从而增强对教师的信任和尊重。

3. 互动与合作

互动与合作是建立积极师生关系的重要途径。教育过程是一个师生互动、生生互动的过程，只有通过充分的互动与合作，才能促进师生间的情感交流和知识传递。因此，教师应注重与学生的互动与合作，营造积极、和谐的课堂氛围。在课堂上，教师可以运用多样化的教学方式和手段，激发学生的参与意识和合作精神。例如，教师可以组织小组讨论、角色扮演、合作学习等活动，让学生积极参与，发挥自身优势和特长。同时，教师还应注重与学生的情感交流，以亲切的语言和肢体动作表达对学生的关怀和鼓励。这种互动与合作的方式能够使学生感受到教师的亲近和支持，从而增强他们的学习积极性和合作精神。

三、教育研究与自我发展能力

（一）持续地学习与研究

1. 不断更新教育理念

教育理念是教育行为的先导，直接影响教师的教学方法和学生的学习成效。随着社会的进步和教育的发展，教育理念也在不断更新和演变。因

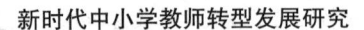

此，教师需持续学习，关注最新教育理念，理解其内涵和价值，并将其融入教学实践中。为达成此目标，教师可以通过阅读教育类书籍、期刊和论文，了解最新教育理论和研究成果；参加教育培训、学术研讨会等活动，与同行交流经验、分享心得；关注教育政策动态和教育改革方向，把握教育发展趋势和规律。通过这些途径，教师能够不断更新自己的教育理念，提升教育教学的针对性和实效性。

2. 深入研究学科知识

学科知识是教师教学的基础。只有深入掌握学科知识，教师才能准确把握教学内容的重点和难点，采用有效的教学方法和手段，帮助学生理解和掌握知识。因此，教师需持续研究学科知识，不断拓宽知识视野，提升专业素养。为达成此目标，教师可以通过参加学科培训、学术研讨会等活动，了解学科发展的最新动态和前沿成果；阅读学科专业书籍、期刊和论文，深入钻研学科知识；积极参与学科研究项目，通过实践锻炼研究能力和解决问题的能力。通过这些途径，教师能够不断提升学科素养和教学水平，为学生提供更优质的教育服务。

3. 反思与总结实践经验

实践经验是教师宝贵的财富。通过反思和总结实践经验，教师能够发现自身优点和不足，找到改进的方向和方法。同时，反思还能帮助教师将理论与实践相结合，将所学教育理念和方法应用于实际教学之中，提升教学实践能力。为达成此目标，教师可以在每次教学后进行自我反思和总结，思考教学过程是否达到了预期目标、哪些环节表现良好、哪些环节需要改进；邀请同事或专家对自己的教学进行观摩和点评，从他们的反馈中获取宝贵建议；将自己的教学经验和心得整理成文字或视频形式进行分享和交流。通过这些途径，教师能够不断完善教学技能和教学策略，提升教学实践能力。

（二）反思与实践相结合

1. 以实践为基础的反思

有效的反思必须建立在实践的基础之上。教师应时刻关注自身的教学实践，从中发现问题、提炼经验。实践是反思的源泉，只有深入教学实践，教师才能获得真实、具体的教学体验，为后续的反思提供坚实支撑。为实现以实践为基础的反思，教师可以采用多种方法。首先，教师可以通过课堂观察、教学日志等方式记录教学实践过程，捕捉关键事件和细节。其次，教师可以邀请同事或专家进行课堂观摩，从他们的视角获取对自身教学实践的反馈。最后，教师还可以定期回顾教学录像或音频资料，以更客观、全面的视角审视自己的教学实践。

2. 反思指导实践

反思的目的在于指导实践，提升教学质量。教师应将反思所得转化为具体的教学行动，改进教学实践。通过反思，教师能够发现教学中的不足之处，明确改进的方向和目标，进而制定出更符合学生需求、更有效的教学方案。为实现反思对实践的指导，教师需具备将反思成果转化为实践的能力。这要求教师不仅要善于发现问题、分析问题，还要善于解决问题。教师可以通过参加教育培训、与同行交流等方式提升问题解决能力。同时，教师还可以将反思成果以文字或图形形式呈现，形成具体、可操作的教学计划或教学方案，为教学实践提供明确的指导。

3. 在实践中不断验证和完善反思成果

实践是检验反思成果的重要途径。教师应将反思所得应用于实际教学中，观察其效果并进行持续的调整和完善。只有通过实践的验证，教师才能确定哪些反思成果是有效的、哪些需要进一步改进。这种在实践中不断验证和优化反思成果的过程，实质上就是教师专业成长的过程。

为实现这一目标，教师需保持对实践的敏感性和批判性。他们应时刻关注教学实践中的变化和问题，及时调整教学策略和方法。同时，教师还需具备勇于尝试和创新的勇气，敢于在实践中尝试新的教学理念和方法。通过不断地实践、反思、再实践的过程，教师可以逐步提升专业素养和综合能力水平。

（三）创新与探索精神的培养

1. 勇于尝试新的教学理念和方法

教育领域充满了变数和挑战，没有一种教学方法是永恒适用的。具备创新与探索精神的教师，勇于尝试新的教学理念和方法，不断探寻更适合学生发展的教学方式。他们不满足于现状，积极探索未知领域，致力于为学生提供丰富多样的学习体验。为培养这种勇于尝试的精神，教师需要保持对教育领域的敏感度和好奇心，及时关注最新的教育理念和方法。同时，教师应具备批判性思维，对现有的教学理念和方法进行深入剖析和评价，揭示其不足之处和局限性。此外，教师可以通过参加教育研讨、观摩优秀教师的教学实践等方式，拓宽教学视野，激发创新灵感。

2. 在教学实践中不断创新和完善

创新不仅是一种理念，更是一种行动。具备创新与探索精神的教师，不仅敢于尝试新的教学理念和方法，更能在教学实践中不断创新和完善。他们善于从实践中发现问题、总结经验，不断优化教学方式和策略。这种在实践中不断创新的精神，是推动教师个人成长和教育事业发展的重要动力。在教学实践中不断创新和完善，教师需要具备扎实的教育理论基础和丰富的教学实践经验。同时，教师应具备敏锐的观察力和判断力，能够及时发现教学实践中的问题并寻求有效的解决方案。此外，教师还需要保持开放包容的心态，愿意听取他人的意见和建议，不断反思和修正教学实践。

3. 积极探索教育规律和学生发展规律

教育与学生发展皆有其规律可循。具备创新与探索精神的教师，善于从教育实践中总结规律、发现问题，积极探索教育和学生发展的本质和规律。他们不仅关注学生的当前表现，更关注学生的长远发展，努力为学生的全面发展创造更优质的教育环境。积极探索教育规律和学生发展规律，教师需要具备深厚的学科知识和教育理论知识。同时，教师应具备科学的研究方法和严谨的研究态度，能够从实践中提炼出有价值的经验和规律。此外，教师还需要保持持续学习和研究的状态，不断更新知识储备和认知结构，为探索教育规律和学生发展规律提供有力支持。

第二节　关键能力的培养方法与途径

一、教育教学理论学习与实践反思相结合

（一）理论学习：构建坚实的专业基础

1.深入理解教育理念和教学原理

教育理念和教学原理是教师教育教学活动的指导思想。通过理论学习，教师能够深入理解各种教育理念和教学原理的内涵、特点及应用场景，明确自身教育价值观和教学方向。例如，学习人本主义教育理念，教师可以更加关注学生的情感、需求和兴趣，营造积极、民主、和谐的教学氛围；学习建构主义教学原理，教师可以更加注重学生的主动建构和合作学习，设计情境性、探究性、协作性的教学活动。在理论学习过程中，教师应注重理论与实践的结合，将所学理念和原理与自身教学实践相对照，思考如何将其融入实际教学，提升教学效果。

2.掌握先进的教学方法和手段

教学方法和手段是教师实现教学目标的重要途径。通过理论学习，教师能够了解并掌握各种先进的教学方法和手段，如项目式学习、翻转课堂、微课等，丰富教学手段，提高教学效果。例如，学习项目式学习，教师可以引导学生围绕真实问题或主题展开深入探究，培养问题解决能力和创新能力；学习翻转课堂，教师可以调整课堂内外时间，将学习的决定权从教师转移至学生，提升自主学习能力和课堂参与度。在掌握先进教学方法和手段的过程中，教师应注重方法的适用性和实效性[1]。不同的教学方法和手段适用于不同的教学内容和学生群体，教师需根据实际情况进行选择和

---

[1] 石循忠.转型发展中高校教师专业成长的"五位一体"模式［J］.当代教育理论与实践，2021,13（3）：132-137.

应用。同时,教师还需关注教学方法和手段的发展趋势和最新成果,及时引入新的方法和手段到教学中。

3. 提升学科素养和跨学科整合能力

学科素养是教师从事教育教学活动的基本素质之一。通过理论学习,教师能够深入了解所教学科的知识体系、基本原理和思想方法,提升学科素养和教学质量。随着教育改革的不断深入和课程整合的趋势日益明显,教师需具备跨学科整合的能力,将不同学科的知识和方法有机融合,创新教学方式和内容。在提升学科素养和跨学科整合能力的过程中,教师应注重知识的系统性和完整性。他们可以通过参加专业培训、阅读专业书籍和期刊、参与学科教研活动等方式,不断更新和拓展知识储备。同时,教师还需关注不同学科间的联系和共同点,探寻跨学科整合的切入点和突破口。通过与其他学科教师的交流和合作,教师可以共同设计跨学科的教学活动和项目,培养学生的综合素质和创新能力。

(二)实践反思:提炼与升华教学经验

1. 反思教学设计与实施过程

在实践反思中,教师首先应回顾整个教学设计与实施过程,包括教学目标的设定、教学内容的选择、教学方法的运用、教学过程的组织以及教学评价的实施等环节。通过反思,教师能够识别自身在教学理念、教学方法和教学策略上的不足。例如,教师可能过于侧重知识传授而忽视学生能力的培养,或者过度依赖特定教学方法而未能尝试创新。针对这些问题,教师应进行深入剖析和反思,找出问题的根源,并提出改进的措施。同时,教师也应关注教学过程中的亮点和成功经验,这些经验是宝贵的教学财富,可以为未来的教学提供借鉴和启示。例如,教师通过生动有趣的案例或实验激发学生的兴趣,或通过小组合作的学习方式促进学生之间的交流和合作。这些成功经验应被总结和提炼,以形成独特的教学风格。

2. 反思师生互动与课堂氛围

师生互动和课堂氛围是影响教学效果的重要因素。在实践反思中,教师需关注师生互动的情况及课堂氛围的营造效果。通过反思，教师能够更深入地了解学生对教学的感受和体验。例如，教师可能发现自己在课堂上过于严肃或沉闷，导致学生缺乏参与感和兴趣；或者在处理学生问题时过于急躁或粗暴，引起学生的畏惧或反感。针对这些问题，教师应认真反思教学态度和行为方式，努力营造积极、民主、和谐的课堂氛围。同时，教师还应关注不同学生群体的需求和差异，尊重每个学生的个性和特点，采用多样化的教学方式满足不同需求，从而促进师生互动和课堂氛围的优化。

3.反思教学效果与评价反馈

在实践反思中，教师还应关注教学效果和评价反馈的情况。通过反思，教师能够全面了解自身教学的优缺点及改进方向。例如，教师可能发现教学在某些方面成效显著，而在其他方面存在不足；或者学生对教学评价不高，反馈不佳。针对这些问题和不足，教师应认真分析原因并提出改进措施。

同时，教师还应确保教学评价的客观性和公正性。教学评价是了解教学效果的重要途径，若评价不客观、不公正，将对教学产生误导和干扰。因此，教师应采用科学、合理、客观的评价方法和标准，准确评估教学效果和学生表现，以实现教学的持续改进。

（三）理论学习与实践反思的相互促进

1.理论学习为实践反思提供指导

教师的实践反思不应是盲目和无序的，而应具有明确的方向和目标。理论学习为实践反思提供了有力的指导，帮助教师明确反思的方向和重点。通过系统学习教育教学理论，教师能够更深入地理解教育教学的本质和规律，掌握各种教学方法和策略的原理及应用条件。在实践反思中，教师因此能更有针对性地分析自己的教学实践，发现问题和不足，并提出改进措施。此外，理论学习还能拓宽教师的视野，使其了解更多的教育教学理念和方法。在实践中遇到困难和挑战时，教师通过学习新的理论和方法，能够获得新的启示和思路，找到解决问题的新途径。这样，实践反思就不再局限于已有的经验和知识，而是能不断吸收新的养分和智慧，实现自我超越和创新。

2. 实践反思促进理论学习的深化

理论学习是抽象和概括的，而实践反思则是具体和生动的。通过实践反思，教师能够将所学的理论知识与实际教学情境相结合，加深对理论知识的理解和应用。在实践中，教师可能会遇到与理论知识不完全符合的情况，此时需要进行深入的反思和分析。通过这种反思和分析，教师能够更深入地理解理论知识的内涵和外延，发现其局限性和不足，从而对理论知识进行修正和完善。实践反思还能帮助教师积累丰富的教学经验和案例，这些经验和案例是理论学习的重要补充和延伸，为教师提供更生动、具体的学习材料。通过学习这些经验和案例，教师能更深入地了解各种教学方法和策略在实际应用中的效果和适用范围，为后续的教学提供更有力的支持。

3. 理论学习与实践反思共同推动教师的专业发展

教师的专业发展是一个持续不断的过程，需要不断学习和反思。理论学习与实践反思是教师专业发展的两个重要支柱，它们相互促进，共同推动教师的专业发展。通过理论学习，教师能不断提升自己的专业素养和理论水平；通过实践反思，教师能不断总结自己的教学经验和实践智慧。这样，教师就能在理论与实践之间架起一座桥梁，实现理论与实践的有机结合和相互促进。在教师的专业发展过程中，理论学习与实践反思还需不断迭代和更新。同时，随着教学实践的不断深入和拓展，教师也需不断反思自己的教学实践和经验。通过这种不断学习和反思，教师能不断适应新的教育教学形势和要求，实现自我更新和发展。

二、跨学科教学与合作能力的培养

（一）加强跨学科知识的学习与整合

1. 打破学科壁垒，拓宽知识视野

传统的教学模式往往强调学科间的独立性，导致教师容易陷入本学科的知识框架中，难以触及其他学科的知识和思维方法。为打破这种局限，教师需要主动拓宽知识视野，积极学习其他学科的基础知识和核心概念。例如，语文教师可以通过学习历史、政治、科学等学科的知识，更深入地理解文学作品背后的历史背景和社会环境；数学教师则可以引入物理、化学等学科的应用案例，使抽象的数学知识更加生动实用。此外，教师还可以利用现代信息技术手段，如在线课程、学术数据库等，获取丰富的跨学科学习资源。这些资源可以帮助教师快速了解其他学科的最新进展和研究成果，为跨学科教学提供有力的支持。

2. 挖掘学科间的内在联系，实现知识整合

跨学科教学并非简单地将不同学科的知识堆砌在一起，而是需要找到它们之间的内在联系，实现有机整合。这要求教师具备较高的教学设计和组织能力。例如，在教授"环境保护"这一主题时，教师可以将地理、生物、化学等多个学科的知识融为一体，从环境污染的来源、危害到治理方法等方面进行全面的讲解。这样的教学不仅能够帮助学生建立完整的知识体系，还能培养他们的综合分析和解决问题的能力。为实现跨学科知识的有效整合，教师还需注重教学方法的创新。例如，可以采用项目式学习、问题解决学习等教学模式，让学生在解决实际问题的过程中主动探索和应用跨学科知识。这些教学模式能激发学生的学习兴趣和积极性，提高他们的自主学习和合作学习能力。

3. 关注学生的全面发展，设计综合性的学习任务

跨学科教学的最终目的是促进学生的全面发展。因此，在设计教学任务时，教师需关注学生的多元智能和个性化需求，设计具有综合性的学习任务。这些任务可以涉及多个学科的知识和技能，要求学生在完成任务的过程中进行跨学科的思考和合作。例如，可以设计一次以"城市规划"为主题的学习任务，要求学生运用地理、历史、艺术等多个学科的知识来设计一个理想中的城市模型。这样的任务能够激发学生的学习兴趣和创造力，培养他们的跨学科思维和实践能力。同时，综合性的学习任务还能促进学生之间的合作与交流。在完成任务的过程中，学生需要相互协作、共同探

讨问题的解决方案。这种合作与交流不仅能培养学生的团队协作精神和沟通能力，还能让他们学会从不同的角度看待问题并寻求最佳的解决方案。

（二）提升合作与交流的能力

1. 培养积极参与的合作态度

合作首先是一种态度，教师应摒弃传统教学中"孤军奋战"的观念，积极寻求与他人合作的机会。在跨学科教学、教研活动、课题研究等场合中，教师应主动与其他教师或专家合作，共同探讨教育教学问题。通过积极参与，教师不仅能够拓宽自己的知识视野，还能在合作中汲取他人的优点和经验，从而不断完善自己的教学理念和方法。此外，积极参与合作还能帮助教师建立良好的人际关系。在教育领域，人际关系的重要性不言而喻。通过与其他教师或专家的合作，教师能够结识更多志同道合的朋友和伙伴，为今后更深入的合作和交流奠定基础。

2. 提升有效沟通的技巧

沟通是合作与交流的基础。对于教师而言，提升有效沟通的技巧至关重要。教师需要学会倾听。在与他人交流时，倾听是尊重的体现，也是获取信息的重要途径。通过倾听他人的观点和想法，教师能够更好地理解对方的需求和意图，为后续的合作和交流奠定基础。在与他人合作时，清晰地表达自己的观点和想法至关重要。教师可以通过练习口语表达、撰写教学文案等方式提升表达能力。同时，教师还需注意表达的方式和语气，避免使用过于生硬或模糊的语言，以免引发误解或冲突。教师还需学会运用多种沟通方式。除了面对面的交流，教师还可以利用电子邮件、即时通信工具、在线协作平台等多种方式进行沟通。这些方式不仅能够提高沟通的效率，还能使教师在任何时间、任何地点都能与他人保持联系，促进合作的顺利进行。

3. 践行团队合作的精神

团队合作是提升合作与交流能力的最高境界。在教育领域，团队合作的重要性不言而喻。通过团队合作，教师可以共同研究教育教学问题、开发教学资源、组织教学活动等，实现资源共享和优势互补。同时，教师还需要学会在团队中扮演不同的角色。在不同的合作项目中，教师可能需要担任领导者、执行者、协调者等不同的角色。通过扮演不同的角色，教师能够更加全面地锻炼自己的合作与交流能力，提升自己在团队中的影响力和凝聚力。

（三）实践跨学科教学与合作

1. 设计并实施跨学科教学活动

欲践行跨学科教学，教师首先需要设计并实施跨学科的教学活动。这些活动应围绕某个主题或问题，将不同学科的知识、方法和技能有机融合。在设计跨学科教学活动时，教师需明确教学目标、教学内容和教学方法，确保活动具有针对性和实效性。同时，教师还应关注学生的兴趣和需求，设计具有趣味性和挑战性的任务，以激发学生的学习兴趣和积极性。在实施跨学科教学活动时，教师应关注学生的学习过程和学习成果，及时给予指导和反馈。同时，教师还需注重与其他教师的合作与交流，共同解决教学中遇到的问题，确保活动的顺利进行。

2. 建立跨学科教学团队，促进教师间合作

实践跨学科教学与合作需要教师们打破学科壁垒，建立跨学科的教学团队。该团队可以由来自不同学科的教师组成，共同研究教育教学问题、开发教学资源、组织教学活动等。在建立跨学科教学团队时，教师需明确团队的目标和任务，制订详细的工作计划和分工。同时，教师还需建立有效的沟通机制和协作模式，确保团队成员间的信息交流畅通无阻，工作进展有序高效。在跨学科教学团队中，教师应发挥自己的专业优势和特长，为团队的目标和任务贡献自己的力量。同时，教师还应学会倾听他人的意见和建议，尊重他人的观点和想法，以开放的心态接纳不同的观点和方法。

3. 反思并改进跨学科教学实践

实践跨学科教学与合作是一个不断探索、反思和改进的过程。在每次跨学科教学活动结束后，教师都应对活动进行深入的反思和总结，分析活动的优点和不足，提出改进的建议和措施。反思有助于教师发现自己在教

学设计、教学实施和教学效果等方面的问题和不足，为后续的教学提供有益的借鉴和参考。同时，反思还能激发教师的创新意识和探索精神，推动跨学科教学与合作实践的不断深入和发展。在反思的基础上，教师应制订具体的改进措施和计划，明确改进的目标和时间表。这些措施可以包括优化教学设计、改进教学方法、丰富教学资源等。通过不断地改进和实践探索，教师能够逐渐提高跨学科教学与合作的质量和水平。

三、创新精神和终身学习意识的培养

（一）激发学生的好奇心和探索欲

1. 创设问题情境，引发学生认知冲突

认知冲突是激发学生好奇心和探索欲的重要源泉。在教学过程中，教师应通过创设问题情境，引发学生的认知冲突，进而激发他们的好奇心和探索欲。教师可以结合教学内容和学生实际，设计具有挑战性和趣味性的问题或任务，使学生在解决问题的过程中产生认知上的困惑和矛盾，进而激发强烈的探究欲望。

2. 鼓励学生提问，培养批判性思维

提问是思维的起点，也是创新的开始。为培养学生的好奇心和探索欲，教师应鼓励学生勇于提问、善于提问。在教学过程中，教师应营造宽松、民主的课堂氛围，允许学生随时提出疑问和看法，甚至鼓励他们对教材和教师的讲解进行质疑和批判。同时，教师还需教会学生如何提问，通过示范和引导，使学生学会从不同角度、不同层次提出问题，并对问题进行深入分析和思考。这样，学生在提问的过程中不仅锻炼了思维能力，也培养了批判性精神和创新意识。

3. 提供丰富多样的学习资源和实践机会

学习资源和实践机会是激发学生好奇心和探索欲的重要保障。在教学过程中，教师应为学生提供丰富多样的学习资源和实践机会，使他们在学习过程中不断发现新的知识点、掌握新的技能和方法。教师可以运用多媒体技术、网络资源等现代教学手段,为学生提供丰富多样的学习材料和案例;可以组织各种形式的课外活动、社会实践等,让学生在实践中感受知识的魅力和价值;还可以邀请专家学者、行业精英等进校园开展讲座、交流等活动,让学生接触更为广阔的知识领域和更前沿的科技动态。

(二)培养学生的批判性思维和问题解决能力

1. 构建开放、包容的教学环境

批判性思维的培养需要一个开放、包容的教学环境。在这样的环境中,学生敢于表达自己的观点,敢于质疑和挑战权威。在教学过程中,教师应鼓励学生发表不同意见,尊重他们的观点和想法,为他们提供一个自由、平等的交流平台。同时,教师还可以通过组织讨论、辩论等活动,引导学生对所学知识进行深入的思考和分析。在讨论中,学生可以相互启发、相互质疑,从而培养自己的批判性思维。此外,教师还可以设置一些开放性问题,让学生在寻找答案的过程中锻炼自己的思维能力和问题解决能力。

2. 教授批判性思维和问题解决的方法和技巧

培养学生的批判性思维和问题解决能力,需要向他们传授相关的方法和技巧。在教学过程中,教师可以通过案例分析、示范讲解等方式,向学生传授批判性思维的基本原理和方法,如归纳推理、演绎推理、类比推理等。同时,教师还可以教授学生问题解决的基本步骤和策略,如明确问题、收集信息、提出假设、验证假设等。掌握了这些方法和技巧后,学生能够更加有效地进行批判性思考。他们能够更加深入地分析问题,更加全面地考虑问题,从而提出更加合理、科学的解决方案。

3. 强化实践应用,提升综合能力

实践是检验真理的唯一标准,也是提升学生批判性思维和问题解决能力的有效途径。在教学过程中,教师应注重理论与实践的结合,引导学生将所学知识应用于实际生活中。可以通过组织实验、社会调查、项目设计等活动,让学生在实践中锻炼自己的思维能力和问题解决能力。在实验和社会调查中,学生能够亲身体验知识的应用过程,了解知识的实际价值。

在项目设计中，学生需要综合运用所学知识解决实际问题，这不仅能够锻炼他们的思维能力和问题解决能力，还能培养他们的创新意识和团队合作精神。通过实践应用，学生能够更为深刻地理解批判性思维和问题解决的重要性，从而更加自觉地提升自己的综合能力。

（三）倡导终身学习的理念和实践

1.营造积极的学习氛围与文化

倡导终身学习的首要任务是营造积极的学习氛围和文化。这需要从家庭、学校到社会各个层面的共同努力。家庭是孩子成长的摇篮，家长应树立榜样，展示自己对学习的热情和追求，鼓励孩子探索世界，培养他们的好奇心和求知欲。学校则应提供多样化的学习资源和教学方式，让学生体验到学习的乐趣，激发他们的学习动力。社会层面也需通过各种渠道宣传终身学习的理念，如举办公益讲座、展览等，使更多人了解并认同终身学习的价值。同时，应打破传统观念对学习的束缚，比如认为学习只是年轻人的事情或仅能在学校进行。应倡导全民学习、终身学习的文化，让每个人都意识到学习是伴随一生的过程，无论年龄大小、职业身份如何，都需不断学习和进步。

2.提供便捷的学习资源和平台

要让终身学习真正落地生根，还需提供便捷的学习资源和平台。随着科技的发展，互联网已成为人们获取信息和学习知识的主要渠道之一。我们可以利用互联网的优势，建立在线学习平台，提供丰富多样的课程资源和学习工具，满足不同学生的学习需求。这些资源可以包括在线课程、电子书籍、学术论文、讲座视频等，使人们可以随时随地进行学习[1]。除在线学习平台外，还可以建立实体学习中心或图书馆等公共设施，为学生提供更为广泛和深入的学习资源和服务，可以定期举办各类学习活动，

---

[1] 苏德敏.教材出版转型机制与实践探索——以"上海中小学新科学新技术创新课程"为例[J].出版与印刷，2021（4）：26-31.

如研讨会、讲座、工作坊等，促进学生之间的交流与合作，共同推动终身学习的发展。

3. 建立有效的学习激励和评价机制

要让学生持续不断地进行学习，还需建立有效的学习激励和评价机制。这可以通过设立奖学金、认证证书等方式实现。对于在学习过程中表现出色的学生，可以给予一定的物质奖励或荣誉证书等精神鼓励，以激发学生的学习热情和积极性。同时，还可以建立学习成果的认证和评估体系，使学生的学习成果得到认可和肯定，增强他们的自信心和成就感。

第三节 培养效果的评估与反馈

一、评估标准的确立

（一）评估标准应体现全面性

1. 基本教学技能与专业素养的并重

基本教学技能是教师专业素养的重要组成部分，涵盖教学设计、课堂教学实施、教学评价等环节。优秀教师应能根据学生实际需求和学科特点，设计符合学生认知规律、激发学生兴趣的教学方案。在课堂教学中，教师应具备良好的组织能力和语言表达能力，引导学生主动参与学习，有效达成教学目标。同时，教师应具备科学的教学评价能力，全面、准确评价学生的学习情况，为教学改进提供依据。评估标准还应关注教师的专业素养，如学科知识的深度和广度、教育心理学知识的掌握程度等。这些专业素养是教师进行教学工作的基础，直接影响教学质量和效果。因此，在评估教师的培养效果时，应将基本教学技能和专业素养并重，确保教师既具备扎实的教学基本功，又拥有深厚的学科底蕴和教育理论知识。

2. 教育理念与工作态度的考察

教育理念是教师教学行为的指导思想，直接影响教学方法和手段。若教师的教育理念陈旧落后，其教学行为可能无法满足现代教育的要求，甚至阻碍学生的成长和发展。因此，评估标准应关注教师的教育理念是否与时俱进，是否符合现代教育的发展趋势。同时，教师的工作态度也是评估标准中不可忽视的一部分。认真负责、敬业爱生的教师，能为学生树立良好的榜样，激发学生的学习兴趣和动力。相反，若教师工作态度消极敷衍，不仅影响教学质量和效果，还可能对学生的成长产生负面影响。因此，在评估教师的培养效果时，应关注教师的工作态度是否积极端正，是否能为学生创造良好的学习环境。

3.创新能力、团队协作与跨学科教学能力的综合评价

随着教育改革的深入和教师专业的发展，创新能力、团队协作能力和跨学科教学能力逐渐成为现代教师必备的关键素养。创新能力是教师不断探索新教学方法和手段、提高教学效果的重要保证；团队协作能力是教师与同事、学生、家长等各方有效沟通和合作的基础；跨学科教学能力是教师整合不同学科知识和方法、为学生提供全面深入学习体验的必要条件。因此，在评估教师的培养效果时，应将这些关键素养纳入评估标准中，进行综合评价。通过考察教师在这些方面的表现和发展情况，可以更全面地了解教师的专业素养和综合能力水平，为教师的专业成长和学校的教学质量提升提供有力支持。

（二）评估标准应具有可操作性

1.评估指标应具体明确，便于观察和测量

为确保评估工作的客观性和公正性，评估标准中的指标应尽可能具体明确，避免使用笼统、模糊的描述。例如，对于教学技能的提升，可以制定具体的观察指标，如教学设计的创新性、课堂教学的互动性、教学评价的准确性等。这些具体指标不仅使评估者更明确地从哪些方面对教师的培养效果进行观察和评价，还为教师的自我反思和改进提供有力依据。同时，评估指标的测量方式也应简单易行，便于评估者在实际操作中运用。例如，可以采用量表评分法、等级评定法等方式对教师的教学技能、工作态度等

方面进行评估。这些评估方法不仅操作简便,而且能较为客观地反映教师的实际情况,提高评估工作的效率和准确性。

2. 评估标准应具有可比较性,便于横向比较和找出差距

在中小学教师转型发展的过程中,不同教师在教学风格、教学经验等方面存在差异。因此,评估标准需具有可比较性,能够对不同教师的培养效果进行横向比较,从而找出差距和不足,为改进教学提供有力依据。为实现评估标准的可比较性,可以采用统一的教学评价标准对不同教师的教学效果进行量化评分和排名。这样不仅能直观反映每位教师在教学技能、工作态度等方面的表现情况,还能使教师之间形成竞争机制,激发教师的工作积极性和进取心。

3. 评估标准应具有灵活性,能够适应不同教师的专业发展需求

不同学科、不同年级、不同地区的教师在教学要求和教学方法上可能存在差异。为实现评估标准的灵活性,可以根据不同学科的特点和教学目标的要求制定针对性的评估标准。例如,对于语文学科的教师,可以更注重对其文学素养、语言表达能力等方面的评估;对于数学学科的教师,可以更注重对其逻辑思维能力、问题解决能力等方面的评估。这样可以使评估工作更贴近教师的实际工作需求和专业发展方向。此外,评估标准还应根据不同地区的教育发展水平和教师队伍的实际情况进行适当调整。例如,在教育发展水平较高的地区,可以适当提高评估标准的要求和难度;在教育发展水平较低的地区,则可以适当降低评估标准的要求和难度,以更好地适应当地教师的专业发展需求。

(三)评估标准应具有动态性

1. 评估标准应与教育改革方向保持一致

评估标准应与教育改革方向保持一致,及时反映最新的教育理念和教学要求。例如,当前教育改革强调学生的主体地位和自主学习能力的培养,评估标准就应更加注重对教师在引导学生自主学习、合作学习、探究学习等方面的能力和效果的评价。同时,随着教育信息化的发展,新的教学手

段和方法不断涌现，评估标准也需要关注教师在应用现代教育技术手段进行教学方面的能力和表现。

为实现评估标准与教育改革方向的同步更新，可以采取定期修订评估标准的做法。通过组织专家团队对教育改革趋势进行深入分析和研究，及时将新的教育理念和教学要求融入评估标准中，确保评估工作始终与教育改革保持同步。这样不仅可以使评估工作更贴近教师的实际工作需求和专业发展方向，还能为教师的专业成长和学校的教学质量提升提供有力支持。

2. 评估标准应根据教师队伍的实际情况进行调整

教师队伍的实际情况是制定评估标准的重要依据之一。不同学校、不同地区、不同发展阶段的教师队伍在专业素养、教学能力、发展需求等方面可能存在较大差异。因此，评估标准应根据教师队伍的实际情况进行调整和优化，以适应不同教师的专业发展需求。例如，针对新入职教师，评估标准可以更加注重对其教学基本功、课堂管理能力以及与学生沟通交流能力等方面的评价；针对骨干教师，评估标准可以更加注重对其教学创新能力、学科研究能力以及团队合作能力等方面的评价；针对学科带头人等高层次教师，评估标准则可以更加注重对其学术影响力、领导能力以及跨学科教学能力等方面的评价。通过制定差异化的评估标准，能够更好地满足不同教师的专业发展需求，促进教师队伍的整体提升。

3. 评估标准应注重对教师持续发展过程的评价

教师的专业发展是一个持续不断的过程，而非一次性的结果。因此，评估标准应关注教师在不同发展阶段的表现和进步，通过建立教师成长档案、开展定期的教学反思和自我评价等方式，可以更全面地了解教师的专业发展轨迹和成长历程，为制订个性化的教师培养计划提供有力支持。同时，评估标准还应鼓励教师进行自我反思和持续改进。自我反思是教师专业成长的重要途径之一，通过对自己的教学理念、教学方法、教学效果等方面进行深入思考和总结，教师可以更清晰地认识自己的优势和不足，明确下一步的发展方向和改进措施。因此，在评估工作中，应注重引导教师进行自我反思和持续改进，激发教师的内在动力和创新精神。

二、评估方法的选择

（一）定量评估与定性评估相结合

定量评估是一种重要的教育评估手段，主要通过系统地搜集、整理和分析相关数据，对教师的教学表现和工作成果进行量化处理。具体来说，评估者可以利用学生学业成绩、教学满意度调查等量化指标，采用科学、严谨的方法评估教师的教学效果和工作成效。这种评估方式因其客观性强、标准化程度高以及易于进行横向比较等优点，有助于准确把握教师的教学效度和学生的学习收获。然而，纯粹的定量评估也存在固有的局限性，如过于强调结果导向，忽视教学过程的复杂性和动态性；同时，它难以深入探究教师的教育理念、教学策略等深层次的教学要素。因此，在教育评估实践中，需要将定量评估与定性评估有机结合，以形成更全面、深入的教学认知。定性评估则更关注教学过程、教师教学理念和教学策略，主要运用观察、访谈、案例分析等质性研究方法，对教师的教学实践进行深入的描述、解释和理解。通过定性评估，可以更深入地揭示教师教学的内在逻辑、规律和特点，以及教学行为与教学理念之间的互动关系。

（二）自我评估与他人评估相结合

自我评估使教师能更清晰地认识自己的优势和不足，明确下一步的发展方向和改进措施。自我评估有助于激发教师的内在动力和创新精神，促进教师的自主发展。然而，自我评估可能存在主观性过强、难以客观反映自身问题等局限性。因此，在自我评估的基础上，还需结合他人评估的方法，以获取更客观、全面的评价信息。他人评估主要包括同行评价、学生评价、专家评价等方法。同时，这种评估方法还有助于促进教师之间的交流和合作，形成良好的教师群体学习氛围。

（三）过程评估与结果评估相结合

在中小学教师转型发展的过程中，评估工作起着至关重要的作用。其中,过程评估与结果评估是两个不可或缺的方面。二者各有侧重,相互补充,共同构成了一个全面、科学的评估体系。过程评估深入探究教师的教学过程和教学方法,从而揭示教师的教学风格和特点。通过过程评估,我们能够更深入地了解教师的教学理念是否先进、教学策略是否得当、师生互动是否有效等,进而发现教师在教学过程中存在的问题和不足。这些发现对于教师及时调整和改进教学具有重要意义,有助于提升教师的教学水平和教学质量。同时,过程评估还具有激发教师创新意识和探索精神的作用。在转型发展的过程中,教师需要不断尝试新的教学方法和手段,以适应教育改革的需求和学生发展的特点。过程评估通过关注教师的教学过程和教学方法,鼓励教师勇于创新、敢于尝试,从而推动教学的持续改进和发展。

三、反馈机制的构建

(一)确立清晰的反馈目标和原则

构建反馈机制的首要任务是确立清晰的反馈目标和原则。反馈目标应与教师的专业发展、教学质量的提升以及学校的教育目标相一致。具体而言,反馈机制应能帮助教师识别自身在教学理念、教学策略、师生互动等方面的优势和不足,明确改进的方向和目标。同时,反馈机制还应能激发教师的内在动力,鼓励他们主动寻求改进和提升。

在确立反馈目标的基础上,还需制定明确的反馈原则。这些原则应包括及时性、具体性、建设性和公正性。及时性要求反馈能及时传递给教师,以便他们及时调整和改进教学;具体性要求反馈能明确指出教师在教学过程中的具体问题,避免笼统和模糊的评价;建设性要求反馈能提供具体的改进建议和支持,帮助教师找到解决问题的方法;公正性则要求反馈能客观、公正地评价教师的教学表现,避免主观偏见和不公正的评价。

(二)建立多渠道的反馈途径和方式

为确保反馈的有效性和全面性,需建立多渠道的反馈途径和方式。这些途径和方式应包括正式的和非正式的、定期的和不定期的、口头的和书面的等多种形式。正式的反馈途径可以包括教学观摩、教学评估、同行评议等方式。这些途径通常由学校或教育部门组织，具有较高的权威性和规范性。通过正式的反馈途径，教师能够获得全面、深入的教学评价和建议，有助于他们系统地改进和提升教学水平。非正式的反馈途径则包括日常的交流、讨论、学生反馈等方式。这些途径更为灵活和便捷，可随时随地进行。通过非正式的反馈途径，教师能够及时了解学生在学习过程中的感受和需求，以及同行和同事对自己的教学看法和建议。这些信息对教师调整教学策略、改进教学方法具有重要的参考价值。此外，定期的反馈和不定期的反馈也是相互补充的。定期的反馈如学期末的教学评估、年度的绩效考核等，能够为教师提供一个阶段性的总结和评价；而不定期的反馈如随机的课堂观察、即时的学生反馈等，则能够更及时地发现和解决教学过程中的问题。

（三）注重反馈的后续跟进和支持

反馈机制的构建不仅是一次性的评价和建议，更重要的是后续的跟进和支持。只有当教师能根据反馈进行实质性的改进和提升时，反馈机制才能真正发挥其作用。因此，在构建反馈机制时，须重视后续的跟进和支持工作。这包括为教师提供改进教学的资源和支持、定期组织教学研讨和交流活动、建立教师成长档案等。通过这些措施，可以帮助教师更好地理解和运用反馈结果，促进他们的专业成长和教学质量的提升。同时，还需营造一种积极、开放的文化氛围，鼓励教师相互学习、相互支持。在这种氛围中，教师能够更坦诚地面对自己的不足和需要改进的地方，也能更积极地寻求同事和专家的帮助和建议[1]。这种文化氛围的形成对反馈机制的有效运行和教师的专业成长具有重要的意义。

---

[1] 朱龙，张洁，吴欣熙，等.数字转型视野下教师数字素养测评：发展动向、场景建构与实践建议［J］.电化教育研究，2024，45（2）：113-120.

第六章　中小学教师转型发展与学校组织变革

第一节　学校组织变革的背景与动因

一、教育改革的必然要求

（一）更新教育理念，培养创新型人才

1. 树立以学生为中心的教育理念

传统教育理念往往以教师为中心，注重知识的单向传授，而忽视了学生的主体地位和需求。在这种模式下，学生的个性、兴趣和特长无法得到充分发展，创新精神和实践能力也受到限制。因此，更新教育理念的首要任务是树立以学生为中心的教育理念。该理念强调学生的主体地位，注重学生的个性发展和需求满足。学校应提供多样化、个性化的教育服务，以满足不同学生的兴趣和需求。教师应成为学生学习的引导者和伙伴，关注学生的全面发展，激发学生的学习兴趣和创新精神。同时，学校还应加强与学生的沟通与交流，及时了解学生的反馈和意见，不断改进和优化教育服务。

2. 强化实践教学和创新能力培养

传统教育模式往往注重理论知识的传授，却忽视了实践教学和创新能力的培养。在这种模式下，学生往往缺乏实践经验和解决问题的能力，难以适应未来社会的挑战。因此，更新教育理念的第二个方面是强化实践教学和创新能力培养。学校应加强实践教学环节，通过实验、实训、项目等方式，让学生亲身参与实践活动，培养实践能力和解决问题的能力。同时，学校还应注重创新能力的培养，通过开设创新课程、组织创新竞赛等方式，激发学生的创新意识和探索精神。此外，学校还可以与企业、科研机构等合作，建立实践教学基地和创新创业平台，为学生提供更为广阔的实践和创新机会。

3. 建立多元化、全面性的评价体系

传统教育评价体系往往以考试成绩为主，忽视学生的综合素质和个性特长。这种评价方式不仅无法全面反映学生的发展状况，还可能抑制学生的创新精神和个性发展。因此，更新教育理念的第三个方面是建立多元化、全面性的评价体系。学校应建立包括学业成绩、综合素质、个性特长等多个方面的评价体系，注重对学生进行全面、客观的评价。同时，学校还应采用多种评价方式，如考试、作品展示、口头报告等，以便更好地了解学生的实际水平和能力。此外，学校还应注重评价结果的反馈和运用，帮助学生认识自身的优势和不足，明确改进方向和目标。

（二）优化教育制度，提高教育质量

1. 完善教育资源配置制度

教育资源的配置是影响教育质量的重要因素之一。在传统的教育制度下，教育资源往往存在分配不均、利用不充分等问题。这不仅制约了教育质量的提升，还加剧了教育的不公平性。因此，优化教育制度的首要任务是完善教育资源的配置制度。

学校应建立科学、合理的教育资源分配机制，以确保教育资源能够按需分配、合理利用。这可以通过制定明确的资源分配标准、建立公开透明的分配程序等方式予以实现。同时，学校还应加强对教育资源的统

筹规划和整合利用，避免资源的浪费和闲置。应注重提高教育资源的使用效率。这可以通过加强教学设备的维护和管理、推广数字化教育资源的使用、开展校际资源共享等方式来实现。此外，学校还可以鼓励教师和学生充分利用现有资源，开展多样化的教学活动，提高教育资源的利用效益。

2. 改革教育管理体制

教育管理体制是影响教育质量的关键因素之一。在传统的教育管理体制下，学校往往存在管理僵化、决策迟缓、执行不力等问题。这些问题严重制约了教育质量的提升和学校的发展。因此，优化教育制度的第二个方面是改革教育管理体制。

学校应建立更为灵活、开放的管理体制。这可以通过减少管理层次、优化管理流程、增强管理透明度等方式来实现。同时，学校还应赋予教师和学生更多的参与权、建议权和监督权，激发他们的积极性和创造力。应注重提高教育管理的科学性和规范性。这可以通过建立完善的管理制度、制定明确的管理标准、加强管理人员的培训等方式来实现。此外，学校还可以引入先进的管理理念和方法，如全面质量管理、绩效管理等，提高教育管理的效率和质量。

3. 改进教育评价方式

教育评价是影响教育质量的重要因素之一。在传统的教育评价方式下，往往存在评价标准单一、评价方式僵化、评价结果片面等问题。这些问题不仅无法全面反映学生的实际水平和能力，还可能抑制学生的个性和创新精神的发展。因此，优化教育制度的第三个方面是改进教育评价方式。优化教育制度是提高教育质量的重要途径之一。通过完善教育资源配置制度、改革教育管理体制以及改进教育评价方式等措施的实施，学校可以为师生提供更为优质的教育环境和服务条件，培养出更多具有创新精神和实践能力的人才，为推动社会进步和发展做出重要贡献。

（三）适应教育信息化发展趋势

1. 加强教育信息化基础设施建设

教育信息化基础设施建设是实现教育信息化的重要前提。学校应加强校园网络、多媒体教室、电子阅览室等基础设施建设，为师生营造便捷、高效的信息技术环境。同时，学校还应注重信息技术设备的更新和升级，确保设备性能先进、稳定可靠，以满足教学和学习的需求。在加强基础设施建设的过程中，学校应遵循整体规划、分步实施、注重实效的原则。根据学校的实际情况和需求，制定科学、合理的建设规划，明确建设目标、任务和时间表。学校还应加强与教育行政部门、信息技术企业等的合作，争取政策支持和资金投入，共同推动教育信息化基础设施的建设。此外，学校应加强对教育信息化基础设施的管理和维护，建立健全的管理制度和维护机制，确保设备的正常运行和使用安全。同时，学校应加强对师生的信息技术培训和教育，提高他们的信息素养和信息技术应用能力，为教育信息化的深入推进提供有力保障。

2. 推动信息技术与教育教学的深度融合

信息技术与教育教学的深度融合是教育信息化的核心任务。学校应积极探索基于信息技术的新型教学模式和学习方式，如在线课程、翻转课堂、混合式教学等，以满足学生多样化的学习需求并提高教学效果。同时，学校还应注重利用信息技术创新教育教学手段和方法，如利用大数据、人工智能等技术对学生的学习情况进行精准分析和个性化指导，提高教育的针对性和实效性。在推动信息技术与教育教学的深度融合过程中，学校应注意以下几点：一是坚持以学生为中心的原则，根据学生的学习兴趣、认知特点和个性需求，设计合理的教学方案和学习路径；二是注重教师的信息技术应用能力和教学创新能力的培养，鼓励教师积极探索和实践基于信息技术的新型教学模式和学习方式；三是强化教育教学资源的整合和共享，利用信息技术打破时空限制，实现优质教育资源的跨时空共享和利用。

3. 完善教育信息化管理和服务体系

教育信息化管理和服务体系是实现教育信息化的重要保障。学校应建立完善的教育信息化管理和服务体系，加强对教育信息化的规划、组织、实施和评估工作。建立健全的教育信息化组织机构和管理制度，明确各部门的职责和任务分工，形成协同推进的工作机制。同时，学校应加强对教育信息化工作的监督和评估，及时发现和解决问题，确保教育信息化的顺利推进。在完善教育信息化管理和服务体系的过程中，学校应注意以下几点：一是加强对教育信息化工作的领导和组织协调，确保各项工作的顺利开展；二是注重对教育信息化工作的投入和保障，为教育信息化的深入推进提供必要的经费、人员和物资支持；三是加强对教育信息化工作的宣传和推广，提高师生对教育信息化的认识和参与度；四是注重与教育行政部门、信息技术企业等的合作与交流，共同推动教育信息化的发展与进步。

二、教师转型发展的内在需求

（一）提升教育教学能力

教育教学能力是教师的核心竞争力，也是教师转型发展的基石。在信息化时代背景下，学生获取知识的途径日益多元化，教师须不断更新教育理念，掌握前沿的教育教学理论和方法，提升教学设计、实施和评价的能力。同时，教师应关注学生的学习需求和学习特点，实施因材施教，激发学生的学习兴趣和潜能。为提升教育教学能力，教师需积极参与各类培训和学习活动，持续更新自身的知识结构和教育技能。此外，通过观摩优秀教师的教学实践、参与教学研讨和交流活动，教师能够拓宽教学视野，提高教学水平。学校还应为教师提供更多的培训和发展机会，支持教师的专业成长和进步。

（二）增强信息素养和技术应用能力

信息素养和技术应用能力是教师适应教育信息化发展的关键。教师须掌握基本的信息技术知识和技能，熟练运用各类数字化教育工具和资源进行教学和学习活动。同时，教师应具备信息检索、筛选、整合和创新的能力，充分利用网络资源为教学和学习提供支持。为增强信息素养和技术应用能力，教师需积极参与信息技术培训和学习活动，掌握常用的教育信息技术工具和应用方法。此外，通过自学、实践、反思等方式，教师可以不断提高自身信息技术水平。学校还应加强信息技术设施的建设和管理，为教师提供良好的信息技术环境和服务支持。

（三）培养创新精神和终身学习能力

创新精神和终身学习能力是教师持续发展的重要保障。教师须具备勇于探索、敢于创新的精神，不断尝试新的教育理念、教学方法和手段，为教育实践注入新的活力和动力。同时，教师应树立终身学习的意识，持续更新自身的知识和能力结构，适应不断变化的教育环境和学生需求。为培养创新精神和终身学习能力，教师需保持开放的心态和积极的学习态度，不断关注教育领域的最新动态和发展趋势。此外，通过参与课题研究、撰写学术论文、参加学术会议等方式，教师可以提升自身的学术素养和研究能力。学校还应为教师提供更多的学习资源和平台支持，营造良好的学习氛围和创新环境。

三、学校组织发展的现实需要

（一）构建高效灵活的组织结构

学校组织应构建高效灵活的组织结构，精简管理层级，优化管理流程，以提升组织的反应速度和创新能力。同时，学校组织应注重跨部门、跨学科的协作与整合，打破条块分割和各自为政的局面，形成协同效应，提升学校组织的综合效能。在构建高效灵活的组织结构过程中，学校需关注以下几点：一是应以学生为中心，根据学生的需求和教育发展趋势调整和优化组织结构；二是应加强内部管理制度的建设和完善，确保组织结构的稳定性和可持续性；三是应激发教职工的积极性和创造力，为他们提供更多参与决策和管理的机会。

（二）加强师资队伍建设

师资队伍是学校组织发展的核心力量，也是提升教育质量的关键所在。因此，学校组织需加强师资队伍建设，注重教师的选拔、培养、使用及评价，打造一支高素质、专业化的教师队伍。在加强师资队伍建设的过程中，学校需关注以下几点：一是应制定科学合理的教师选拔标准和程序，确保选拔出真正优秀的教师人才；二是应重视教师的在职培训和继续教育，提供多样化的培训和发展机会；三是应建立健全的教师评价和激励机制，激发教师的积极性和创造力。

（三）推进教育信息化和智能化建设

教育信息化和智能化是当今世界教育发展的重要趋势，也是学校组织提升竞争力的重要途径。通过推进教育信息化和智能化建设，学校可以充分利用先进的信息技术和智能设备改进教学方式和学习方式，提高教学效果和学习体验。同时，教育信息化和智能化还可以为学校管理提供有力支持，提高管理效率和决策水平。在推进教育信息化和智能化的建设过程中，学校需关注以下几点：一是应加强信息技术设施和网络基础设施的建设和管理；二是应重视信息技术在教学和管理中的应用和推广工作；三是应加强与信息技术企业的合作与交流工作；四是应注重教职工的信息技术培训和教育。

第二节　教师转型发展与学校组织变革的关系

一、教师转型发展推动学校组织变革

（一）教师转型发展引领教育理念更新

教师的转型发展，首要任务在于更新教育理念。在应试教育的桎梏下，教育可能过于侧重知识的灌输和考试技巧的训练，而忽视了学生的主体性

第六章　中小学教师转型发展与学校组织变革

和全面发展。然而，随着社会的进步和教育改革的深入，这种教育理念已难以满足新时代的教育需求和学生发展。在这一背景下，教师的转型发展便显得尤为重要。他们需摒弃陈旧的教育观念，积极吸纳先进的教育理念，如素质教育、创新教育、主题教育等。这些新理念强调学生的主体地位和全面发展，注重培养学生的创新精神和实践能力，更契合新时代的教育目标和学生发展需求。教师的转型发展不仅要求理念的更新，更需将新理念融入教学实践之中，通过创新教学方式和方法，激发学生的学习兴趣和主动性，培养学生的自主学习能力和批判性思维。

（二）教师转型发展提升教育教学质量

教师的转型发展还体现在教育教学质量的提升上。随着教师专业素养和综合能力的增强，他们能够运用更先进的教学方法和手段，提升课堂教学的效果和学生的学习质量。教育教学质量的提升将直接增强学校组织的整体办学水平和竞争力，为学校组织变革提供有力支撑。例如，在转型发展的过程中，教师可以通过专业培训、学习先进教育理论和技术应用等方式，提升自身的教学能力和水平。他们可以尝试运用信息技术来辅助教学，如使用多媒体教学课件、在线学习平台等，丰富教学内容和形式，提高学生的学习兴趣和效果。这些新教学技术和手段的应用，将推动学校组织在信息化建设和教育技术运用方面进行相应的改进和提升。

（三）教师转型发展促进学校组织文化创新

教师的转型发展不仅对学校组织的教育理念和教学质量产生影响，还能促进学校组织文化的创新。学校组织文化是学校在长期发展过程中形成的共同价值观和行为准则，对学校组织的发展具有重要意义。教师的转型发展带来新的思维方式和行为模式，推动学校组织文化的创新和发展。例如，在转型发展的过程中，教师可能更加注重团队合作和跨学科协作，尝试打破学科壁垒和条块分割，形成更为开放、包容和创新的组织文化氛围。这种文化氛围的形成将激发学校组织内部的创新活力和创造力，推动学组织在管理理念、组织结构、运行机制等方面进行变革和创新。同时，教师的创新精神和探索意识也将对学生产生积极影响，培养他们的创新意识和实践能力。

二、学校组织变革促进教师转型发展

（一）学校组织变革为教师提供新的发展机遇

学校组织的变革往往涉及教育理念、教学方法、课程设置等多个方面的全面调整和升级。对教师而言，这既是挑战，更是新的发展机遇。在传统教育模式下，教师可能受限于固定的教学框架和单一的评价标准，难以充分发挥自己的创造力和教学潜能。然而，随着学校组织的变革，这种束缚逐渐被打破。新的教育理念鼓励教师积极探索和创新，教学方式和方法的多样化也为教师提供了更广阔的施展空间。

新课程的引入要求教师具备跨学科整合的能力，这为教师提供了学习和掌握新知识的机会。同时，新课程的实施也需要教师探索和创新教学方式，以激发学生的学习兴趣和主动性。这一探索和创新的过程，不仅是教师提升自身教学能力的过程，也是他们实现自我价值和职业发展的重要途径。此外，学校组织变革还可能带来新的教育技术的引入和应用。教育技术的更新换代，需要教师不断学习和掌握新的技能。这些新技能的掌握，不仅可以帮助教师提高教学效率和质量，也可以为他们的创新教学实践提供有力的支持。

（二）学校组织变革推动教师更新教育观念

学校组织的变革往往伴随着教育观念的更新。传统的教育观念可能过度注重知识的传授和应试技巧的训练，而忽视了学生的主体地位和全面发展。然而，随着学校组织的变革和教育改革的推进，新的教育观念开始强调学生的主体地位、全面发展、个性化教育等。这些新的教育观念的引入和传播，将直接促使教师更新自身的教育观念，树立以学生为本、全面发展的教育理念。教育观念的更新是教师转型发展的核心。只有不断更新教育观念，教师才能适应新的教育环境和学生发展需求，不断探索和创新教学方式和方法。例如，在新的教育观念的引领下，教师可能开始更加关注学生的个性化需求和兴趣爱好，尝试采用项目式学习、合作学习等创新教学方式，以激发学生的学习兴趣和主动性。这些新的教学方式和方法的尝试和探索，将推动教师在教学实践中不断积累经验和成果，实现自身的转型发展。

（三）学校组织变革营造良好的教师发展环境

学校组织的变革不仅为教师提供了新的发展机遇、推动了教育观念的更新，还营造了良好的教师发展环境。这种环境包括更为人性化、民主化和科学化的管理方式和工作氛围，以及更加丰富的学习和培训资源等。学校组织的变革往往伴随着管理理念和管理方式的转变。这些转变能够带来更为人性化、民主化的管理方式和工作氛围，使教师能够更加充分地发挥自己的创造力和才能。同时，良好的工作环境和氛围还能够增强教师的归属感和忠诚度，促进教师队伍的稳定和发展。学校组织的变革还能够为教师提供更好的学习和培训资源。这些资源的提供不仅可以帮助教师及时更新教育观念和教学方法，还可以提升教师的专业素养和综合能力，促进他们的转型发展。

三、教师转型发展与学校组织变革的互动关系

（一）教师转型发展是学校组织变革的重要推动力

1. 教师转型发展引领学校教育教学理念的更新

教师的转型发展往往伴随着教育教学理念的更新。在新时代背景下，传统教育理念和教学方法已难以满足学生的发展需求和社会的变化。因此，教师需不断学习新的教育理念，掌握新的教学方法，以更好地顺应时代的发展和学生的需求。新的教育理念为学校组织变革提供了思想基础和指导方向，推动了学校教育教学水平的提升和整体发展。

2. 教师转型发展促进学校组织结构的优化和管理方式的改进

教师的转型发展不仅关乎个人专业素养和教学能力的提升，还涉及学校组织结构的优化和管理方式的改进。为适应新的教育环境和学生发展需求，教师需更加自主、灵活地开展工作。这便要求学校组织营造更为宽松、民主的管理环境和工作氛围。因此，教师的转型发展推动了学校组织结构的优化和管理方式的改进。通过削减管理层级、加强团队合作、推行民主决策等方式，学校组织得以更加高效、灵活地运作，为教师的转型发展提供了更好的支持和保障。这种优化和改进不仅提升了教师的工作满意度和归属感，还激发了教师的工作热情和创新精神，推动了学校组织的整体进步和发展。

3. 教师转型发展推动学校与社会的紧密联系和合作

教师的转型发展还推动了学校与社会的紧密联系和合作。在新时代背景下，教育已不再是封闭的系统，而是需要与社会各界展开广泛的交流和合作。通过参与各种社会活动、开展校企合作、引入社会资源等方式，教师能够更深入地了解社会需求和变化，为学生提供更贴近实际的教育教学。同时，学校也可以借助教师的力量，与社会各界建立更为紧密的联系和合作，共同推动教育的发展和进步。这种紧密联系和合作不仅为学校带来了更多资源和机遇，还提升了学校的社会声誉和影响力，为学校的整体发展注入了新的活力和动力。

（二）学校组织变革为教师转型发展提供重要的支持和保障

1. 学校组织变革提供良好的发展环境和氛围

学校组织变革通常伴随着管理方式的改进和工作氛围的优化，这种变革使得学校内部的管理更加人性化、民主化和科学化。同时，学校组织变革致力于营造良好的学术氛围和团队合作精神，鼓励教师间的交流与合作，共同推动学校教育教学水平的提升。这种良好的发展环境和氛围，为教师的转型发展提供了有力的支持和保障，使他们在专业成长和事业发展上能够更加顺利。

2. 学校组织变革提供丰富的培训和学习资源

这些资源包括新的教育理念、教学方法、教育技术等方面的培训和学习机会，旨在帮助教师提升专业素养和综合能力。通过参与这些培训和学习活动，教师能够及时了解和掌握最新的教育动态和教学技巧，更好地适应新时代的教育需求。这种培训和学习资源的提供，为教师的转型发展提供了坚实的基础和保障。

3. 学校组织变革搭建展示和交流的平台

学校组织变革不仅关注教师的内在提升，还注重为教师搭建展示和交流的平台。通过组织各种教学比赛、学术研讨会、教育论坛等活动，学校为教师提供了展示自己才华和成果的机会。这些平台不仅能让教师展示自己的教学理念和实践成果，还可以促进教师间的交流与合作，共同探讨教育教学中的问题和挑战。这种展示和交流的机会，不仅能激发教师的创新精神和工作热情，还能提升他们的自信心和归属感。同时，通过这些平台的搭建，学校还可以发现和培养一批优秀的骨干教师，为学校的发展注入新的活力和动力。这种展示和交流平台的搭建，为教师的转型发展提供了更为广阔的空间和机遇。

（三）教师转型发展与学校组织变革相互促进、共同发展

1. 教师转型发展推动学校组织教育理念的更新与实践

教师的转型发展往往伴随着教育观念的更新和教学方式的转变。同时，学校组织在变革过程中也会不断吸收和借鉴外部的优秀教育理念和经验，为教师提供更多的学习和发展机会。这种良性的互动关系使得教师转型发展与学校组织变革在教育理念的更新与实践上相互促进、共同发展。

2. 学校组织变革为教师转型发展提供更好的平台和资源

学校组织的变革往往伴随着管理方式的改进、教育资源的优化配置和工作氛围的优化等方面。这些变革不仅为学校的发展注入了新的活力和动力，更为教师的转型发展提供了更好的平台和资源。例如，学校组织变革能够推动教师培训体系的完善，为教师提供更多的学习和发展机会；能够

优化教学资源的配置，为教师提供更好的教学条件和支持；能够营造良好的工作氛围，激发教师的创新精神和工作热情。这些平台和资源的提供，使得教师在转型发展过程中能够更加顺利地实现自我提升和突破，进而推动学校组织的整体进步和发展。

3. 教师转型发展与学校组织变革在互动中实现共赢

教师转型发展与学校组织变革之间的互动关系不仅体现在单向的推动和支持上，更重要的是在互动中实现共赢。一方面，教师的转型发展能够提升学校组织的整体办学水平和竞争力，为学校赢得更好的社会声誉和发展机遇；另一方面，学校组织的变革也能够为教师的转型发展创造更为有利的环境和条件，使他们在专业成长和事业发展上取得更大的成就。这种共赢的局面不仅有助于提升教师和学校的整体实力，还能为教育事业的发展注入新的活力和动力。

第三节 学校组织变革支持教师转型的举措

一、构建灵活的组织结构和管理机制

（一）建立扁平化、网络化的组织结构

1. 减少管理层级，加快决策效率

在传统的学校组织结构中，管理层级繁杂，决策过程冗长，往往导致信息传递不畅、反应迟缓。为了改变这一状况，学校需减少管理层级，使组织结构更趋扁平化。通过减少中间环节，学校可以加快信息传递速度，提升决策效率。同时，这也能够赋予教师更多自主权，激发他们的工作积极性。

在减少管理层级的过程中，学校需关注两个方面：一是合理划分管理职责，确保各层级的管理者都能够承担相应责任；二是加强横向沟通，打破部门间的壁垒，推动资源的共享与协作。通过这样的调整，学校可以构

建一个更为高效、灵活的管理体系,为教师的转型提供有力的组织保障。

2.强化横向联系,促进资源共享

在扁平化、网络化的组织结构中,横向联系的重要性不言而喻。通过加强不同部门、不同学科间的沟通与协作,学校可以打破条块分割的局面,形成资源共享、优势互补的良好氛围。为强化横向联系,学校可以采取多种措施。例如,设立跨学科的教学团队或研究小组,鼓励教师共同参与课程开发、教学设计等活动;建立校内资源共享平台,提供教学资源、科研成果等信息的共享与交流;定期举办校内学术研讨会或教育论坛,为教师提供展示成果、交流经验的平台。通过这些举措,学校可以促进教师间的合作与交流,推动教育教学的创新与发展。

3.利用信息技术,构建网络化组织

信息技术的发展为构建网络化组织提供了有力支持。学校可以借助各种信息技术手段,如互联网、云计算、大数据等,构建一个虚拟的网络化组织。在这个组织中,教师可以随时随地进行在线交流、协作与资源共享,打破时间和空间的限制。通过构建网络化组织,学校可以实现以下几个方面的目标:一是提高教师的信息化素养,使他们能够更好地利用信息技术进行教学和管理;二是促进教师间的远程合作与交流,打破地域限制;三是实现教育资源的数字化、网络化共享,提高资源的利用率和效益。这些目标的实现将为教师的转型提供有力的技术支持和资源保障。

(二)推行民主化、人性化的管理机制

1.建立教师参与决策的渠道

民主化的管理机制要求学校赋予教师参与决策的权利。通过建立教师代表大会、学术委员会等组织,学校可以为教师提供参与学校管理和决策的渠道。这些组织应由教师代表组成,代表们可以就学校的重要事项发表意见、提出建议,并参与相关决策的制定。同时,学校还可以通过定期召开教师座谈会、问卷调查等方式,广泛听取教师的意见和建议,确保他们的声音能被充分听取和尊重。这样的参与决策机制,不仅能增加教师对学校事务的知情权和参与权，还能提升他们的归属感和责任感。

2. 关注教师的个人发展和需求

人性化的管理机制要求学校关注教师的个人发展和需求。每位教师都有自己的职业规划、发展需求和生活状况，学校应根据教师的实际情况，为他们提供个性化的支持和帮助。例如，对于新入职的教师，学校可以提供导师制度，帮助他们快速适应工作环境；对于中年教师，学校可以提供职业发展的机会和平台，鼓励他们进行学术研究和教学创新；对于老年教师，学校可以关注他们的身体健康和生活状况，为他们提供必要的关怀和帮助。此外，学校还可以建立教师成长档案，记录教师的成长历程和业绩成果，为他们提供个性化的职业规划和发展建议。通过这样的关注和支持，教师能感受到学校的温暖和关怀，从而更加安心、踏实地工作。

3. 营造积极向上的工作氛围

民主化、人性化的管理机制还要求学校营造一个积极向上的工作氛围。这种氛围应包括开放、包容、合作、创新等元素，让教师在工作中感受到快乐和成就感。为营造这样的氛围，学校可以加强校园文化建设，倡导积极向上的价值观和教育理念；加强教师之间的交流与合作，打破学科和部门之间的壁垒；鼓励教师进行教学创新和学术研究，为他们提供必要的支持和资源。同时，学校还应加强对教师的正面激励和表彰。当教师在工作中取得优异成绩时，学校应及时给予肯定和奖励，以激发他们的工作热情和积极性。这种正面激励不仅能提升教师的自信心和幸福感，还能为学校营造一个更加和谐、向上的工作氛围。

（三）建立灵活多样的用人机制

1. 实行岗位聘任制，优化教师资源配置

传统的教师任用方式往往过于僵化，不利于教师的流动和优化配置。因此，学校应实行岗位聘任制，根据教学需求和教师能力进行合理配置。通过公开竞聘、择优录用的方式，学校能够选拔出真正优秀的教师，充实到教学一线。同时，针对无法胜任教学工作的教师，学校也需进行及时调整，以确保教师队伍的整体素质。在岗位聘任制下，学校还需建立完善的岗位责任制和考核评价机制，明确每位教师的岗位职责和工作目标。通过定期的考核评价，学校能够了解教师的工作表现，为他们提供具有针对性的指导和帮助。这种用人机制不仅能优化教师资源配置，还能激发教师的竞争意识和工作积极性。

2.推行教师轮岗制度，促进教师交流与发展

为打破教师长期固定在一个岗位的局面，学校可以推行教师轮岗制度。通过轮岗，教师能够获得接触不同的工作环境和教学任务的机会，拓宽自己的教学视野和经验。同时，轮岗制度也有助于促进教师之间的交流与合作，形成更加和谐、互助的工作氛围。在推行轮岗制度时，学校需制定详细的实施方案和计划，确保轮岗的公平性和有效性。此外，学校还应为轮岗教师提供必要的支持和帮助，如岗前培训、教学指导等，以帮助他们顺利适应新的工作岗位。通过轮岗制度，学校能够培养出一批具有多种教学经验和能力的优秀教师，为学校的教育教学改革提供有力支持。

3.鼓励教师兼职与合作，发挥教师特长与优势

除正式的教学岗位外，学校还可以鼓励教师参与兼职和合作项目。这些项目可以包括校内外的教学辅导、课程开发、学术研究等。通过参与这些项目，教师能够发挥自己的特长和优势，提升自己的专业素养和实践能力。同时，兼职和合作项目也有助于增强教师的社会适应能力和职业拓展能力。在鼓励教师兼职与合作的同时，学校也需建立完善的激励和保障机制。对于在兼职和合作项目中表现突出的教师，学校可以给予一定的物质奖励和荣誉表彰。此外，学校还应为教师提供必要的时间和资源支持，以保证他们能顺利完成这些项目。通过这种用人机制，学校能够更加充分地利用教师的资源和潜力，推动学校的整体发展。

二、提供全面的培训和学习资源

（一）设计个性化的培训计划

1. 深入了解教师的需求与特点

设计个性化的培训计划，首先应深入了解每位教师的需求、兴趣、特长和职业规划。学校可以通过问卷调查、面对面交流、教学观摩等方式，全面收集教师信息，包括他们的教学理念、教学方法、知识储备、技能水平以及在教学和科研中面临的挑战等。这些信息有助于学校准确把握教师的个体差异和发展需求，为制订具有针对性的培训计划提供有力依据。

在了解教师需求的基础上，学校还应关注教师的特点，如年龄、性别、教育背景、教学经验等。这些因素都会影响教师的学习风格、接受能力和发展需求。例如，年轻教师可能更注重教学创新和技能提升，而资深教师则可能更关注教育理念和教学方法的更新。因此，学校在设计培训计划时，应充分考虑教师的特点，确保培训内容和方式符合他们的实际需求。

2. 制定分层次的培训目标与内容

根据教师的不同需求和特点，学校应制定分层次的培训目标和内容。这些目标和内容应既体现共性要求，又兼顾个性差异，确保每位教师都能在培训中找到适合自己的学习路径和发展方向。对于新入职教师，学校可以设计基础培训课程，帮助他们快速掌握教学基本技能、了解学校文化和教育理念。对于有一定教学经验的教师，学校可以提供进阶培训课程，引导他们探索新的教学方法和策略、拓宽知识领域。对于资深教师，学校则可以组织高级研修班或学术研讨会，推动他们在教育教学领域进行深入研究和创新实践。此外，学校还应关注教师的个性化需求，为他们提供定制化的培训服务。例如，针对某些教师在特定学科或领域的发展需求，学校可以邀请专家进行一对一指导或组织专题研讨班；针对教师在科研方面的挑战，学校可以提供科研方法论、数据分析等专项培训。

3. 采用多样化的培训方式与方法

设计个性化的培训计划应采用多样化的培训方式和方法，以满足不同教师的学习风格和需求。学校可以采用线上与线下相结合的培训模式，为教师提供灵活多样的学习途径。线上培训可以利用网络平台进行远程授课、在线讨论、资源共享等，方便教师随时随地进行学习；线下培训则可以组织面对面的授课、工作坊、教学观摩等活动，促进教师间的深入交流与合作。同时，学校还应注重培训方法的创新与应用。例如，可以采用案例教学法、情景模拟法、小组合作学习等互动性强、参与度高的培训方法，激发教师的学习兴趣和积极性。这些方法不仅能提升教师的认知水平和实践能力，还能促进他们之间的经验分享和思维碰撞。

（二）提供丰富的学习资源

1. 建立完善的图书资料库

图书资料是教师获取知识和信息的重要途径。学校应建立完善的图书资料库，包括教育类图书、学术期刊、研究报告等，涵盖教育教学、心理学、教育管理等多个领域。这些图书资料应定期更新，以确保内容的时效性和前沿性。同时，学校还应建立便捷的借阅和检索系统，方便教师随时获取所需图书资料。

除传统的纸质图书资料外，学校还可以建立电子图书库，提供电子书籍、在线期刊等数字化学习资源。这些资源不仅能节省存储空间，还能方便教师进行远程访问和学习。通过建立完善的图书资料库，学校能够为教师提供丰富的学习材料和参考资料，支持他们的专业发展和教学研究。

2. 引入优质的在线课程和教育资源

随着信息技术的发展，在线课程和教育资源已成为教师学习的重要补充。学校可以引入优质的在线课程和教育资源，如知名教育平台的网络课程、专家讲座视频等，为教师提供更多学习选择。这些资源应覆盖不同学科领域和教学阶段，满足教师的多样化需求。在引入在线课程和教育资源时，学校需注意资源的筛选和评估，确保其内容的质量和专业性。同时，学校还应建立有效的学习管理机制，如设置学习进度跟踪、学习成果反馈等，激励教师积极参与在线学习。通过引入优质的在线课程和教育资源，学校能够打破时间和空间的限制，为教师提供更灵活和便捷的学习机会。

3. 创建共享的教师学习社区

教师学习不单是个体的过程，更是社群的过程。学校应创建一个共享的教师学习社区，为教师提供一个相互学习、交流经验和分享资源的平台。该社区可以是线上的，也可以是线下的，或者是两者的结合。在这个社区中，教师可以发布自己的教学心得、课堂案例、教学资源等，同时也能够浏览他人的分享并从中获得启发。为促进教师间的交流和合作，学校还应定期组织社区活动，如教学研讨会、教学观摩、经验分享会等。这些活动不仅能够增进教师之间的联系和友谊，还能提升他们的教学水平和创新能力。通过创建共享的教师学习社区，学校能够营造一个积极向上、互帮互助的学习氛围，推动教师的共同成长和进步。

（三）建立教师学习共同体

1. 明确共同体的目标与愿景

首先，建立教师学习共同体需要明确共同体的目标与愿景。这些目标应与教师的个人职业发展目标相契合，并且能够激发教师的归属感和参与热情。共同体的愿景可以涵盖提升教育教学质量、探索创新教学策略、推动教育公平等方面。通过明确目标与愿景，教师们将更加积极地投身于共同体的各项活动，共同为实现这些目标而努力。

2. 搭建多元化的交流平台

为了促进教师间的交流与合作，搭建多元化的交流平台是推动教师学习共同体发展的关键。这些平台可以包括线上论坛、微信群、定期研讨会等形式，以便教师们随时随地进行交流与学习。在这些平台上，教师们能够分享自身的教学经验、教学资源、教学心得等，也可以向其他教师咨询问题、寻求协助。通过搭建多元化的交流平台，教师们能够相互学习、相互启发，共同提高教育教学水平。

3. 提供持续的学习支持与资源

建立教师学习共同体还需要提供持续的学习支持与资源。这些资源包括但不限于教育类图书、学术期刊、专家讲座视频,以及优质的教学案例、教学设计等。学校应定期采购并更新这些资源,确保教师们能够及时获取最新的学习材料。同时,学校也可以邀请专家或优秀教师为共同体成员提供定期的培训和指导,协助他们解决教学和学习过程中遇到的问题。通过提供持续的学习支持与资源,学校为教师学习共同体的发展提供了有力的保障。

三、建立激励和评价机制

(一)设立明确的奖励制度

为激发教师积极转型,学校应确立明确的奖励体系。奖励可以包括物质奖励和精神奖励,如提供额外的津贴、晋升机会、荣誉称号等。奖励标准应明确且公开,与教师转型成果紧密关联,如教学质量提升、科研成果产出、学生评价等。这样的奖励体系能使教师感知自己的努力获得认可和回报,从而增强转型的积极性和动力。此外,学校可以设立特别奖项,如"最佳创新教学实践奖""优秀科研成果奖"等,以表彰转型过程中的卓越贡献者。奖项评选过程应公开透明,确保评选结果的公正性和权威性。通过这样的奖励体系,学校可以树立典范,激励其他教师效仿,营造积极向上的转型氛围。

(二)建立科学的评价体系

为确保对教师转型的公正评价,学校需建立科学的评价体系。该体系应包括多个评价维度,如教学能力、科研能力、工作态度、团队协作等,以全面反映教师的综合素质和转型成果。评价过程应注重量化指标与质性评价的结合,既考量教师的教学课时、学生成绩等硬性指标,也要关注他们的教学理念、教学方法等软性指标。此外,评价体系应重视教师的自我评价和同事评价。自我评价有助于教师反思工作和成长,找出自身优点和不足;同事评价则可以从旁观者的角度提供客观、中肯的意见和建议。通过多元评价方式,学校能更全面、客观地了解教师的转型情况,为后续激励和支持提供有力依据。

（三）提供多样化的职业发展机会

除奖励和评价外，学校还应提供多元化的职业发展机会以支持教师转型。这些机会包括参加国内外学术会议、校际交流访问、参与教育研究项目等。同时，学校还可以鼓励教师参与跨学科、跨领域的合作与研究，打破学科壁垒，促进领域间的交流与融合，为教师提供新的研究视角和方法。通过这样的职业发展机会，教师得以不断挑战自我、突破自我，实现更高层次的转型和发展。

第四节　组织变革与教师转型的互动机制

一、组织变革对教师转型的推动作用

（一）组织变革促进教师教育理念的更新

学校教育中组织变革的实施，往往意味着对既有教育模式的挑战和对新颖教育理念的接纳。在这一过程中，教师作为教育实践的直接执行者，其教育理念的更新显得尤为重要。组织变革通过引入新的教育理论和教育观念，冲击着教师原有的思维模式和教学方法，促使他们不得不重新审视自己的教育行为。随着素质教育理念的普及，学校组织变革开始强调学生的全面发展、个性培养和创新能力的提升。这要求教师摒弃传统的应试教育模式，转而关注学生的个体差异、兴趣爱好和长远发展。在这种变革的推动下，教师需要不断学习和探索新的教学方法和教育手段，以满足学生多样化、个性化的学习需求。同时，组织变革还鼓励教师积极参与教育研究和教学改革活动，通过实践检验和丰富新的教育理念。这种参与式、研究型的教师角色定位，不仅有助于提升教师的专业素养和教学能力，还能激发他们的创新意识和探索精神。

（二）组织变革优化教师的知识结构

随着学校课程体系的调整和教学内容的更新，教师必须紧跟时代步伐，持续学习新的学科知识和教育理论知识，以不断完善自身的知识结构。这种学习不仅是对新知识的简单掌握，更是对既有知识体系的深度反思和重构。教师需要通过深入研究新的学科内容，理解其内在逻辑和与现有知识的联系，从而将这些新知识有机地融入自己的知识体系中。这需要教师具备强烈的自我发展意识和学习能力，能够主动寻找学习机会，积极参与各种培训和学习活动。

（三）组织变革提升教师的教学能力

新的教学方法和手段如项目式学习、翻转课堂等，在现代教育中不断涌现，它们旨在更好地激发学生的学习兴趣，提升其自主学习能力。然而，这些创新性的教学方法和手段也对教师的教学设计和实施能力提出了更高的要求。为了有效运用这些方法，教师不仅需要深入理解其背后的教育理念，还需要掌握具体的教学技巧和实施策略。为此，学校可以积极组织教学观摩和教学研讨等活动。通过观摩优秀教师的教学实践，教师可以直观地学习到如何设计和实施这些新的教学方法。而教学研讨活动则提供了一个平台，让教师们可以围绕这些新的教学手段展开深入的讨论和交流，分享彼此的经验和困惑，从而共同提升教学水平。这种交流与合作的方式，有助于在校园内形成一个积极向上、互帮互助的教师群体学习氛围。

二、教师转型对组织变革的促进作用

（一）教师转型推动学校课程与教学的创新

教师在教学实践中扮演着至关重要的角色，他们不仅是知识的传递者，更是教育创新的实践者。通过不懈地努力和探索，教师们不断尝试新的教学方法和手段，这些宝贵的创新实践为学校课程与教学的改革提供了丰富的素材和有益的借鉴。从个性化的教学方案设计，到多元化的课堂互动形式，每一个成功的案例都凝聚了教师的智慧和汗水。更为重要的是，这些成功的教学经验不仅局限于个别教师的课堂，还能够在学校内部得到广泛的推广和应用。通过教师间的分享、交流和合作，这些创新实践得以迅速传播，进而推动整个学校教学水平的提升。这种内部的知识传递和经验共享，不仅加强了教师之间的专业联系，更为学校营造了一种积极向上、不断创新的教育氛围，有利于学校教育的长远发展和学生的全面成长。

（二）教师转型提升学校的组织效能

教师在转型过程中，通过不断地学习和实践，逐渐形成了自我发展、自我管理的意识和能力。这种转变不仅提升了教师个人的专业素养，更对学校的管理模式产生了深远的影响。教师们开始更加积极地参与到学校的决策和管理之中，他们的建议为学校的发展提供了重要的参考。同时，教师在自我管理方面的提升，也促使学校的管理更加高效。他们能够更好地协调和处理教育教学中的各种问题，确保学校各项工作的顺利进行。教师的积极参与和贡献，无疑为学校注入了新的活力和动力，提升了学校的整体办学水平和教育质量。这种良性的互动和循环，不仅有利于教师的个人成长，更为学校的长远发展奠定了坚实的基础。

（三）教师转型增强学校的凝聚力

教师在转型的过程中，不仅关注自身的成长与发展，还在不断交流、学习和合作中，逐渐形成了共同的教育理念和价值观。这些共享的理念和价值观成为教师之间联系的纽带，使得他们的关系更为紧密，合作更为默契。无论是在日常教学中，还是在面对教育改革和挑战时，教师们都能够齐心协力，共同为学生创造更好的学习环境。这种团结协作的氛围不仅局限于教师之间，还感染着学校的每一位学生和其他工作人员。学生们在感受到教师们的团结和合作后，也会更加积极地投入学习中，形成积极向上的学风。其他工作人员在教师的带动下，也会更加努力地工作，为学校的整体发展贡献力量。如此一来，整个学校的凝聚力和向心力都得到了显著增强，为学校的长远发展奠定了坚实的基础。

三、组织变革与教师转型的互动关系构建策略

（一）建立畅通的沟通机制

1. 了解与回应教师的需求

学校应定期与教师进行深入的沟通交流，了解他们的想法和需求，以及在教育教学中遇到的困惑和难点。这种沟通应是双向的，学校需真诚倾听教师的声音，教师也应积极表达自己的想法和建议。通过双向沟通，学校能更全面地了解教师的工作状态和需求，从而提供更具针对性的支持和帮助。这种沟通机制有助于增强教师的归属感和工作积极性，促进学校与教师之间的共同成长。

2. 全方位支持：助力教师应对挑战

在了解教师的需求后，学校应为他们提供全方位的支持。首先，在教学资源方面，学校可以提供图书、教具等必要的教学材料，为教师创造良好的教学环境。其次，在教学技能培训方面，学校可以组织定期的培训活动，帮助教师掌握新的教学方法和技术，提升他们的教学能力和专业素养。此外，学校还应关注教师的心理健康，提供心理关怀和咨询服务，帮助他们排解工作压力，提升工作幸福感。这种全方位的支持不仅能帮助教师更好地应对教育教学中的挑战，还能提升他们的工作积极性和满意度，从而进一步提高教育教学质量。

3. 形成教育教学的合力

学校还应积极鼓励教师之间进行交流与合作。教育教学中的问题往往不是孤立的，需要教师们共同探讨和解决。通过交流与合作，教师们能够分享彼此的经验和做法，相互借鉴和学习，形成教育教学的合力。这种团结协作的氛围不仅能提升教师的专业素养和教学能力，还能增强学校的凝聚力和向心力，推动学校教育的整体发展。为促进教师间的交流与合作，学校可以组织定期的教研活动、教学比赛等活动，为教师提供一个展示自身才华和互相学习的平台。同时，学校还可以建立教师合作团队或工作室，鼓励教师们在团队中共同研究教育教学问题，分享资源和经验，形成教育

教学的共同体。

（二）提供充足的学习资源

1. 提供多样化的学习资源

为满足教师不同的学习需求和兴趣点，学校应提供多样化的学习资源。这些资源不仅应涵盖最新的教育理念、教学方法和学科知识，还应包括不同类型的资料，如图书、期刊、电子资源等。此外，学校可以建立在线学习平台，为教师提供便捷的访问渠道。这些平台可以包含丰富的教学视频、案例分析、专家讲座等，使教师能够随时随地进行学习。多样化的学习资源有助于教师拓展知识面，激发他们的学习兴趣和动力。当教师感到自己的学习需求得到满足时，他们更有可能将新知识运用到教学中，从而提升教学质量。

2. 组织定期的培训活动

学校应定期组织培训活动，如研讨会、工作坊、培训课程等，为教师提供与行业内领先人士交流的机会。这些活动可以邀请知名专家学者、教学经验丰富的一线教师等担任主讲人，分享他们的研究成果和教学经验。通过参加这些培训活动，教师能够深入了解最新的教育理论和实践动态，获取宝贵的教学经验和建议。同时，他们还可以与同行进行交流和讨论，分享自己的见解和困惑，从而共同成长。这些培训活动有助于提升教师的专业素养和教学水平，增强他们的团队协作能力和创新意识。

3. 鼓励自主学习和持续发展

学校应鼓励教师自主学习和持续发展。这意味着学校应为教师营造一个宽松、自由的学习环境，允许他们根据自己的兴趣和需求进行自主学习。同时，学校还可以建立相应的激励机制，如设立奖学金、提供进修机会等，以鼓励教师持续学习和进步。自主学习和持续发展对教师至关重要。它不仅有助于教师保持对教育的热情和动力，还能够使他们在不断学习和成长中更好地适应教育改革和发展的需求。当教师具备自主学习和持续发展的意识和能力时，他们更有可能成为教育领域的佼佼者，为学生的成长和发展提供有力的支持。

（三）营造积极的学习氛围

1. 提供持续的专业发展机会

教师的专业成长是提升学校教育质量的关键。学校应为教师提供持续的专业发展机会，使他们能够不断更新知识、提升技能。这包括定期举办各类研讨会、工作坊和培训课程，邀请教育专家、学者和同行分享最新的教育理念和实践经验。此外，学校还应鼓励教师参与学术研究和论文发表，为他们提供必要的时间和资源支持。通过这些专业发展活动，教师得以不断拓展知识领域，提升教学水平，进而更好地激发学生的学习兴趣和潜能。

2. 鼓励尝试新的教学方法和手段

随着科技的进步和教育理念的创新，新的教学方法和手段层出不穷。学校应鼓励教师勇于尝试这些新的教学方法和手段，如数字化工具、在线学习平台、翻转课堂等。这些新的教学方法和手段能够为学生提供更加个性化、多样化的学习体验，有助于提高学生的学习效率和积极性。同时，尝试新的教学方法和手段也是教师自身专业成长的重要途径。通过不断尝试和实践，教师可以积累更多的教学经验，形成自己的教学风格和特色。

3. 营造开放包容的教学氛围

一个开放包容的教学氛围是激发教师创新精神的重要条件。学校应鼓励教师敢于挑战传统、勇于尝试新的教学模式和教学方法。在这个过程中，学校应给予教师充分的支持和信任，允许他们犯错并从中学习。同时，学校还应建立一种积极的评价和反馈机制，对教师在教学创新方面的努力和成果给予充分的认可和奖励。这种评价和反馈机制可以激发教师的创新热情，促进他们在教学实践中不断探索和创新。此外，学校还可以通过举办教学比赛、教学成果展示等活动，为教师提供展示自身创新成果的平台。这些活动不仅能够激发教师的创新动力，还能够促进教师之间的交流与合作，形成积极向上的教学氛围。

第七章 教师情感与心理健康在转型中的重要作用

第一节 转型过程中教师的情感与心理挑战

一、角色转变带来的心理不适

(一)对新角色的认知困惑

1. 对新角色定位的不明确

教育改革强调学生的主体地位,提倡学生主动参与、合作学习,这要求教师从传统的"教"转变为"引"。然而,许多教师对新角色的定位并不明确,不清楚自己在新的教学模式中应扮演何种角色。他们担心过多的引导会削弱自己的权威性,而过于保守则可能阻碍学生的自主学习。这种对新角色定位的不明确导致教师在教学实践中感到迷茫和不安。为了明确新角色的定位,教师需要深入学习教育改革的相关理论,理解新角色的内涵和要求。同时,通过与同行、专家交流,参加教育培训等方式,逐渐明确自己在教育改革中的定位和责任。明确新角色的定位有助于教师更好地适应教育改革的要求,发挥自己的专业优势,促进学生的全面发展。

2. 对新角色职责的不清晰

在传统的教学模式下，教师的职责主要是传授知识、管理课堂和评价学生。然而，在新的教育模式下，教师的职责发生了显著的变化。他们不仅需要引导学生自主学习、解决问题，还需要与学生建立平等、互动的关系，共同探究知识。这种职责的转变要求教师具备更高的专业素养和教育教学能力。然而，许多教师对新角色的职责并不清晰，不知道应如何履行新的职责。他们担心自己无法胜任新的职责，影响学生的学习效果和自己的职业发展。为了明晰新角色的职责，教师需要加强对教育改革理论的学习和实践经验的积累。通过与同行交流、观摩优秀课堂、参与教学研讨等方式，逐渐明确新角色下的职责和要求。同时，学校也应为教师提供更多的支持和帮助，如制定明确的职责清单、提供培训资源等，以帮助教师更好地履行新角色的职责。

3. 对新角色期望的不适应

随着教育改革的推进，社会对教师的期望也在不断提高。为了适应新角色的期望，教师需要不断调整自己的教育理念和教学方法。他们可以通过反思自己的教学实践、与学生和家长沟通等方式，了解他们的需求和期望，并尝试将其融入自己的教学中。同时，教师也需要关注自己的心理健康，学会应对压力和焦虑的方法。学校和社会也应为教师提供更多的支持和帮助，如建立心理辅导机制、提供培训资源等，以帮助教师更好地适应新角色的期望。

（二）对旧角色的情感依恋

1. 对旧有教学模式的依赖

长期以来，教师已习惯了传统的"讲授式"教学模式，这种模式以教师为中心，强调知识的单向传授。在这种模式下，教师扮演着知识传递者的角色，而学生则处于被动接受的状态。尽管教育改革呼吁转变为以学生为中心的教学模式，但许多教师仍难以摆脱对旧有教学模式的依赖。这种依赖源于习惯的力量。在长期的教学生涯中，教师已经形成了稳定的教学风格和习惯，这些习惯和风格在很大程度上塑造了他们的教学身份。因此，当要求他们改变这些习惯和风格时，自然会感到不适和抵触。

2. 对新角色的不确定感

在教育改革中，教师的角色被重新定义为学生学习活动的引导者、支持者和合作者。这种新角色要求教师在教学实践中更加注重学生的主动性、探究性和合作性。然而，许多教师在面对新角色时感到困惑和不安。这种困惑和不安主要源于对身份认同的不确定感。在传统角色中，教师有着明确的身份认同和地位，他们知道自己的职责和权力范围。然而，在新角色中，教师的身份认同变得模糊和不确定，他们不知道自己在新的教学模式中应扮演什么样的角色，如何行使自己的职责和权力。这种不确定感使许多教师对新角色产生了抵触和排斥情绪。

3. 对过去教学经历的怀念

除了习惯的力量和身份认同的困惑外，教师对旧角色的情感依恋还源于对过去教学经历的怀念。在长期的教学实践中，教师与学生建立了深厚的情感纽带，这些纽带使他们对自己的教学工作和成果产生了强烈的归属感和自豪感。当教育改革要求他们改变教学方式和角色时，他们不仅面临教学上的挑战，更面临情感上的割舍。他们担心新的教学方式会破坏与学生间的情感联系，影响自己的教学热情和动力。这种对过去教学经历的怀念和不舍使许多教师难以完全接受和适应新角色。

（三）对新角色的适应压力

1. 技能与知识更新的挑战

适应新角色首先需要教师具备全新的教育理念和教学方法。这意味着教师需要不断更新自己的知识体系，掌握先进的教育技术，如多媒体教学、在线教学等。同时，教师还需学习如何引导学生进行自主学习、如何组织合作学习活动、如何评价学生的学习成果等。这些新技能和新知识的学习对教师来说是一项重大挑战。此外，随着科技的快速发展，教育领域也在不断涌现新的教学理念和方法。教师须保持敏锐的洞察力，及时关注教育动态，不断更新自己的教育理念和教学方法。这种持续的学习和更新对教师来说是一种巨大的压力。

2. 心理适应与情绪管理的压力

角色转变不仅要求教师在技能和知识上进行更新，更要求教师在心理上进行适应。面对新的角色和职责，教师可能会感到焦虑、不安和自卑。同时，新角色的适应过程中还可能遇到各种挫折和困难。比如，新的教学方法可能不被学生接受，新的课堂管理策略可能无法有效实施等。这些挫折和困难会给教师带来沉重的心理压力和情绪负担。因此，教师在适应新角色的过程中需学会调整自己的心态和情绪，保持积极乐观的态度。

3. 评价与期望的不确定感

随着教育改革的推进，对学生的评价方式和标准也在发生变化。从传统的以分数为唯一标准转变为多元评价、过程评价等，这种评价方式的转变对教师来说是一种全新的挑战。教师需要了解并掌握新的评价方式和方法，以便更准确地评价学生的学习成果和发展状况。同时，随着社会对教育的期望不断提高，家长和学生对教师的要求也越来越高。为应对这种不确定感，教师需加强自我反思和学习，了解并适应新的评价方式和期望。他们可以通过与学生和家长沟通、观摩优秀课堂、参加教学研讨等方式来提升自己的教学评价能力和水平。同时，教师也需保持开放的心态和自信的姿态，勇于面对挑战和困难，不断提升自己的专业素养和教学能力。

二、面对压力与挑战的情感波动

（一）对新角色的担忧与恐惧

当教师面临角色转变时，首先涌现的是焦虑与不安情绪。传统的角色已然根深蒂固，教师们习惯了那种稳定且熟悉的教学模式。面对新的角色，他们不得不思考如何适应、如何转型，这种不确定性带来了巨大的心理压力。新角色要求教师具备更高的专业素养和教育教学能力，这使得许多教师心生恐惧。这种担忧和恐惧致使他们在面对新角色时产生了逃避和抵触的情绪。

（二）面对挑战时的无力感

在适应新角色的过程中，教师可能会遇到各种困难和挑战。例如，新的教学方法可能不为学生所接受，课堂管理可能遇到新的问题，与学生的沟通也可能出现障碍。这些挫折和困难会使教师感到无力和失落。这种无力感来自教师对新角色的不熟悉和不适应。他们可能感觉自身在新角色中迷失了方向，不知如何应对各种挑战。这种失落感进一步加剧了他们的情感波动，使他们在面对新角色时更加焦虑和不安。

（三）对未来角色的期待与憧憬

尽管教师在适应新角色的过程中经历了焦虑、不安、挫败和失落等情感波动，但他们内心深处依然满怀希望与期待。他们期待自己能够成功转型，成为新角色中的优秀教师。这种希望与期待源自教师对新角色的认可和接受。他们意识到新角色能够更好地促进学生的全面发展，提高教育教学质量。同时，他们也看到了新角色带来的挑战和机遇，甘愿为此付出努力。为了克服情感波动带来的负面影响，教师需要积极应对压力和挑战。积极参加各种培训和学习活动，提高自己的专业素养和教育教学能力。最后，他们可以不断调整自己的心态和情绪，保持积极乐观的态度面对新角色的挑战。

三、职业发展的困惑与迷茫

（一）职业发展路径的不清晰

1. 教育改革带来的角色转变

随着教育改革的推进，教师的角色正在经历深刻的变化。他们不再仅仅是知识的传授者，而是转变为学生学习活动的引导者、支持者和合作者。这种角色的转变要求教师具备更高的教育教学能力和专业素养，同时也对他们的职业发展提出了新的要求。然而，教育改革并未给教师提供明确的职业发展路径。传统的以教学经验和职称晋升为主的模式受到了挑战，而新的职业发展模式尚未完全建立。这使得许多教师在面对新角色时感到困惑和迷茫，不清楚自己的职业发展方向。

2. 多元化的职业发展选择

在教育改革的过程中，教师的职业发展选择也变得更加多元化。除传统的教学岗位外，还有许多新兴领域和岗位供教师选择，如教育咨询、教育技术、教育管理等。这些新兴领域和岗位为教师提供了更多的发展机会和空间，但同时也增加了职业选择的复杂性。面对多元化的职业发展选择，许多教师感到困惑和迷茫。他们不清楚自己的兴趣和优势所在，也不确定哪个领域或岗位更适合自己。这种困惑和迷茫使得他们在职业选择上犹豫不决，影响了他们的职业发展速度和质量。

3. 缺乏明确的职业规划和目标

许多教师在职业发展过程中缺乏明确的职业规划和目标。他们对自己的职业发展方向、目标和路径缺乏清晰的认识和思考，导致在职业发展过程中缺乏针对性和方向性。这种迷茫和不确定性不仅会影响教师的职业成就感，也会阻碍他们的专业成长和发展。为应对职业发展路径不清晰的问题，教师需采取积极的措施。首先，他们需加强自我反思和学习，明确自己的职业兴趣、优势和目标。其次，他们需关注教育改革的动态和发展趋势，了解未来的教育需求和教师角色变化，以便及时调整自己的职业规划和目标。此外，他们还可以寻求专业的职业指导和咨询，与同行和专家交流学习，不断拓宽自己的视野和知识面，提升自己的专业素养和教育教学能力。

（二）职业成就感的缺失

1. 教育教学环境的变化

随着教育改革的推进，教育教学环境发生了显著的变化。新的教学理念、教学方法和评价方式不断涌现，给教师带来了前所未有的挑战。然而，这种变化并未带来教师职业成就感的提升，反而使许多教师感到困惑和迷茫。一方面，新的教学理念和教学方法要求教师转变传统的角色，从知识的传授者转变为学生学习活动的引导者、支持者和合作者。这种转变需要教师付出更多的努力、投入更多的时间来适应和掌握,而在适应过程中可能会遇到各种困难和挫折,导致教师的职业成就感降低。另一方面,新的评价方式强调学生的全面发展和个性化差异,要求教师关注学生的个体差异和需求。然而,在实际教学中,由于学生个体差异大、教育资源有限等原因,教师可能难以满足所有学生的需求,从而产生职业挫败感和失落感。

2. 职业发展的困境

教师职业发展的困境也是导致职业成就感缺失的重要原因之一。在传统的职业发展模式中,教师通常通过晋升职称、获得荣誉等方式来获得职业成就感。然而,随着教育改革的推进,传统的职业发展路径受到了挑战,而新的职业发展路径尚未完全建立。此外,教育资源的不均衡分配也加剧了教师职业发展的困境。在一些地区和学校,由于教育资源有限、竞争激烈等原因,教师可能难以获得职业发展的机会和空间。这种困境使得教师感到自己的职业发展受到了限制和阻碍,进而影响了他们的职业成就感。

3. 学生和家长的需求变化

随着社会的发展和进步,学生和家长对教育的需求也在不断变化。他们希望教师能够关注学生的个性化差异,提供个性化的教学指导和支持。然而,在实际教学中,由于教师精力有限、教育资源不足等原因,可能难以满足所有学生和家长的需求。这种需求与现实的矛盾使得教师感到压力和焦虑,进而影响了他们的职业成就感。为应对职业成就感的缺失问题,教师需要采取积极的措施。首先,需加强自我反思和学习,不断提升自己的专业素养和教育教学能力,以适应教育改革的需求和学生的变化。其次,关注自己的职业发展规划,明确自己的职业目标和定位,积极寻求职业发展的机会和空间。此外,他们还需要与学生和家长建立良好的沟通和合作关系,了解他们的需求和期望,并提供个性化的教学指导和支持。

(三)对未来职业发展的不确定性

1. 教育改革带来的未知变化

教育改革是教师职业发展不确定性的主要来源之一。随着教育理念的不断更新和教学方法的不断创新，未来的教育模式和教师角色可能会发生巨大的变化。这种变化给教师带来了未知的挑战和机遇，也让他们对自己的职业发展前景感到不确定。一方面，新的教育理念和教学方法可能要求教师具备更高的专业素养和教育教学能力。这意味着教师需要不断学习和提升自己的能力，以适应教育改革的需求。然而，如何在学习和提升的过程中保持职业竞争力，并找到适合自己的职业发展方向，成为许多教师面临的难题。另一方面，教育改革的推进可能导致教师角色的转变和职业定位的模糊。传统的教师角色以教学为主，而未来的教师可能需要承担更多的教育咨询、课程设计、学生管理等任务。这种转变使教师在职业规划上感到迷茫和困惑，不清楚自己的职业发展方向是否符合未来的教育需求和发展趋势。

2.技术变革对教育行业的影响

随着科技的快速发展，人工智能、大数据、云计算等新技术正在逐渐改变教育行业的面貌。这些技术的引入不仅改变了教学方式和学习体验，也给教师的职业发展带来了不确定性和挑战。

新技术的引入可能使教师的传统技能过时，在线教学和远程教育的兴起使得教师需要掌握新的教学技术和工具。然而，这些新技术的学习和应用需要教师投入更多的时间和精力，同时也要求他们具备较高的信息素养和技术能力。技术变革可能导致教育行业的职业结构发生变化。随着教育技术的普及和应用，一些传统的教学岗位可能会被自动化或替代。这使得教师在职业发展上需要不断适应新的职业需求和市场需求，同时也需要他们具备更强的创新能力和跨界合作能力。

3.个人因素与职业发展不确定性

个人因素也是导致职业发展不确定性的重要原因之一。每位教师的兴趣、能力、价值观等都存在差异，这些差异使得他们在面对职业发展时产生不同的困惑和迷茫。个人的职业兴趣和目标可能与教育改革的方向和要求不完全一致。这可能导致教师在职业发展过程中感到迷茫和失落，不清楚自己的职业方向是否符合自己的兴趣和期望。个人的能力水平和专业素养也可能影响职业发展的不确定性。部分教师可能面临能力短板或专业素养不足的问题,这使他们在面对新的教育需求和市场变化时感到力不从心和无法适应。

第二节 教师情感与心理健康对教育教学的影响

一、教师情感对教学氛围的影响

(一)教师情感对教学互动的影响

1. 情感投入与互动质量

当教师以积极、饱满的情感投入教学之中时,他们的言行举止都会传递出对学生的关爱和期待。这种情感投入能够感染学生,激发他们的学习热情,促使他们更愿意参与教学互动。在这种积极的互动中,学生更有可能提出有价值的问题、分享自己的见解,并与教师形成有效的对话和交流。这种高质量的互动不仅有助于学生对知识的理解和掌握,还能培养他们的批判性思维能力和创新精神。

2. 情感调控与互动氛围

教师情感还具有调控教学互动氛围的作用。在教学过程中,教师难免遭遇突发情况或学生的不当行为,此时教师的情感调控能力尤为重要。若教师能够以平和、冷静的态度应对,及时调整自身情感状态,则能有效化解矛盾,维护良好的互动氛围。反之,若教师情绪失控、发脾气或采取惩罚性措施,那么不仅会破坏互动氛围,还可能对学生的心理健康产生负面影响。因此,教师需学会调控情绪,以平和、理智的态度面对教学中的各种挑战。

3. 情感共鸣与互动深度

教师情感还能促进师生间的情感共鸣,进而加深教学互动的深度。当教师以真诚、关爱的情感面对学生时,学生能感受到教师的用心和付出,从而更加信任和尊重教师。这种情感共鸣能拉近师生距离,使教学互动更为深入、具体。在这种状态下，学生更有可能敞开心扉、分享真实想法和感受，与教师进行深入探讨和交流。这种深度互动不仅能促进学生的全面发展，还能加深师生间的友谊和信任。

（二）教师情感对课堂管理的影响

1. 情绪稳定与课堂秩序

教师情感的稳定性对于维护课堂秩序具有至关重要的意义。当教师以积极、稳定的情感状态面对课堂时，能够更有效地管理学生的行为，维护良好的课堂秩序。这种稳定的情感状态使教师能够冷静应对课堂中的突发情况，采取合适的措施解决问题，确保教学过程的顺利进行。相反，若教师情感不稳定、易怒或焦虑，这种情绪会直接影响课堂管理的效果。教师可能会因小事失去耐心，对学生发脾气，致使课堂氛围紧张，学生感到不安。这种消极的课堂管理不仅会影响教学秩序，还可能对学生的心理健康产生负面影响。因此，为了维护良好的课堂秩序，教师需学会管理自己的情绪，保持稳定的情感状态。在遇到问题时，教师应冷静分析，采取合适的措施解决问题，而非被情绪所驱使。同时，教师还可以通过与学生建立良好的关系，增强学生对课堂规则的认同感和遵守意识，共同维护课堂秩序。

2. 情感表达与课堂氛围

教师的情感表达对于营造积极的课堂氛围具有重要意义。当教师以积极、热情的情感状态面对学生时，能够传递出对学生的关爱和支持，从而激发学生的学习兴趣和积极性。这种积极的情感表达还能够拉近师生之间的距离，建立良好的师生关系，为课堂管理奠定良好的基础。因此，为了营造积极的课堂氛围，教师需注重情感表达的培养。教师应以真诚、关爱的态度面对学生，通过语言、表情和肢体语言等多种方式表达自己的情感。同时，教师还应关注学生的情感需求，尊重学生的个性差异，以建立良好的师生关系为基础，共同营造积极的课堂氛围。

3. 情感智慧与冲突解决

情感智慧是指教师在处理情感问题时所表现出的能力和素养。在课堂管理中,教师情感智慧的高低直接影响着冲突解决的效果。具备较高情感智慧的教师能够敏锐地感知学生的情感变化,理解学生的行为动机和需求,从而采取合适的方式解决冲突和矛盾。为了提升课堂管理的效果,教师需注重情感智慧的培养。教师应学会倾听和理解学生的情感需求和行为动机,以同理心去关注和引导他们。同时,教师还应掌握有效的冲突解决技巧和方法,如倾听技巧、沟通技巧、引导技巧等,以更好地应对课堂中的挑战和问题。

(三)教师情感对学生学习动机的影响

1. 教师情感的积极作用

教师的积极情感能够激发学生的学习动机。当教师以积极、热情的态度进行教学时,学生能够感受到教师的投入和热爱,从而激发他们对学习的兴趣和动力。例如,当教师以充满激情的方式讲解课程内容时,学生会更加投入地学习,试图理解和掌握知识。这种积极的情感传递能够增强学生的自信心和学习欲望,促使他们更加努力地学习。此外,教师的积极情感还有助于建立良好的师生关系。当教师关心、尊重学生时,学生会感受到被重视和关爱,从而更加信任教师并愿意与其交流。这种亲密的师生关系能够激发学生的学习动力,使他们更加愿意听从教师的指导,努力学习并取得好成绩。

2. 教师情感的消极影响

教师的消极情感也可能对学生的学习动机产生负面影响。当教师情绪低落、沮丧或焦虑时,他们的情感状态可能会传递给学生,致使学生对学习产生厌倦、抵触或恐惧等负面情绪。这种消极的情感传递可能会削弱学生的学习动力,使他们失去对学习的兴趣和信心。此外,教师的消极情感还可能影响学生的学习态度和行为。如果教师对学生缺乏耐心和理解,经常批评、指责或惩罚学生,那么学生可能会感到沮丧、失望或愤怒,从而对学习产生抵触情绪。这种消极的学习态度和行为可能会导致学生的学习成绩下降,甚至产生厌学情绪。

3.教师情感管理的重要性

鉴于教师情感对学生学习动机的重要影响,教师情感管理显得尤为重要。首先,教师需要学会自我调节情感,保持积极、乐观的心态。当教师面临压力、挫折或困难时,他们应该积极寻求解决问题的方法,而不是沉溺于负面情绪中。通过有效的情感管理,教师能够更好地应对教学中的挑战,保持积极的教学态度。其次,教师应注重与学生的情感交流。教师应关心、尊重每一位学生,了解他们的需求和困难,帮助他们解决问题。通过积极的情感交流,教师能够建立良好的师生关系,激发学生的学习动力,促使他们更加努力地学习。

二、教师心理健康对教学质量的影响

(一)教师心理健康与教学态度的关系

1.心理健康促进积极教学态度的形成

心理健康的教师往往能够以更为积极和乐观的心态应对教学工作。他们更易于感受到教学带来的成就感,从而更加热爱教育事业。这种积极的教学态度体现在对课程的热情投入、对学生的关心与支持,以及对教学创新的积极探索等方面。当教师处于健康的心理状态时,他们更易于形成积极的教学态度,激发学生的学习兴趣,提高教学效果。

2.心理健康问题可能导致消极教学态度的出现

然而,若教师存在心理健康问题,如情绪低落、焦虑、抑郁等,其教学态度可能会变得消极、敷衍。这些问题可能使教师失去对教学的热情,对学生的问题缺乏耐心,甚至出现教学失误。这种消极的教学态度不仅会影响教学质量,还可能对学生的心理健康产生负面影响,形成恶性循环。

3.心理健康与教学态度的相互作用

教师的心理健康与教学态度之间存在相互影响的关系。一方面,教师的心理健康状况会对其教学态度产生影响;另一方面,教学态度的好坏也会反过来影响教师的心理健康。当教师以积极、乐观的态度面对教学时,他们更易于体验到教学的乐趣和成就感，从而保持心理健康。反之，若教师的教学态度消极、敷衍，他们可能会感受到教学工作的压力和挫折，进而引发心理健康问题。

（二）教师心理健康与教学方法的创新

1. 心理健康激发教学方法的创新意识

心理健康的教师往往拥有更为积极和开放的心态，他们更愿意尝试新的教学方法和策略，以满足学生的多样化需求。他们勇于突破传统的教学模式，采用多元化的教学手段，如多媒体教学、网络教学、项目式学习等，以激发学生的学习兴趣和创造力。这种创新意识不仅有助于提高教学质量，还能培养学生的创新思维和问题解决能力。同时，心理健康的教师还具备较强的自我反思和学习能力，他们能在实践中不断总结经验，反思教学方法，从而不断完善和创新。他们善于借鉴他人的成功经验，结合自身教学实际，创造出更适合学生的教学方法。这种持续的学习和创新精神是推动教学方法创新的重要动力。

2. 心理健康保障教学方法创新的持续实施

教学方法的创新不仅需要教师的创新意识和能力，更需要他们在实际教学中持续、稳定地实施。教师的心理健康状况对于教学方法创新的持续实施具有重要保障作用。心理健康的教师通常具备较强的自我调控能力和情绪管理能力，他们能在面对教学压力和挑战时保持冷静、乐观的心态，确保教学方法创新的顺利实施。此外，心理健康的教师还具备较强的适应能力和韧性，他们能在面对教学困难和挑战时迅速调整教学方法和策略，确保教学的顺利进行。这种适应能力和韧性是教学方法创新持续实施的重要保障。

3. 心理健康促进教学方法创新的有效评价和改进

教学方法的创新不仅需要教师的勇气和尝试，更需要他们对教学方法的有效性和适用性进行客观、科学地评价和改进。教师的心理健康状况对于教学方法创新的有效评价和改进具有促进作用。心理健康的教师通常具备更为客观、全面的评价观念,他们能从多个角度对教学方法的效果进行评估,更准确地了解教学方法的优点和不足。同时,他们具备较强的自我反思和改进能力,能在评价的基础上及时调整和改进教学方法,提高教学效果。此外,心理健康的教师善于与学生沟通交流,倾听学生的反馈和建议,更全面地了解教学方法的实际效果。这种与学生互动、倾听反馈的教学方式有助于教师不断完善和创新自己的教学方法,提高教学质量。

(三)教师心理健康与学生互动的效果

1. 建立和谐的师生关系

心理健康的教师往往能够与学生建立更为和谐、亲密的关系。他们能够更好地理解学生的情感需求,关注学生的个性化差异,以平等、尊重的态度与学生进行交往。这种和谐的师生关系有利于增强学生的归属感和安全感,激发学生的学习兴趣和动力。在这样的互动中,学生更倾向于向教师敞开心扉,分享自己的学习和生活经历,从而获得更多的支持和帮助。

2. 促进学生的情感发展和社交技能

心理健康的教师一般具有较强的情感表达能力和同理心,他们能够敏锐地察觉学生的情感变化,并给予积极的回应和引导。在与学生的互动中,教师不仅关注学生的知识掌握情况,更注重培养学生的情感发展和社交技能。他们通过倾听、理解、支持和鼓励等方式,帮助学生建立自信、培养同理心、学会合作与分享。这样的互动有助于促进学生的全面发展,培养他们的社会适应能力和人际交往能力。

3. 提高学生的学习效果和综合素质

心理健康的教师往往能够营造更加积极、有效的学习氛围,激发学生的学习兴趣和创造力。他们通过灵活多样的教学方法和手段,引导学生主动探究、合作学习,培养学生的自主学习能力和解决问题的能力。在这样的互动中,学生不仅能够获取知识,更能够提升自己的思维品质、创新能力和实践能力。同时,心理健康的教师还能够关注学生的全面成长,提供个性化的指导和支持,帮助学生发现自己的潜力和特长,促进他们的综合素质发展。

三、教师情感与心理健康对学生发展的影响

(一) 塑造学生的情感发展和社交能力

1. 提供情感支持，促进学生情感健康发展

教师应为学生提供充足的情感支持。在学生的成长过程中，他们可能会遇到各种困惑和挫折，这时教师的理解和支持尤为重要。教师可以通过倾听、安慰、鼓励等方式，帮助学生排解负面情绪，增强他们的心理韧性。同时，教师还应着重培养学生的积极情感，如自尊、自信、乐观等，这些情感对学生的人格塑造及未来发展具有深远的影响。此外，教师还应关注学生的个性化需求，尊重他们的情感差异。每个学生都是独特的，他们的情感需求和表达方式也各不相同。

2. 创设社交环境，提升学生社交技能

积极创设有利于学生社交技能发展的环境。课堂是学生学习和社交的重要场所，教师应充分利用这一环境，组织多样化的合作学习和互动活动，如小组讨论、角色扮演、团队竞赛等。这些活动不仅能激发学生的学习兴趣和积极性，还能促进他们之间的交流与合作，提升社交技能。同时，教师还应注重培养学生的社交规则和礼仪。社交规则和礼仪是人际交往的基础，对培养学生的社交技能至关重要。教师应通过言传身教和示范引导，帮助学生掌握基本的社交规则和礼仪，如尊重他人、友好待人、善于倾听等。掌握这些规则和礼仪，不仅能让学生在交往中更加得体、自信，还能提高他们的社交效果和质量。

3. 树立榜样，引导学生形成积极的人际交往态度

教师应注重自身的言行举止，以积极、健康的态度面对学生和人际交往。他们应通过自身的行为示范，向学生传递积极的人际交往态度和价值观，如尊重、理解、包容、合作等。这些态度的传递不仅能让学生感受到人际交往的美好和价值，还能引导他们在交往中形成积极的态度和行为。

第七章　教师情感与心理健康在转型中的重要作用

（二）影响学生的学习动机和学业成绩

1. 激发学习兴趣，增强学习动力

教师的情感状态能够直接影响学生的学习兴趣和学习动力。情绪稳定、积极向上的教师能够通过自身的情感表达和教学热情，激发学生的学习兴趣和好奇心。他们能够以生动、有趣的方式呈现知识，吸引学生的注意力，使学习变得更加有趣和有意义。在这样的学习环境中，学生更有可能积极参与学习活动，主动探索知识，从而增强学习动力。此外，教师的心理健康状况也对学生的学习兴趣和学习动力产生积极影响。心理健康的教师通常能够以更为积极、开放的心态面对学生的差异和问题，提供个性化的指导和支持。他们能够理解学生的需求和困惑，提供及时、有效的帮助，让学生感受到学习的乐趣和成就感。这样的支持有助于激发学生的学习兴趣和动力，促进他们的学业进步。

2. 促进学习策略的形成与提升

情绪稳定、心理健康的教师能够帮助学生建立有效的学习策略，提升学习效率。他们能够通过示范和引导，教授学生如何制订学习计划、如何高效记忆、如何解题等技巧和方法。这些策略和方法能够帮助学生更好地掌握知识和技能，提高学习效率，从而取得更好的学业成绩。同时，教师的情感支持和心理健康状况还能够帮助学生形成良好的学习习惯和态度。他们能够通过鼓励和引导，帮助学生建立积极的学习态度和习惯，如勤奋、自律、坚韧等。这些习惯和态度能够使学生在学习过程中保持积极的心态和状态，更好地应对学习中的挑战和困难，从而提高学业成绩。

3. 创造积极的学习环境，减少学习障碍

情绪稳定、心理健康的教师能够创造积极的学习环境，减少学生的学习障碍。他们能为学生提供安全、和谐、积极的学习环境，使学生在轻松、愉悦的氛围中学习。在这样的环境中，学生更有可能积极参与学习活动，敢于表达自己的想法和观点，从而充分发挥自己的潜能和才能。同时，教师的情感支持和心理健康状况还能够帮助学生减少学习中的焦虑和压力。

他们能够通过倾听、理解和支持，帮助学生缓解学习中的负面情绪和压力，使学生能够更加专注、高效地学习。这样的支持有助于减少学生的学习障碍，提高学业成绩。

（三）塑造学生的心理健康和人格发展

1. 提供情感支持，培养学生健全的情感体系

教师应给予学生充分的情感支持，帮助他们建立健全的情感体系。在学生的成长过程中，情感的支持与陪伴至关重要。教师可以通过关心、理解和鼓励，帮助学生建立积极的情感态度和情感表达方式。同时，教师还应注重培养学生的情感调节能力，教导他们如何正确应对和处理负面情绪，以及如何积极寻求帮助和支持。这种情感支持不仅有益于学生的心理健康，更能促进他们人格的完善和成熟。此外，教师还应关注学生的个性化情感需求，尊重他们的情感差异。每个学生都是独特的个体，他们的情感需求和表达方式各不相同。

2. 塑造积极的师生关系，促进学生心理健康发展

塑造积极的师生关系，为学生的心理健康发展创造良好的环境。积极的师生关系是促进学生心理健康的重要因素之一。教师应以平等、尊重、理解和信任的态度，与学生建立良好的互动关系。在这样的关系中，学生能够感受到教师的关爱和支持，从而更加自信、自尊、自强。同时，教师还应注重培养学生的社交技能和人际交往能力，帮助他们建立良好的人际关系网络。这样的网络不仅能为学生提供更多的情感支持和帮助，还能促进他们的人际交往能力和社会适应能力的提升。

3. 树立心理健康榜样，引导学生形成积极的人格特质

树立心理健康榜样，引导学生形成积极的人格特质。因此，教师应注重自身的心理健康状况，以积极、健康的心态面对学生和教育教学工作。他们应通过自身的行为示范，向学生传递积极的生活态度和价值观，如坚韧不拔、乐观向上、勇于面对挑战等。这些态度和价值观的传递不仅能让学生感受到心理健康的美好和价值，还能引导他们在日常生活中形成积极

的人格特质和行为习惯。

第三节 促进教师情感与心理健康的策略与方法

一、建立积极的支持系统

(一)构建同事互助网络

1. 建立定期的交流机制

为构建稳固的同事互助网络,首先需建立一个定期且稳定的交流平台。学校可设定固定的教师交流时间,如每周的教师例会或每月的教学研讨会。在这些活动中,鼓励教师分享教学经验、探讨教学难题及解决方案,营造开放、互助的学习氛围。此外,也可以利用现代科技手段,如建立教师微信群、QQ群等,以便教师随时随地进行教学交流与互助。

2. 创设多元化的互助形式

同事间的互助不应局限于教学交流,还应涵盖生活、情感等多方面的支持。在教学方面,可组织教师开展教学观摩、教案交流、课题研究等活动,共同提升教学水平。在生活方面,可举办轻松的文体活动,如户外拓展、文艺晚会等,增进教师间的友谊和信任。在情感方面,可设立教师心理咨询室,或由经验丰富的老教师担任心理辅导员,为新教师提供情感支持与引导。

3. 培养团队精神和合作意识

一个有效的同事互助网络需建立在团队精神和合作意识的基础之上。学校应通过各种活动和培训,培养教师的团队合作精神和服务意识。例如,可以组织教师参加团队建设培训课程,学习如何更好地与他人合作、沟通。同时,学校还可以通过设立优秀团队奖等方式,激励教师在工作中注重团队合作和集体荣誉。此外,为巩固同事互助网络,学校还可以考虑建立一种互助文化。这种文化应鼓励教师在遇到困难时主动寻求帮助,同时也乐于为他人提供帮助。学校可以通过校园网站、教师手册等渠道宣传这种互助文化，使其成为校园文化的重要组成部分。

（二）加强师生情感纽带

1. 倾听与理解

构建深厚的师生情感纽带，首先教师需真诚倾听学生的声音。这不仅限于课堂上耐心倾听学生回答，更包括日常生活中对学生所思所感的关注。教师应创造机会，让学生表达观点、情感及困惑，无论是课堂讨论、课后谈心，还是通过日记、作文等书面形式。在倾听过程中，教师应努力理解学生的立场和感受，避免轻易打断或评判，而应以接纳和理解的态度回应。倾听与理解不仅使学生感受到尊重和关怀，也为教师提供宝贵的教学反馈。通过了解学生的真实想法和感受，教师可以及时调整自己的教学方法和策略，使之更贴合学生需求。

2. 关注与鼓励

每位学生都是独特的个体，拥有各自的兴趣、优点和不足。教师应关注每位学生的成长和发展，发现他们的闪光点，并及时给予鼓励。鼓励形式多样，可以是课堂上的口头表扬，也可以是课后的书面评语；可以是对学习成绩的肯定，也可以是对学生品质和行为的赞赏。关注与鼓励能让学生感受到自身价值被认可，从而增强自信心和学习动力。同时，这种关注也能够让教师更深入地了解学生的个性和需求，为因材施教提供有力支持。

3. 共同参与体验

师生间的情感纽带还可以通过共同参与活动来加强。这些活动可以是学术性的，如科研项目、学术竞赛等；也可以是娱乐性的，如运动会、文艺演出等；还可以是社会性的，如志愿服务、社会实践等。在这些活动中，师生可以共同设定目标、制订计划、分担责任，共同经历成功与失败，分享喜悦与挫折。共同参与活动能使师生在轻松愉快的氛围中增进了解、加深感情。活动中，教师可以展现不同于课堂的一面，让学生看到更真实、立体的教师形象；学生也可以展现才华和个性，让教师看到更丰富多彩的学生世界。这种共同参与体验不仅能加强师生间的情感联系，还能培养学生的团队合作精神和责任感。

（三）争取家庭与社会的支持

1. 加强与家庭的沟通与交流

家庭是教师情感支持的重要来源。然而，教师工作的特殊性常导致家庭与工作间的失衡。为争取家庭支持，教师需加强与家庭成员的沟通与交流。教师应让家人了解自己的工作内容和重要性，以及所面临的压力和挑战。通过坦诚交流，教师能够获得家人的理解和支持，减轻工作带来的情感负担。同时，教师也应关心家庭需求和期望，积极参与家庭事务，让家人感受到关爱和付出。教师可以利用节假日或休息时间，组织家庭活动，如户外郊游、野餐或室内亲子游戏、家庭晚会等，以增进家庭成员间的情感联系，为工作提供坚实的家庭支持。

2. 提升社会对教师的认同与尊重

教师职业的社会地位和认同感对其情感满足和职业发展至关重要。为提升社会对教师的认同与尊重，教师需从多方面着手。教师可以通过媒体、社交网络、公共讲座等渠道宣传教育的价值和教师的作用，让更多的人了解教育的重要性及教师的贡献，从而提升社会对教师的认同感和尊重度。教师也可以积极参与社会公益活动，如社区志愿服务、为弱势群体提供教育支持等，展示专业素养与人格魅力，提升教师的社会形象，并感受工作的价值和意义。

3. 建立良好的家校合作关系

家校合作是教育工作的重要组成部分，也是争取家庭与社会支持的关键途径。建立良好的家校合作关系需要教师、家长和社会的共同努力。教师应主动与家长建立联系，及时反馈学生的学习情况，通过定期家长会、家访等形式，与家长面对面交流，了解学生家庭背景与学习需求，提供有针对性的教育指导。学校可以组织家长参与教育活动和管理决策，如邀请家长担任志愿者、参与课程设置和教学评价等。通过参与学校活动与管理，家长能更深入地了解学校教育理念和工作方式,从而更支持和配合教师工作。

二、提升自我调适能力

(一)强化自我认知与情绪管理

1. 深入了解自我,建立清晰的自我形象

自我认知是情绪管理的基础。为增强自我认知,教师应深入探索内心世界,包括价值观、信念、兴趣、优势与不足。此过程可以通过反思与自我评估实现,如定期审视工作与生活经历,分析自身表现,明确改进领域。同时,教师还可以寻求他人反馈,如与同事、亲友交流,获取外界视角。通过这样的过程,教师可以构建清晰的自我形象,深化自我理解,洞察情绪和行为模式。这种自我认知有助于教师在面对挑战和压力时保持冷静,做出明智的决策。

2. 学会识别和管理情绪

情绪管理对教师的身心健康和工作效率至关重要。为提升情绪管理能力,教师需学会识别自身情绪,包括情绪类型、触发因素及其对自身行为和决策的影响。例如,面对焦虑或愤怒,教师可能做出冲动的决策或行为,这可能对工作和学生产生负面影响。因此,教师应在面对负面情绪时保持冷静与理性,可以通过深呼吸、放松训练、积极自我暗示等方法实现。此外,教师还可以寻求专业情绪管理培训或心理咨询师的帮助,学习更多有效的情绪管理技巧。

3. 培养积极的心态和应对策略

积极的心态和应对策略是强化自我认知和情绪管理的关键。教师应以乐观、自信的态度面对生活中的挑战和困难,可以通过关注自己的成就和进步,寻找工作中的乐趣和意义,与积极的人建立联系等方式实现。同时,教师还需掌握有效的应对策略,如时间管理、目标设定、优先级排序等,以更好地应对工作压力和职业挑战,提升工作效率和生活质量。例如,通过合理的时间管理,教师可以平衡工作与生活的关系,避免过度劳累和情绪耗竭。

第七章 教师情感与心理健康在转型中的重要作用

（二）培养积极应对压力的策略

1. 建立合理的工作与生活平衡

面对繁重的教学任务和管理职责，教师往往容易陷入工作狂的状态，忽视了个人生活和家庭的重要性。然而，长期的工作高压不仅影响身心健康，还会降低工作效率。因此，建立合理的工作与生活平衡是培养积极应对压力策略的关键。教师应制订合理的工作计划，明确每天的任务和目标，避免拖延和工作堆积。同时，合理安排休息时间，如利用课间休息、午休时间进行短暂放松和休息。此外，教师应积极参与有益身心的活动，如运动、阅读、旅行等，丰富生活内容，缓解工作压力。与家人和朋友保持良好沟通也是缓解压力的重要途径，他们的支持与理解能够给予教师精神上的慰藉和力量。

2. 提升自我效能感，增强自信

自我效能感指个体对自己成功完成某项任务或活动的信心程度。对教师而言，提升自我效能感有助于增强自信，更好地应对工作中的挑战和压力。教师可以通过不断学习与提升专业技能来增强自我效能感，如参加专业培训、阅读教育类书籍和文章、与同行交流经验等。此外，教师还可以尝试接受挑战性任务，通过成功完成这些任务来增强自信心和成就感。面对失败和挫折，教师应从中汲取经验和教训，以积极的心态面对未来的挑战。

3. 掌握有效的压力管理技巧

当教师感到压力和紧张时，可以通过深呼吸放松身心。深呼吸有助于降低心率和血压，减轻紧张和焦虑感。冥想是一种通过集中注意力达到放松和平静的方法。教师可以在工作间隙或休息时间进行短暂冥想练习，帮助恢复精力和注意力。此外，放松训练也是一种有效的压力管理技巧，包括渐进性肌肉松弛、想象放松等。这些技巧有助于教师缓解身体紧张和疲劳感，提升自我调适能力。

（三）建立良好的社会支持网络

1. 加强与同事的交流与合作

同事是教师工作生活中不可或缺的一部分。与同事建立良好的关系，不仅能提升工作愉悦度，还能在遇到困难时相互支持和帮助。为加强与同事的交流与合作，教师应积极参与学校组织的各类活动和会议，这不仅是了解学校政策和教学动态的途径，也是与同事建立联系和交流的机会。其次，教师可以主动寻求与同事合作的机会，如共同备课、研讨教学方法等，通过合作加深彼此的了解与信任。此外，在日常工作中，教师也要学会倾听和理解同事的想法和感受，尊重彼此的差异，以开放和包容的心态面对同事间的不同意见和看法。

2.建立与学生和家长的良好沟通

学生和家长是教师工作的重要合作伙伴。与学生及家长建立良好的沟通，有助于教师更深入地了解学生的需求和特点，提升教学质量和效果。为与学生及家长建立良好沟通，教师首先需关注学生的个体差异和需求，尊重学生的个性和特点，以平等和友善的态度与学生交流。其次，教师应定期与家长沟通学生的学习情况和表现，及时反馈学生的进步和不足，征求家长的意见和建议，共同促进学生的成长和发展。此外，教师还可以通过家长会、家访等形式加强与家长的面对面交流，增进彼此的了解和信任。

3.拓展社交圈子，参与社区活动

教师还可以通过拓展社交圈子、参与社区活动等方式丰富自己的社会支持网络。教师可以积极参加各类教育研讨会、学术交流活动等，与同行专家建立联系和交流，了解最新的教育理念和教学动态。同时，教师还可以参与社区组织的各类公益活动、文化活动等，结识不同领域的人士，拓宽自己的视野和经历。这些社交活动不仅能为教师提供情感上的支持和慰藉，还能在职业发展和个人成长方面提供宝贵的资源和机会。

三、营造和谐的工作氛围

（一）建立相互尊重与信任的基础

1.倡导平等与尊重的价值观

在教师团队中，每位成员都是平等的个体，都应受到尊重。为实现这一目标，首先需从价值观层面进行倡导。学校应明确提出平等、尊重的社会主义核心价值观，并将其融入日常管理和教学活动中。同时，学校领导者应以身作则，尊重每位教师的个性和专业贡献，为教师树立榜样。此外，学校可以通过举办相关活动、开展主题教育等方式，进一步强化平等与尊重的价值观。例如，可以组织教师参与团队建设活动，通过共同完成任务、分享经验等方式，增进彼此的了解和尊重。此类活动不仅有助于提升教师的团队归属感，还为建立相互尊重与信任奠定坚实的思想基础。

2. 建立有效的沟通机制

沟通是建立相互尊重与信任的重要途径。在教师团队中，有效的沟通有助于成员间更好地理解彼此的想法和需求，从而消除误解、增进信任。因此，学校应建立有效的沟通机制，为教师提供沟通平台和交流的机会。例如，学校可以定期召开教师大会、教研活动等会议，鼓励教师积极发言、交流心得。同时，学校还可以设立意见箱、电子邮箱等渠道，方便教师随时提出自己的意见和建议。这些沟通机制不仅有助于及时解决问题、改进工作，还能让教师感受到自己被重视和尊重。

3. 公正评价，激励信任

在教师团队中，公正的评价和激励制度对于建立相互尊重和信任的基础至关重要。每位教师都希望自己的工作能够得到公正的评价和认可。因此，学校应建立完善的评价体系，明确评价标准和方法，确保评价过程的公正性和透明度。同时，学校还应根据教师的实际表现给予相应的激励和奖励。这些激励和奖励不仅是对教师工作的肯定和鼓励，也是对其他教师的一种示范和引领。通过公正的评价和激励制度，学校能够营造一个积极向上的工作氛围，激发教师的工作热情和创造力。此外，学校在实施公正评价和激励制度时，还需注意以下几点：一是确保评价标准的科学性和合理性；二是关注教师的个性差异和发展需求；三是注重激励的及时性和有效性；四是建立良好的反馈机制，帮助教师了解自己的不足和进步方向。

（二）促进有效的沟通与协作

1. 明确沟通目的与内容

在教师团队中，沟通的目的和内容应明确且具体。每次沟通前，参与者应清晰地了解自己的沟通目标及所需传达的信息。这有助于避免沟通过程中的偏离主题和无效讨论，从而提高沟通效率。同时，明确沟通内容有助于教师更好地准备相关材料和数据，使沟通更具针对性和说服力。为实现这一目标，学校可以采取一些具体的措施，如在召开会议前提前发布会议议程和相关资料，使参会者有充分的时间准备和思考。在沟通过程中，主持人或领导者应引导讨论围绕主题展开，确保沟通的顺利进行。

2. 建立开放与包容的沟通氛围

开放与包容的沟通氛围是促进有效沟通与协作的关键条件。在这样的氛围中，每位教师都能自由表达观点和看法，无须担忧被批评或指责。同时，大家也愿意倾听他人意见，尊重不同观点，从而形成更全面和客观的认识。为建立开放和包容的沟通氛围，学校应鼓励教师积极参与讨论和发言，尤其对性格内向、不善表达的教师给予更多关注和支持。此外，学校还应制定规则以保障沟通的公正性和客观性，如禁止人身攻击、鼓励理性讨论等。通过这些措施，教师能够更放心地表达观点和看法，促进团队内部的良性互动。

3. 提升沟通技巧与协作能力

有效的沟通与协作需要相应的技巧和能力支持。因此，提升教师的沟通技巧和协作能力是促进有效沟通与协作的重要途径。学校可以通过举办相关培训、邀请专家讲座等方式帮助教师提高沟通技巧和表达能力。同时，还可以组织团队协作活动或项目让教师参与其中，从而在实践中提升协作能力。此外，学校还可以建立激励机制，鼓励教师积极参与沟通与协作活动，如设立优秀团队奖、优秀沟通奖等荣誉称号，以及相应的奖金或晋升机会等奖励措施。这些激励机制能够有效激发教师的积极性和主动性，促进团队内部良性竞争和合作氛围的形成。

(三)关注教师的情感与需求

1. 倾听教师的心声

每位教师都有其独特的故事和情感,他们渴望被理解和尊重。学校应建立有效的沟通渠道,定期与教师进行面对面的交流,倾听他们的心声,了解他们的困惑、焦虑和需求。这种倾听不仅是对教师个人的尊重,更是对教育事业的负责。通过倾听,学校能及时发现并解决教师工作中遇到的问题,为他们提供有针对性的帮助和支持。同时,倾听教师的心声有助于增进学校与教师之间的信任和理解。当教师感受到自己被重视时,他们会更加积极地投入工作中,为学校的发展贡献自己的力量。

2. 满足教师的合理需求

教师作为职业群体,拥有多样化的需求。学校应关注教师在职业发展、福利待遇、工作环境等方面的需求,并提供必要的支持。例如,制定科学的职业发展规划,为教师提供培训、进修等机会,帮助他们提升专业素养和教学能力;改善工作环境,为教师提供舒适、便捷的办公条件;关注教师的身心健康,定期组织体检、心理健康讲座等活动。满足教师的合理需求,不仅是对教师个人的关爱,更是对教育事业的投资。当教师的需求得到满足时,他们会更加安心、踏实地工作,为学生的成长和学校的发展贡献更多的智慧和力量。

3. 激发教师的内在动力

关注教师的情感与需求,不仅要从物质层面给予支持,更应关注教师的精神层面。学校应通过激励机制、荣誉表彰等方式,激发教师的内在动力,让他们在工作中感受到成就感和归属感。例如,设立教学成果奖、优秀班主任奖等荣誉称号,对工作中表现突出的教师予以表彰和奖励;举办教师节庆祝活动、教师座谈会等,增强教师的荣誉感和归属感。激发教师的内在动力,有助于提升教师的工作积极性和创造力。当教师在工作中获得认可和肯定时,他们会更加自信、坚定地追求自己的教育理想,为学生的成长和学校的发展贡献更多的热情和智慧。

第八章　教师专业学习共同体在转型中的支持作用

第一节　教师专业学习共同体的概念与特点

一、教师专业学习共同体的概念

（一）共享的知识与经验库

教师专业学习共同体的核心概念之一，是构建一个共享的知识与经验库。在传统教学模式中，教师常处于孤立状态，缺乏有效的交流和合作。而教师专业学习共同体则打破了这一局面，为教师提供了一个共享的平台。在此平台上，教师们能够分享教学心得、经验、教案及教学资源等，从而形成一个庞大的知识与经验库。这个库不仅丰富了教学资源，还促进了教师间的相互学习和借鉴。通过共享，教师们得以不断吸收新的教学理念和方法，提升教学水平，进而提高教学质量。

（二）合作与互助的学习氛围

教师专业学习共同体的另一个核心概念，是营造合作与互助的学习氛围。在共同体中，教师们不再是孤立的个体，而是形成了一个紧密的团队，以共同提升教师专业素养和教学质量为目标。为实现这一目标，教师们需要相互合作、相互支持、相互学习。他们可以共同备课、观摩教学、开展课题研究等，借助集体的智慧和力量解决教学问题。这种合作与互助的学习氛围，不仅提升了教师的教学能力，还增强了团队协作精神和创新意识。

（三）持续地专业发展与成长

教师专业学习共同体的第三个核心概念，是促进教师的持续专业发展与成长。教师职业要求不断学习和进步，随着教育理念的更新和教学技术的发展，教师需要不断提升专业素养和教学能力，以适应新的教学环境和需求。教师专业学习共同体为此提供了持续的学习机会和资源支持。在共同体中，教师可以参与各类专业培训、学术研讨、在线课程等，获取新知识和技能。这种持续的专业发展与成长，不仅提升了教师的个人价值，还为学校整体教学质量和教育改革提供了有力支持。

二、教师专业学习共同体的特点

（一）共享性与协作性

1. 资源共享：打破壁垒，优化配置

在传统教学模式下，教育资源常常呈现孤岛状态，学校与学科之间缺乏有效的资源共享。这种配置方式不仅导致资源浪费，也制约了教育教学质量的提升。教师专业学习共同体的建立，打破了资源壁垒，实现了跨学校、跨学科的资源共享。共同体中的教师可以相互分享教学课件、教案、试题等资源，共同使用实验室、图书馆等设施。这种资源共享方式优化了资源配置，提高了利用效率，为教师提供了丰富多样的教学资源，有助于提升教学质量和效果。

2. 经验共享：传承智慧，提升水平

教师专业学习共同体不仅共享物质资源，更注重教学经验的共享。每位教师在实践中积累的宝贵经验和智慧，对其他教师具有重要的借鉴意义。在共同体中，教师通过交流、研讨等方式共享经验。这种经验共享有助于新教师快速成长，提升教学水平，促进老教师更新教学理念和方法，保持教学活力和创新性。通过经验共享和传承，整个教师队伍的教学水平得到提升，为学校整体教学质量提供了有力保障。

3.协作共进：集思广益，攻坚克难

教师专业学习共同体的协作性体现在教学研究、教学改革等方面的紧密合作。在共同体中，教师不再是孤立的个体，而是紧密团结的团队。他们可以共同开展教学改革实践，推动学校教育教学创新。这种协作共进的方式有助于集思广益，汇聚智慧和力量，共同攻克教学难题；促进教师深度交流与合作，培养团队合作精神和协作能力。这种协作精神不仅提升了教师的教学水平，还为学校教育教学改革提供了强大的动力支持。

（二）反思性与实践性

1.反思教学，提升智慧

教学常被视为一门充满遗憾的艺术，每次教学后总有不尽如人意之处。然而，正是这些遗憾成为教师反思的起点。在教师专业学习共同体中，反思性被赋予了新的内涵和价值。教师们不再满足于现状，而是积极回顾、审视教学实践，从中发现问题、总结经验。这种反思不仅是对教学过程的回顾，更是对教学理念、教学方法的深入思考和重新定位。通过反思，教师们能够更清晰地认识到自身教学的优势和不足，为后续教学实践提供有力指导。同时，共同体中的同伴互助和专家引领为教学反思提供了更广阔的视野和更深入的层次。在同伴互助中，教师们相互启发、相互借鉴，共同提升教学智慧；在专家引领下，教师们接触前沿教学理念和方法，不断更新教学认知。

2.实践探索，创新教学

实践性是教师专业学习共同体的另一重要特性。教师们深知，理论须与实践结合才能发挥最大价值。因此，在共同体中，教师们不仅注重教学理论的学习和研究，更注重将理论应用于实际教学实践。他们勇于尝试新的教学方法和教学模式，敢于挑战传统教学观念和教学方式。这种实践探索精神有助于教师创新教学、形成独特的教学风格，为学校教育教学改革注入新的活力和动力。同时，共同体中的实践分享和成果展示为教师实践探索提供了交流和展示的平台。通过分享实践经验和成果，教师们相互学习、相互借鉴、共同进步。

3. 反思与实践相结合，推动持续改进

反思与实践并非孤立的环节，而是相互依存、相互促进的关系。在教师专业学习共同体中，这种关系得到了充分体现和强化。教师们通过反思发现教学问题和不足，通过实践探索寻找解决方法和策略。这种反思与实践相结合的方式有助于教师形成持续改进的教学习惯和专业发展意识。他们不再满足于一时的教学成果，而是始终保持对教学的热情和追求，不断追求更高的教学境界和更好的教育效果。

（三）发展性与开放性

1. 持续发展，激发内在动力

教师专业学习共同体的发展性体现在其持续不断地进步和发展中。这种发展不仅涉及数量的增加，更重要的是质量的提升。在共同体中，教师们始终保持着对专业成长的追求和渴望，他们通过不断地学习、实践、反思，提升自身专业素养和教学能力。与此同时，共同体也为教师的专业发展提供了广阔的平台和丰富的资源，如专业培训、学术交流、教学研讨等，这些都有助于激发教师的内在动力，推动他们不断向前发展。

2. 开放包容，汇聚多元智慧

开放性是教师专业学习共同体的另一重要特性。在共同体中，开放不仅是一种态度，更是一种行动。共同体积极吸纳来自不同学科、不同背景、不同经验的教师，为他们提供平等交流、共享智慧的机会。这种开放包容的氛围有助于汇聚多元智慧，形成更加丰富、多样的教学资源和教学经验。同时，共同体也注重与外部环境的交流和合作，如与其他学校、教育机构、专家学者的合作交流等，这些都有助于引进新的教学理念、教学方法和教学资源，为共同体的持续发展注入新的活力。这种开放性的特点不仅有助于拓宽教师的视野和思路，也为学校的教育教学改革提供了更广阔的空间和更丰富的资源。

3. 创新发展，引领教育未来

发展性与开放性的结合，为教师专业学习共同体的创新发展赋予了无限可能。在共同体中，教师们不再满足于传统的教学模式和方法，而是积极探索新的教学理念、教学模式和教学方法。他们敢于挑战传统、勇于创新实践，为共同体的创新发展提供源源不断的动力。同时，共同体也注重与外部环境的互动和合作，及时引进新的教育理念和技术手段，为创新实践提供有力支持。这种创新发展的态势不仅有助于提升教师的创新意识和实践能力，也为学校的教育教学改革提供了更前沿的引领和更坚实的支撑。

三、教师专业学习共同体的意义与价值

（一）促进教师个人专业素养的提升

1. 拓宽知识视野，更新教育理念

教师专业学习共同体为教师营造了一个开放、多元的学习环境。在这个环境中，来自不同学校、不同学科、不同教育背景的教师们齐聚一堂，共同交流、探讨教育教学问题。这种跨学校、跨学科的交流，有利于教师们拓宽知识视野，了解更为广泛的教育教学理念和方法。同时，共同体还定期邀请教育专家、学者举行讲座、研讨，为教师们带来最新的教育研究成果和前沿动态。通过参与这些活动，教师们能够及时更新自己的教育理念，把握教育发展的脉搏，从而更好地适应并引领教育改革。

2. 提升教学技能，优化教学方法

在教师专业学习共同体中，教师们可以通过观摩他人的教学、参与集体备课、进行同伴互助等方式，不断提升自己的教学技能。通过观摩优秀教师的教学，可以学习其他教师在教学组织、课堂管理、师生互动等方面的技巧，从而改进自己的教学行为。同时，共同体还鼓励教师们进行集体备课，共同探讨教学设计、教材处理等问题。这种集体智慧的碰撞和融合，

有助于教师们优化教学方法，提高课堂教学的效果和质量。此外，共同体还为教师们提供了丰富的教育资源和教学工具，如优秀教案、教学视频、教育软件等，这些资源和工具的使用，也有助于提升教师们的教学技能和效率。

3.培养反思能力，形成自我风格

教师专业学习共同体注重培养教师的反思能力。通过撰写教学日志、进行案例分析、开展行动研究等方式，教师能够审视自身教学理念、教学方法、教学效果等方面的问题，从而找出改进的方向和策略。这种反思过程不仅有助于提升教师的教学能力，还能帮助教师形成自己的教学风格和特色。同时，共同体还为教师提供了一个相互学习、相互借鉴的平台。在这个平台上，教师可以分享自己的教学心得、经验、案例等，从而相互启发、相互激励。这种氛围有助于激发教师的创新意识和探索精神，推动他们在教育教学道路上不断前行。

（二）推动学校整体教学质量的提高

1.凝聚教师力量，形成教学合力

在传统的教学模式下，教师往往各自为战，缺乏有效的沟通和合作。这种孤立的教学状态，不仅限制了教师的个人发展，也影响了学校整体教学质量的提升。而教师专业学习共同体的建立，打破了教师间的隔阂，将教师们凝聚在一起，形成一个紧密的教学团队。在这个团队中，教师们可以共同探讨教学问题、分享教学经验、研究教学方法，进而形成教学合力。这种合力的形成，有助于学校在教学设计、教学实施、教学评价等各个环节实现优化和提升，从而推动整体教学质量的提高。

2.促进教学资源共享，优化教学配置

教师专业学习共同体不仅是一个学习交流的平台，也是一个资源共享的平台。在这个平台上，教师们能够共享各自的教学资源，如教案、课件、试题等，从而实现教学资源的优化配置。这种资源共享的方式，避免了教学资源的重复建设和浪费，提高了教学资源的利用效率。同时，共同体还可以促进学校内部不同学科、不同年级之间的教学交流与合作，推动跨学科、跨年级的教学资源整合与创新。这种整合与创新有助于学校形成更加丰富、多元的教学体系，满足学生多样化的学习需求，进而提升学校整体教学质量。

3.推动教学研究与改革，创新教学模式

教师专业学习共同体鼓励教师进行教学研究和改革实践。同时，共同体还可以为学校提供有力的师资支持，推动学校教育教学改革和创新实践。通过共同体的活动，教师们能够不断拓宽自己的知识面和视野，了解最新的教育理念和教学方法，从而将这些新的理念和方法应用到实际教学中。这种教学研究与改革的推动有助于学校不断创新教学模式和教学方法，提高课堂教学的效果和质量，进而推动学校整体教学质量的持续提升。

（三）促进教育公平与优质教育资源的均衡分配

1.打破地域与学校壁垒，实现资源共享

在传统的教育体系中，优质教育资源往往集中在少数名校或城市中心地区，而边远地区或基础薄弱学校则面临资源短缺的困境。这种地域与学校之间的壁垒，加剧了教育资源分配的不均衡。教师专业学习共同体的建立，为打破这种壁垒提供了可能。共同体中的教师能够跨越地域和学校的限制，通过线上线下的方式共享优质教育资源，如教学课件、教案、试题库等。这种资源共享不仅有助于提升薄弱学校的教学质量，还能让更多的学生享受到优质教育资源，进而促进教育公平。

2.促进教育教学方法与经验的传播

优质教育不仅依赖于丰富的教育资源，更取决于科学的教育方法和先进的教学经验。然而，这些方法和经验往往掌握在少数优秀教师手中，难以广泛传播和应用。教师专业学习共同体的出现，为这些方法和经验的传播提供了有效途径。在共同体中，优秀教师可以通过示范教学、经验分享等方式，将自己的教学方法和经验传授给其他教师。这种传播不仅有助于提升整个教师队伍的教学水平，还能让更多的学生受益于先进的教育理念和教学方法，从而推动教育公平与优质教育资源的均衡分配。

3. 提升教师的专业素养和教育能力

教师的专业素养和教育能力是实现教育公平和优质教育资源均衡分配的关键因素。只有具备高素质的教师队伍，才能为学生提供优质的教育服务。教师专业学习共同体通过为教师提供持续的学习机会和专业发展支持，有助于提升教师的专业素养和教育能力。在共同体中，教师可以参加各种专业培训、学术研讨、教学观摩等活动，不断更新自己的教育理念和教学方法。同时，共同体还鼓励教师之间进行同伴互助和合作学习，共同解决教育教学中遇到的问题。这种学习方式有助于培养教师的创新意识和实践能力，提升他们的教育教学水平，从而为促进教育公平和优质教育资源的均衡分配提供有力保障。

第二节　教师专业学习共同体在转型中的实践应用

一、构建多元互动的学习平台

（一）搭建跨学科、跨领域的交流平台

1. 整合校内外资源，构建多元化交流网络

为搭建跨学科、跨领域的交流平台，首先需要整合校内外各种资源，包括教师资源、课程资源、研究资源等。学校应与其他学校、研究机构、企业等建立合作关系，以共享优质资源，形成多元化的交流网络。这样不仅可以拓宽教师的视野，还能够为他们提供更多的学习和发展机会。在整合资源的过程中，学校需明确自身的需求和目标，有针对性地选择合作伙伴和资源。通过构建多元化交流网络，学校可以为教师营造一个开放、包容的学习环境，促进跨学科、跨领域的学习和交流。

2. 举办跨学科研讨活动，激发创新思维

搭建跨学科、跨领域的交流平台需要定期举办各种研讨活动，如学术

论坛、教学研讨会、课题研究交流会等。这些活动可以为教师提供一个展示自身研究成果和教学经验的舞台，同时也可以促进他们之间的深入交流和合作。在举办研讨活动时，学校应注重活动的主题选择和参与人员的广泛性。主题应具有跨学科、跨领域的特点，能够吸引不同背景的教师参与。同时，还需邀请校外专家、学者等作为嘉宾或主持人，提升活动的层次和影响力。通过这些研讨活动，教师可以相互启发、激发创新思维，共同推进学校教育教学的发展。

3. 建立在线交流平台，实现实时互动与资源共享

随着互联网技术的快速发展，建立在线交流平台已成为搭建跨学科、跨领域交流平台的重要手段之一。学校可以利用现代信息技术手段，如建立官方网站、开设网络课程、建立社交媒体群组等，为教师提供一个实时互动、资源共享的在线交流环境。在线交流平台不仅能打破时间和空间的限制，实现教师间的即时互动，还可以提供丰富的数字化资源，如电子图书、教学视频、研究论文等。教师可以通过这些平台随时随地学习和交流，共享最新的教育教学成果和理念。同时，学校还可以通过数据分析等技术手段对教师的在线交流行为进行跟踪和分析，为他们提供个性化的学习支持和发展建议。

（二）整合优质教育资源，提供多元化学习支持

1. 深入挖掘与整合校内教育资源

每所学校都拥有其独特的教育资源，包括优秀的师资队伍、丰富的课程体系、先进的教学设施等。为充分发挥这些资源的作用，学校需深入挖掘并整合这些校内教育资源。学校应对现有的教育资源进行全面梳理和评估，了解资源的种类、数量和质量。然后，根据学校的发展目标和教育教学需求，对这些资源进行合理地配置和优化。例如，可通过师资共享、课程互选等方式，打破学科和年级的界限，实现教育资源的最大化利用。此外，学校还应鼓励教师间开展合作与交流，共同开发新的课程资源和教学资源。通过教师间的互助与合作，可以形成更为丰富的教育资源库，为教师和学

生提供更多的学习选择和支持。

2. 积极拓展与利用校外教育资源

除校内教育资源外，学校还应积极拓展与利用校外教育资源。这些资源可以来自其他学校、教育机构、企业、社区等各个层面。为获取这些校外教育资源，学校可以与其他机构建立合作关系，开展资源共享和互利共赢的合作项目。例如，可以与其他学校共同开发跨校课程，实现课程资源的互补与优化；可以与企业合作建立实训基地，为学生提供实践学习和职业发展的机会；还可以与社区合作开展社会实践活动，增强学生的社会责任感和实践能力。在利用校外教育资源的过程中，学校需注重资源的筛选和整合。要确保所引入的资源与学校的教育理念和教学目标相符合，能够切实为教师和学生带来实质性的帮助和支持。

3. 创新学习支持方式，满足个性化学习需求

在整合优质教育资源的基础上，学校还需创新学习支持方式，以满足教师和学生的个性化学习需求。每个人的学习需求都是不同的，因此学校需提供多样化的学习支持方式，以满足不同个体的需求。学校可以建立完善的学习支持体系，包括学习咨询、课程辅导、学习资源推荐等多个方面。通过为教师和学生提供全方位的学习支持服务，可以帮助他们解决学习过程中遇到的问题和困难，提升他们的学习效率和成就感。此外，学校还可开展多样化的学习活动和学习项目，如研究性学习、项目式学习、合作学习等。这些活动和项目能够激发学生的学习兴趣和探究欲望，培养他们的创新精神和实践能力。通过参与这些活动和项目，学生能够在实践中学习、在合作中成长，实现知识与能力的全面发展。

（三）营造开放、包容的学习氛围

1. 倡导尊重与多元的价值观念

开放、包容的学习氛围须建立在尊重与多元的价值观念之上。学校应倡导师生尊重彼此的个性、背景、观点和选择，鼓励多元文化的交流与融合。在日常教育教学中，教师应以平等的态度对待每一位学生，关注学生的个

体差异，因材施教，以激发学生的学习兴趣和潜能。同时，学校还应通过举办文化节、主题演讲、交流访问等活动，增进师生对不同文化的理解和尊重，培养学生的国际视野和跨文化交际能力。

2. 构建民主、平等的管理机制

管理机制是影响学习氛围的重要因素之一。为营造开放、包容的学习氛围，学校需构建民主、平等的管理机制。这包括建立公正、透明的决策程序，保障师生的知情权和参与权；设立有效的沟通渠道，鼓励师生提出意见和建议，及时反馈并解决问题；以及营造宽松、自由的工作环境，为教师提供充分的学术自主权和教学创新空间。通过民主、平等的管理机制，学校可以激发师生的主人翁意识，形成积极向上的学习氛围。

3. 打造互动、合作的学习环境

学习环境对学习氛围的营造具有直接影响。为打造互动、合作的学习环境，学校可以优化教室布局，采用灵活多样的座椅排列方式，方便师生进行小组讨论、角色扮演等互动活动；完善教学设施，提供先进的多媒体教学工具和丰富的图书资料，满足师生的学习需求；以及创建线上学习社区，鼓励师生利用网络平台进行资源共享、问题探讨和经验交流。此外，学校还可以开展丰富多彩的课外活动，如学术竞赛、社会实践、志愿服务等，为师生提供更多的互动与合作机会，培养团队精神和协作能力。

二、促进教师专业成长与自我超越

（一）提供持续的专业发展机会

1. 设立系统的专业发展规划

为提供持续的专业发展机会，学校首先需设立系统的专业发展规划。该规划应明确学校的发展目标、教师的需求以及可利用的资源，并制定相应的实施策略和时间表。在规划过程中，学校需与教师充分沟通，了解他们的个人发展目标、专业兴趣及面临的挑战，以确保规划的针对性和实效性。同时，规划应涵盖新教师的入职培训、骨干教师的进一步提升以及全体教师的周期性更新教育等内容,确保每位教师在专业发展的道路上不断前行。

2. 提供多元化的专业发展途径

为满足不同教师的需求,学校应提供多元化的专业发展途径。这些途径可以包括校内外的研讨会、工作坊、在线课程、学术交流等,使教师能根据个人兴趣和时间灵活选择。此外,学校还应鼓励教师参与课题研究、教学改革等实践活动,通过实践中的反思和总结提升专业能力。同时,学校应为教师提供必要的资源和支持,如图书资料、教学设备、技术支持等,确保他们能顺利进行专业学习和实践。

3. 建立有效的评估和激励机制

为确保专业发展的效果,学校需建立有效的评估和激励机制。通过综合评估教师的学习成果、教学实践及学生反馈等,学校可以了解教师的专业发展情况,及时发现并解决问题。同时,学校应设立明确的奖励制度,对在专业发展中取得优异成绩的教师予以表彰和奖励,激励更多教师积极参与专业发展活动。此外,学校还可以将专业发展与教师的晋升、薪酬等挂钩,进一步增强教师的专业发展动力。

(二)鼓励反思与实践相结合

1. 创设反思的机会与环境

为鼓励教师进行反思,学校应创设反思的机会与环境。首先,学校可以定期组织教学研讨会、教育沙龙等活动,为教师搭建交流教学经验、分享教学反思的平台。在这些活动中,教师可以围绕特定教学主题或难题展开讨论,共同探讨解决方案。其次,学校应鼓励教师撰写教学日志、教育叙事等文字材料,记录教学过程与心得体会。通过文字表达,教师能更深入地思考教学实践,发现问题并明确改进方向。

2. 将反思成果应用于实践

反思旨在更好地指导实践。因此,学校应鼓励教师将反思成果应用于实际教学。首先,学校可以设立教学改革项目或课题研究项目,为教师提供将反思成果转化为实践成果的机会。在这些项目中，教师可以根据教学反思和见解进行教学改革尝试或课题研究探索，验证其有效性与可行性。

其次，学校应建立教师互助成长机制，鼓励教师间进行教学观摩、课堂评议等活动。通过这些活动，教师可以借鉴他人优秀教学经验和实践成果，同时分享自己的教学反思和见解，实现共同成长与进步。

3. 建立评价与反馈机制

为确保反思与实践相结合的效果，学校需建立评价与反馈机制。首先，学校应制定明确的评价标准和方法，对教师的反思成果和实践成果进行客观、公正的评价。这些评价标准和方法可以包括教学反思的深刻性、实践成果的创新性、教学效果的显著性等方面。其次，学校还需建立及时、有效的反馈机制，将评价结果及时反馈给教师本人。通过反馈，教师可以了解自身优点和不足，及时调整教学策略和方法，实现持续改进与提升。

（三）培养教师的自主学习与终身学习能力

1. 激发教师的内在学习动机

自主学习和终身学习的核心在于教师自身的内在动机。学校应通过多种途径激发教师的求知欲和学习兴趣，使他们深刻认识到学习的重要性。首先，学校可以定期组织教师参与教育讲座、研讨会等活动，让他们了解最新的教育理念和教学方法，拓宽教育视野。其次，学校应鼓励教师参与课题研究、教学改革等实践活动，使他们在实践中发现问题、解决问题，感受学习的乐趣和成就感。此外，学校还可以通过设立奖励制度、提供晋升机会等措施，激励教师主动学习、不断提升自我。

2. 提供个性化的学习支持与服务

每位教师的学习需求、学习风格和学习进度各不相同。为满足教师的个性化学习需求，学校需提供多样化的学习资源与服务。首先，学校可以建立教师学习资源中心，提供丰富的图书资料、电子资源、在线课程等，方便教师随时随地进行学习。其次，学校可以推行教师导师制度，让经验丰富的老教师指导新教师进行教学实践和专业发展。此外，学校还可以利用信息技术手段,为教师提供定制化的学习推荐和进度跟踪服务,帮助他们更高效地进行自主学习。

3.构建学习共同体,促进教师间的交流与合作

学习共同体是由教师、管理者、专家等多方组成的学习团体,强调成员间的平等、互助和合作。构建学习共同体有利于教师分享经验、交流思想、解决问题,促进他们的专业成长和终身学习能力的培养。首先,学校可以定期举办教师沙龙、教学观摩、课例研讨等活动,为教师提供展示自我、学习他人的平台。其次,学校应鼓励教师跨学科、跨年级合作与交流,打破学科壁垒和年级界限,实现教育资源的共享和优化配置。此外,学校还可以邀请校外专家、学者来校指导或参与教研活动,为教师提供与专家面对面交流的机会,拓宽他们的学术视野和专业素养。

三、推动学校整体变革与发展

(一)引领教育教学理念的更新

教育教学理念是学校发展的灵魂和先导。教师专业学习共同体通过组织教师学习先进的教育教学理论,研究教育教学改革的新动态、新趋势,不断更新和丰富自身的教育教学理念。这些新理念不仅指导教师个人的教学实践,更在共同体内部形成共识,引领学校整体教育教学理念的更新。共同体中的教师们通过交流、研讨,将新的教育教学理念融入学校的课程设置、教学方法、评价方式等各个环节,推动学校教育教学实践的全面改进。这种改进不仅提高了学校的教育教学质量,也提升了学校的整体办学水平和社会影响力。同时,新的教育教学理念还激发了教师的工作热情和创新精神,为学校的发展注入新的活力。

(二)促进学校组织结构的优化

传统的学校组织结构往往存在层级过多、决策迟缓、信息不畅等问题,难以适应快速变化的教育环境。而教师专业学习共同体作为一种扁平化、开放性的组织形式,有助于促进学校组织结构的优化。共同体中的教师们以

共同的专业发展为纽带,形成了一种紧密的合作关系。这种合作关系打破了传统的学科壁垒和年级界限,促进了教师之间的跨学科、跨年级交流。同时,共同体还鼓励教师参与学校的决策和管理,提高了教师的组织认同感和归属感。这种优化后的组织结构不仅提高了学校的决策效率和管理水平,也增强了学校的凝聚力和向心力。此外,教师专业学习共同体还通过构建学习型组织,营造了一种持续学习、不断创新的组织氛围。在这种氛围中,教师们不断追求自我超越和团队进步,共同推动学校的整体变革与发展。

(三)推动学校文化的创新与传承

学校文化是学校发展的精神支柱和动力源泉。教师专业学习共同体在推动学校整体变革与发展的过程中,也注重学校文化的创新与传承。共同体中的教师们通过共同的学习、实践和交流,不断提炼和升华学校的社会主义核心价值观和教育理念,形成了具有本校特色的学校文化。这种文化既继承了学校优良的历史传统和教育精神,又融入了时代的新元素和教育的新理念,具有鲜明的时代性和前瞻性。同时,教师专业学习共同体还通过举办各种文化活动、创建文化载体等方式,将学校文化内化为师生的自觉行为和精神追求。这种文化的内化过程不仅增强了师生的文化认同感和自豪感,也为学校的整体变革与发展提供了强大的精神动力和文化支撑。

第三节 教师专业学习共同体对教师专业发展的促进

一、教师专业学习共同体促进教育知识与技能的共享与提升

(一)搭建交流平台,实现教育资源共享

1. 建立线上教育资源库

随着互联网技术的不断发展,线上教育资源库已成为实现教育资源共享的重要途径。通过建立一个包含各类教学资源,如课件、教案、试题、教学视频等的线上教育资源库,教师们能够随时随地访问并下载所需资源,

极大地丰富了教学手段和内容。同时，线上教育资源库具有更新快、容量大、检索方便等优势，能够满足教师们多样化的教学需求。为确保线上教育资源库的质量和可持续性，可采取以下措施：一是明确资源库的建设目标和定位，确保所收录的资源具有针对性和实用性；二是建立完善的资源审核机制，确保所上传的资源质量可靠、符合教学要求；三是鼓励教师们积极参与资源的上传和分享，形成共建共享的良好氛围。

2. 开展线下教学交流活动

线下教学交流活动也是实现教育资源共享的重要手段。通过组织教师们进行课堂观摩、教学研讨、经验分享等活动，可使他们更加直观地了解彼此的教学方法和策略，进而相互借鉴、取长补短。为使线下教学交流活动取得实效，应制订详细的活动计划和方案，确保活动的针对性和有序性，鼓励教师们积极参与讨论和发言，形成良好的互动氛围。

3. 建立教师互助成长机制

教师之间的互助与合作是实现教育资源共享的重要保障。通过建立教师互助成长机制，如青蓝工程、师徒结对、教学团队等，能够让新教师在老教师的带领下快速成长，老教师也可以在新教师的启发下不断更新教育观念和教学方法。这种互助成长机制不仅能够促进教师之间的情感交流和专业碰撞，还能提升整个教师队伍的素质和能力。为确保教师互助成长机制的有效运行，可以采取以下措施：一是明确互助成长的目标和任务，确保双方都有明确的责任和义务；二是建立完善的激励机制和评价体系，激发教师们的参与热情和积极性；三是加强过程管理和监督，确保互助成长活动的质量和效果。

（二）开展互助合作，提升教育教学能力

1. 建立教师学习小组

教师学习小组是开展互助合作的有效形式之一。通过组建由教师自愿参与的学习小组，可以共同研究教育教学中的问题，探讨新的教学方法和策略。同时，学习小组还可以为教师提供一个相互学习、相互借鉴的平台，

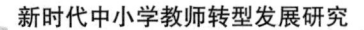

促进彼此之间的专业成长。为确保教师学习小组的有效运行，可以采取以下措施：一是明确学习小组的目标和任务，确保每次活动都有明确的议题和讨论内容；二是建立完善的活动机制，如定期召开会议、轮流主持等，确保每位教师都有机会参与和发言；三是鼓励教师们积极参与讨论和交流，形成良好的互动氛围。

2. 开展课堂教学观摩与研讨活动

课堂教学观摩与研讨活动是开展互助合作的另一种重要形式。通过观摩其他教师的课堂教学，教师们能够更为直观地了解彼此的教学方法和策略，从而发现自己的不足和需要改进之处。观摩结束后，可以组织教师进行研讨活动，针对所观摩的课堂教学进行深入分析和讨论，共同探讨教学中的难点和热点问题。

3. 实施同伴互助成长计划

同伴互助成长计划是一种以教师之间的互助合作为核心的成长方式。在这种计划中，教师们能够自愿结对或组成小组，共同制订成长目标和计划。在日常教育教学工作中，他们能够相互帮助、相互支持，共同解决教育教学中的难题和挑战。这种互助合作不仅能够提升教师的教育教学能力，还能够增强他们的归属感和幸福感。开展互助合作是提升教育教学能力的重要途径。通过建立教师学习小组、举行课堂教学观摩与研讨活动以及实施同伴互助成长计划等措施，我们能够有效地促进教师之间的交流与合作，共同提升教育教学能力。这种合作不仅能够提高教师的专业素养和教学水平，还能够为学校的整体发展和教育教学质量的提升贡献力量。

（三）促进教育创新，推动学校教学改革

1. 树立创新教育理念

创新教育理念是推动教学改革的先导。学校应突破传统教育观念的束缚，树立以创新为核心的教育理念。这包括鼓励学生发挥主体作用，培养他们的创新意识和实践能力；倡导教师运用多样化的教学方法和手段，激发学生的学习兴趣和探究欲望；营造宽松、和谐的学习氛围，为学生的创

新活动提供广阔的空间和时间。为树立创新教育理念，学校可以采取以下措施：一是加强创新教育理论的学习和研究，提高教师对创新教育的认识和理解；二是组织教师参加创新教育培训和研讨活动，拓宽他们的教育视野和思维方式；三是鼓励教师在日常教学中积极尝试新的教学方法和手段，不断积累经验并形成自己的教学风格。

2. 构建创新型课程体系

课程体系是学校教学改革的重要载体。为促进教育创新，学校应构建创新型课程体系，将创新教育的理念融入课程设置、教学内容和教学方法中。这包括优化课程结构，增加选修课程和实践课程的比例；更新教学内容，引入前沿知识和科技成果；采用灵活多样的教学方法，如项目式学习、探究式学习等，培养学生的创新思维和实践能力。为构建创新型课程体系，学校可以采取以下措施：一是组织专家对现有课程进行评估和诊断，提出改进意见和建议；二是鼓励教师参与课程开发和设计，发挥他们的专业特长和创造力；三是加强与企业、科研机构的合作，引入外部资源和力量共同推进课程改革。

3. 加强创新教育实践

实践是检验真理的唯一标准。为促进教育创新，学校应加强创新教育实践，让学生在实践中发现问题、解决问题并提升自我。这包括开展丰富多彩的课外科技活动、社会实践活动和创新创业活动等，为学生提供广阔的实践平台和机会。加强创新教育实践，学校可以采取以下措施：一是建立完善的实践教育体系，将实践教学与理论教学有机结合；二是加强实践教学师资队伍建设，提高教师的实践指导能力和水平；三是加强与社区、企业等的合作，建立稳定的实践教学基地和合作关系。

二、教师专业学习共同体推动教育创新与改革

（一）激发教师的创新意识和探索精神

教师专业学习共同体为教师营造了一个自由、开放、包容的学习环境，

鼓励教师勇于尝试新的教育理念、教学方法和教学手段。在共同体中，教师们能够相互分享自己的创新想法和实践经验，从而激发彼此的创新意识和探索精神。这种氛围有利于教师摆脱传统教育观念的束缚，敢于挑战自我，勇于探索未知领域。教师们针对当前教育中存在的问题和挑战进行了深入研究。他们结合自己的教学实践和经验，提出了一系列具有创新性的教学理念和模式。这些创新理念和模式在共同体中得到了广泛讨论和完善，最终形成了具有学校特色的教学改革方案。这些方案不仅有助于解决当前教育中的问题，还为学校的教学改革提供了新的思路和方向。

（二）汇聚集体智慧，共同研究教育难题

教育创新与改革面临着诸多难题和挑战，需要教师们共同研究和解决。教师专业学习共同体为教师提供了一个汇聚集体智慧的平台，让教师们可以共同探讨教育难题，寻找解决方案。在共同体中，教师们可以相互启迪、相互借鉴，从而形成更为全面、深入的认识和理解。以某校的科学教师专业学习共同体为例，该共同体针对科学教育中存在的实验条件不足、学生兴趣不高等问题展开了深入研究。教师们结合各自的教学经验和专业知识，共同探讨如何改进实验教学、激发学生的学习兴趣。通过集体智慧和合作力量，他们最终设计出了一套具有创新性的实验教学方案，不仅有效解决了实验条件不足的问题，还显著提升了学生的实验兴趣和科学素养。

（三）推动教育实践与研究成果的转化

教育创新与改革的最终目的是改进教育实践，提升教育质量。教师专业学习共同体不仅关注教育理念和教学方法的创新，还注重将这些创新成果转化为实际的教育实践。在共同体中，教师们能够将自己的研究成果应用于课堂教学中，从而检验其有效性和可行性。同时，共同体还可以组织教师们开展课例研讨、教学观摩等活动，让更多的教师了解并掌握这些创新成果，推动其在教育实践中的广泛应用。例如，在某校的教师专业学习共同体中，一位英语教师研发了一套基于多媒体技术的英语教学模式。该

模式充分利用了多媒体技术的优势，将图像、声音、文字等多种信息形式融合在一起，为学生提供了更为生动、真实的英语学习环境。这一创新成果在共同体中得到了广泛关注和认可，并被迅速推广至其他教师的课堂教学中。通过这种转化和应用，整个学校的英语教学水平得到了显著提升。

三、教师专业学习共同体增强教师的职业认同感和归属感

（一）构建共同愿景，凝聚教师力量

教师专业学习共同体通过构建共同的教育愿景和目标，将教师们紧密团结在一起。在共同体中，教师们共同探讨教育问题，研究教育教学规律，形成对教育事业的共同追求。这种共同愿景激发了教师的使命感和责任感，促使他们更加投入地开展教育教学工作，进而增强了职业认同感。例如，在某校的教师专业学习共同体中，教师们共同制定了提升学生综合素质的教育目标。为了实现这一目标，他们积极探讨各种教育教学方法和手段，相互学习、相互支持。在这个过程中，教师们不仅提升了自己的教育教学能力，还深刻体会到了作为教育工作者的价值和意义。这种共同追求和目标使教师们更加团结，形成了强大的凝聚力和向心力。

（二）营造互助合作氛围，增强教师归属感

教师专业学习共同体强调教师间的互助与合作，为教师提供了一个相互支持、共同进步的平台。这种互助合作氛围使教师感受到了来自同事的关心和支持，从而增强了归属感。以某校语文教师专业学习共同体为例，该共同体定期组织教师进行课例研讨、教学观摩等活动。在这些活动中，教师们可以相互学习、相互借鉴，共同提升语文教学水平。同时，共同体还鼓励教师们在日常教学中相互帮助、相互支持，形成了浓厚的团队氛围。这种氛围使教师们感受到了强烈的归属感，激发了他们的工作热情和积极性。

（三）关注教师个人成长，提升教师自我价值感

教师专业学习共同体不仅关注教师的专业发展，还注重关心教师的个

人成长和生活状况。在共同体中，教师们的每一次进步和成就都会得到充分的认可和肯定，这有助于提升教师的自我价值感和成就感。同时，共同体还为教师们提供了各种展示才华的机会和平台，如组织教学比赛、论文评选等活动，让教师们有机会展示自己的教学成果和研究成果。这些机会和平台不仅激发了教师的工作热情和创新精神，还增强了他们的职业认同感和归属感。教师专业学习共同体对增强教师的职业认同感和归属感具有重要作用。它通过构建共同愿景凝聚教师力量、营造互助合作氛围增强教师归属感以及关注教师个人成长提升教师自我价值感等途径，为教师的专业成长和发展提供了有力支持和保障。因此，学校应积极构建和完善教师专业学习共同体机制，为教师的专业发展和学校的整体发展创造更为良好的环境和条件。同时，教师也应积极参与共同体的各项活动和工作，不断提升自己的专业素养和教育教学能力，为实现教育事业的持续发展贡献力量。

参考文献

[1] 付卫东, 韦酒. 教育数字化转型背景下的中小学教师角色定位和实践进路[J]. 教育导刊, 2023（9）：5-12.

[2] 印贤文. 中小学教师队伍建设数字化转型的思考[J]. 中小学校长, 2023（8）：23-26, 44.

[3] 徐建华. 中小学教师培训自主选学的浙江实践及推进路径[J]. 中国教育学刊, 2023（7）：91-96.

[4] 杨志娟. 数字化转型背景下民族地区中小学中华优秀传统文化教育新范式[J]. 民族教育研究, 2023, 34（2）：143-149.

[5] 沈胜林, 陈中文. 新时代中小学教育管理改革探索——基于教师角色转型的视角[J]. 教育科学研究, 2022（12）：32-38.

[6] 孙悦. "互联网+教育"背景下中小学教师角色转型研究[J]. 科学咨询（教育科研）, 2022（3）：5-7.

[7] 夏胜先, 张先义. 新时代基层教研转型的起点与重点[J]. 中小学管理, 2021（11）：34-36.

[8] 苏德敏. 教材出版转型机制与实践探索——以"上海中小学新科学新技术创新课程"为例[J]. 出版与印刷, 2021（4）：26-31.

[9] 黄军, 周灯学, 熊文君, 等. 试论教育数字化转型过程中的农村教师角色定位[J]. 科教文汇, 2024（2）：16-19.

［10］朱龙，张洁，吴欣熙，等. 数字转型视野下教师数字素养测评：发展动向、场景建构与实践建议［J］. 电化教育研究，2024，45（2）：113-120.

［11］杨笑乐. 中小学教师队伍师德建设的有效路径［J］. 河南教育（教师教育），2024（2）：49-50.

［12］闫寒冰，余淑珍. 教师数字素养提升：以研训专业化为底色的数字化实践路径［J］. 电化教育研究，2023，44（8）：115-121.

［13］李丽，徐海龙，白东清，等. 应用型人才培养视域下地方本科院校转型发展的困境与对策［J］. 高教学刊，2023，9（20）：146-149，153.

［14］袁静. 教育数字化转型背景下高职教师专业发展的核心内涵与实践进路［J］. 广东轻工职业技术学院学报，2023，22（3）：24-28.

［15］张翔. 教育数字化转型背景下教师数字素养提升发展策略探究［J］. 柳州职业技术学院学报，2023，23（3）：22-27.

［16］陈锡坚，陈志强. 转型背景下应用型本科院校实施学分制的探究［J］. 应用型高等教育研究，2023，8（1）：72-76，83.

［17］祝智庭，林梓柔，魏非，等. 教师发展数字化转型：平台化、生态化、实践化［J］. 中国电化教育，2023（1）：8-15.

［18］支梅，张丽莉. 新时代区域教师发展机构转型升级的路径革新——基于某教育学院的案例研究［J］. 当代教师教育，2022，15（4）：43-48.

［19］赵临龙. 新时代应用型高校教师转型发展的实践与思考——以安康学院"双师型"教师队伍建设为例［J］. 现代职业教育，2022（38）：1-4.

［20］黄小倩，沈小强. 教育数字化转型背景下乡村教师专业发展策略研究［J］. 贵州师范学院学报，2022，38（9）：70-76.

［21］潘春婷. 应用转型发展背景下高校实验教师教学质量评价探析［J］. 河北北方学院学报（社会科学版），2022，38（3）：91-94.

[22] 董瑞杰. 互联网背景下教师实践性知识的转型应对与发展路径[J]. 教师教育学报, 2022, 9（3）：57-64.

[23] 刘荣秀, 陈紫珊. 转型与突破：中职幼儿保育专业教师的发展现状、需求与路径研究[J]. 南方职业教育学刊, 2022, 12（2）：80-89.

[24] 姚芳, 潘宁. 中国教师教育发展的"融冰模式"——基于地方高等师范院校转型的思考[J]. 辽宁工程技术大学学报（社会科学版）, 2022, 24（1）：64-69.

[25] 董伊苇, 宁波. 转型社会呼吁教师教育实现发展转型——联合国教科文组织教师教育中心全球教师专业发展论坛综述[J]. 比较教育学报, 2022（1）：169-175.

[26] 官翠娥. 新时代转型发展高校"课程思政"教师队伍建设[J]. 中国多媒体与网络教学学报（上旬刊）, 2021（10）：138-140.

[27] 孔晓玲. 教师教学思维转型：从学习目标的设计开始[J]. 中小学管理, 2021（9）：17-20.

[28] 张银笑. 信息化教学改革下高职商务英语教师角色转型与发展[J]. 财富时代, 2021（8）：247-248.

[29] 刘婷. 开放教育教师专业学习共同体的构建研究——基于开放大学转型发展的思考[J]. 内蒙古电大学刊, 2021（4）：87-91.

[30] 石循忠. 转型发展中高校教师专业成长的"五位一体"模式[J]. 当代教育理论与实践, 2021, 13（3）：132-137.